Autorenkollektiv

Redaktion:
Walter Bucher

Arnet, Ephrem	Wasserball (Kap. 7.5)
Bébié, Fritz	Tauchen (Kap. 7.6)
Frank, Gunther	Schwimmen (Kap. 7.2)
Maag, Arthur	Fotos
Messmer, Christoph	Red. Mitarbeit 1. Aufl. 1978
van Schalen, Jo	Schnorcheln (Kap. 10.1)
Salzmann, Frank	Red. Mitarbeit 1. Aufl. 1978
Santschi, Doris	Reinschrift 4. Aufl.
Stocker, René	Tauchen (Kap. 7.6)
Trottmann, Toni	Synchronschwimmen (Kap. 7.4)
Trottmann, Toni	Zeichnungen und Skizzen

Studentinnen und Studenten des Studienlehrganges 1976–1978 zur Erlangung des Eidgen. Turn- und Sportlehrerdiploms 1 an der Eidgenössischen Technischen Hochschule ETH in Zürich.

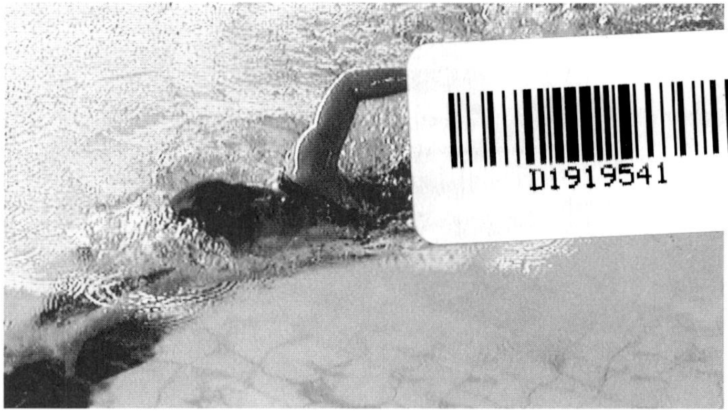

1001 Spiel- und Übungsformen im Schwimmen

Die Deutsche Bibliothek – CIP-Einheitsaufnahme

1001 Spiel- und Übungsformen im Schwimmen /
Autorenkollektiv. Red.: Walter Bucher. Arnet, Ephrem ...
Maag, Arthur, Fotos. – 9., verb. Aufl.. – Schorndorf : Hofmann, 2002
(Reihe Spiel- und Übungsformen)
ISBN 3-7780-6219-0

Bestellnummer 6219

9., verbesserte Auflage 2002

Zeichnungen: Toni Trottmann, Cham
Zeichnungen im Kap. Schnorcheln: Admar van Schalen
Fotos: Arthur Maag
Titelseite: Interverband für Schwimmen IVSCH

Gesamtherstellung in der Hausdruckerei des Verlags
Printed in Germany · ISBN 3-7780-6219-0

Inhaltsverzeichnis

Vorwort 4

1 Nach Leistungsstand und/oder Gruppengröße geordnet 7
1.1 Spiel- und Übungsformen mit Schwimmhilfsmitteln für schwache Schwimmer 7
1.2 Spiel- und Übungsformen mit Schwimmhilfsmitteln für bessere Schwimmer 19
1.3 Anregungen zu zweit 31
1.4 Beispiele in der Gruppe 43

2 Nach organisatorischen Gesichtspunkten geordnet 61
2.1 Einstiegsmöglichkeiten (Stundenbeginn) 61
2.2 In der Breite des Schwimmbeckens 73
2.3 In einer oder mehreren Schwimmbahnen 85

3 Tauchspiele und Übungsformen unter Wasser 97

4 Spielerische Übungsformen für das Wasserspringen 109

5 Anregungen für Wettbewerbe und Stafetten **121**

6 Nach speziellen Grundfähigkeiten und -fertigkeiten ausgewählt 133
6.1 Ein wenig „nasse" Theorie über die Konditionsfaktoren 133
6.2 Zur Trainierbarkeit dieser Konditionsfaktoren (Fähigkeits- und Fertigkeitserwerb) in den einzelnen Schwimmsportarten 138
6.3 162 praktische Beispiele, nach Konditionsfaktoren geordnet 136

7 Lernhilfen im Schwimmsport 159
7.1 Einführung 160
7.2 Schwimmarten, Starts und Wenden 161
7.3 Wasserspringen 185
7.4 Synchronschwimmen (Kunstschwimmen) 189
7.5 Wasserball 193
7.6 Sporttauchen 197

8 Anregungen zu Kombinationsmöglichkeiten 201
8.1 Zur Idee des Bandes „1015 Spiel- und Kombinationsformen in vielen Sportarten" 201
8.2 Einige Beispiele für den Schwimmsport 205
8.3 Spielen mit der Zeit, dem eigenen Puls und dem eigenen Gefühl 208

9 Die 1001. Idee: Schwimmfeste 215
9.1 Weih-Nachts-Schwimmen 215
9.2 Eine Seeüberquerung 219

10 Anhang: Schnorcheln 223

11 Anhang: Die Schweizerischen Tests im Schwimmsport 256

12 Literatur 258

Vorwort

Ein Rückblick:

Es war im Jahr 1978. Im Rahmen einer Semesterarbeit im Fach Schwimmen an den Kursen für Turnen und Sport der Eidgenössischen Technischen Hochschule ETH Zürich wurde ein Konzept erarbeitet, wonach alle 100 Studierenden den Auftrag bekamen, 10 Wasserspiele oder spielerische Übungsformen zusammenzutragen. Schliesslich wurden die vielen Ideen geordnet, geändert oder ergänzt und als Buch veröffentlicht. Der Grossteil der Arbeit lag damals in den Händen von Frank Salzmann und Christoph Messmer.

Schon 1982 drängte sich eine zweite Auflage auf. Obwohl es schon damals nötig gewesen wäre, wenigstens einige formale Ergänzungen und Korrekturen vorzunehmen, wurde praktisch nichts geändert.

Mittlerweile zählte man das Jahr 1984, Zeit für die dritte Auflage von 1001! Das Buch wurde leicht geändert, einige Formen wurden ausgewechselt und mit Skizzen und Fotos illustriert.

Dank einer guten Zusammenarbeit mit der Schweizerischen Sporthilfe und dem Schweizerischen Interverband für Schwimmen (IVSCH) konnte ein interessanter Anhang angefügt werden: 162 Anregungen, wie gewisse Übungsformen – ausgehend vom gewünschten Konditionsfaktor – gezielt gesucht werden können (siehe S. 133 ff.).

Aber auch diese dritte Auflage war nach weiteren 2 Jahren vergriffen. Und in der Zeit von 1978 bis 1986 wurde aus der Idee von 1978, nämlich einige Spielformen im Schwimmen zusammenzutragen, eine erfolgreiche Buchreihe von 15 Bänden für verschiedene Sportarten und verschiedene Zielgruppen.

Zur 4., vollständig überarbeiteten Auflage

Nachdem nun auch der Band „1015 Spiel- und Kombinationsformen in vielen Sportarten“ vorlag, sollte der erste Band (mit all seinen „Kinderkrankheiten“) doch nochmals gründlich überarbeitet und neu strukturiert werden.

Zielsetzungen liessen wir in den ersten 700 Spiel- und Übungsformen bewusst weg, denn Lehrpersonen, Trainer oder Übungsleiter sollten ihre Ziele selber definieren, ihre Akzente selber gewichten. Reihenfolge und Ordnung der Spiel- und Übungsformen wurden geändert, die Anzahl zum Teil gekürzt, mit anderen Beispielen im neuen Kapitel 8 jedoch wieder ergänzt. Die (An-)Zahl 1001 ist geblieben! So ergab sich folgendes Neukonzept:

Im ersten Kapitel sind 300 Spiel- und Übungsformen nach Leistungsstand und Gruppengrössen geordnet. Im Kapitel 2 folgen etwa 200 Beispiele, die sich an organisatorischen Gesichtspunkten orientieren. Die Kapitel 3 und 4 stellen einige Ideen zum Sporttauchen und Wasserspringen vor, während in Kapitel 5 eine Sammlung von Wettbewerben und Stafetten folgt. Kapitel 6 ist zielorientiert nach Grundfähigkeiten und -fertigkeiten aufgeteilt. Durch eine eigene (farbige) Systematik können Lehrpersonen, Trainer und Übungsleiter gezielt auswählen. Ganz neu ist in Kapitel 7 das Thema der LERNHILFEN für den Schwimmsportunterricht. Diese Anregungen und Beispiele sollen es ermöglichen, eine gezielte Technikschulung, vor allem in Grossgruppen, für Lehrende und Lernende attraktiver und lernwirksamer zu gestalten. Eine entsprechende Einführung ist im Kapitel 7.1 zu finden. Das Kapitel 8 stellt die Idee des oben erwähnten Bandes 1015, speziell im Schwimmsport, vor.

1001 Rezepte, –
wie Schwimmunterricht „gemacht" werden sollte?

Nein, sicher nicht! Die vorliegende Übungssammlung soll lediglich zu einem abwechslungsreichen, aber dennoch gezielten Schwimmunterricht für alle Alters- und Könnensstufen anregen.

Durch die Veränderung der vorgeschlagenen „Spielregeln" können (und sollen!) viele neue Formen entstehen, denn für uns alle bedeuten Spielen und Spiel nicht unbedingt dasselbe.

Die Buchreihe 100X Spiel- und Übungsformen in ...
– wird international! –

1977 entstand die Idee zu diesem Buch und letztlich zur Buchreihe „100X Spiel- und Übungsformen ..." in der **Schweiz**.

1978 wurde das Manuskript vom Hofmann-Verlag in **Deutschland** gedruckt und herausgegeben.

Der neue Anhang zu diesem Buch zum Thema „Schnorcheln" stammt von einem Autorenteam unter der Leitung von Jo van Schalen aus **Holland.**

Ein Grossteil der Buchreihe – auch der vorliegende Band 1001 im Schwimmen – wurde ins Französische übersetzt und auch in **Frankreich** herausgegeben.

Mittlereweile ist der vorliegende Band auch auf **Ungarisch** und **Norwegisch** übersetzt worden.

Andere Bände liegen sogar auf **Griechisch** und **Japanisch** vor.

Ich freue mich, dass die Idee der Buchreihe 100X Spiel- und Übungsformen ..." auch in anderen Ländern Anklang findet. Spielen wir doch alle miteinander die „Spiele ohne Grenzen"

Und jetzt die neunte Auflage

Gute Spiele und Spielformen sind zeitlos, das beweisen die hohen Auflagen der 1000er-Bücher. Und alles fing 1977 so „harmlos" an!

Ich hatte damals dem Schweizerischen Interverband für Schwimmen das Manuskript zur Veröffentlichung angeboten, doch die Technische Kommission lehnte ab. Das Manuskript war in der damals vorliegenden Form aus ihrer Sicht zu wenig professionell. Ich gab es deshalb zuerst im Eigenverlag heraus.

24 Jahre später – gemeinsam mit dem Interverband für Schwimmen

Die neunte, farbige Auflage macht deutlich, dass sich der Interverband für Schwimmen nun doch mit dieser Ideensammlung identifizieren kann. Mehr noch: Viele Spiel- und Übungsformen in diesem Buch werden als Vorbereitung und Ergänzung für die vielen Tests im Schwimmsport vom IVSCH empfohlen und in der Praxis von Lehrpersonen im Fachbereich Schwimmen mit Erfolg angewendet.

Die bis ins Detail ausgearbeitete Testreihe des IVSCH bildet eine ausgezeichnete Unterlage für die Planung, Durchführung und Auswertung des Schwimmunterrichts auf allen Könnensstufen. Ich freue mich, dass die „farbenprächtigen" Tests diese neunte Auflage und somit auch den Schwimmunterricht wesentlich bereichern.

Ich wünsche allen viel Freude beim spielerischen und dennoch gezielten Schwimmunterricht.

Sommer 2001 Walter Bucher

Kapitel 1

Nach Leistungsstand und/oder Gruppengröße geordnet

1.1 Spiel- und Übungsformen mit Schwimmhilfsmitteln für schwache Schwimmer

1.1.1 Mit dem Pullboy 8
1.1.2 Mit dem Schwimmbrett 9
1.1.3 Mit Tauchringen und Tauchtellern 10
1.1.4 Mit dem Reifen 11
1.1.5 Mit dem Ball 12
1.1.6 Mit dem Stab 13
1.1.7 Mit Tischtennisbällen 14
1.1.8 Mit dem Gummischlauch 15
1.1.9 Mit Armringen 16
1.1.10 Mit Flossen 17

1.1.1 Mit dem Pullboy

Nr.	Idee / Beschreibung	Hinweise / Organisation
1	Die Schüler versuchen den Pullboy zu transportieren. Weitere Anregungen: - Pullboy immer über Wasser - Pullboy immer unter Wasser - Verschiedene Gangarten.	
2	Jeder Schüler hält einen Pullboy. Er versucht, sich so aufs Wasser zu legen, dass der Pullboy, welcher auf seinem Bauch liegt, nicht nass wird. Weitere Anregungen: - Pullboy liegt auf dem Rücken - Pullboy liegt auf dem Kopf.	
3	Die Schüler stehen mit gegrätschten Beinen hintereinander. Ein Pullboy wird unter den Beinen hindurch- und nachher über den Köpfen zurückgereicht.	 Stafette Wt.: Hüfttief.
4	"Brennpullboy": Ein Spieler von B wirft den Pullboy ins Wasser und läuft auf die andere Bassinseite. Alle Spieler von A müssen den Pullboy berühren, bevor er ins Mal gelegt wird. Auch schwimmen an Stelle von laufen (Unfallgefahr!). Hinweis: Als Brennmal Eimer oder Reifen.	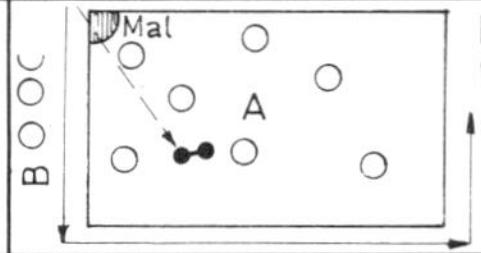 Mannschaft A im Wasser. Mannschaft B am Rand in einer Reihe.
5	"Materialschlacht": Alle Pullboys liegen im Wasser. Zwei Mannschaften stehen sich an der Breitseite des Bassins gegenüber. Auf Pfiff springen sie ins Wasser, holen sich einen Pullboy, schwimmen an den Rand zurück, deponieren ihn dort und holen den nächsten.	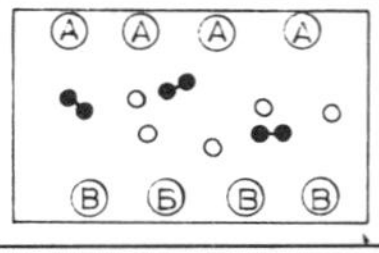 Pro Pullboy 1 Punkt, nur Fusssprünge erlaubt.
6	"Fangis": Der Fänger hat einen Pullboy zwischen den Beinen. Der Gefangene übernimmt ihn und wird zum Fänger. Weitere Anregungen: - Mehrere Fänger - Mit Pullboy berühren = gefangen.	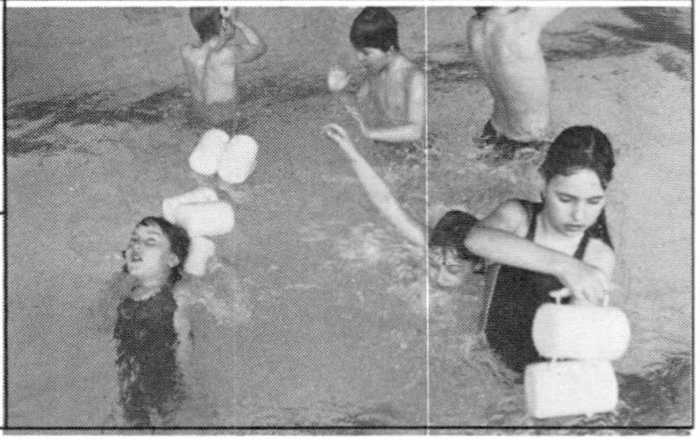
7	Drei Schüler versuchen einen Pullboy über eine Bassinlänge zu transportieren, ohne ihn zu berühren. Welche Gruppe ist am schnellsten? Weitere Anregungen: - Originellste Gruppe? - Pullboy immer unter Wasser, ohne ihn mit den Händen zu halten.	

Nr.	Idee / Beschreibung	Hinweise / Organisation
8	Versuche, auf dem Brett zu sitzen, stehen oder liegen. Weitere Anregung: - Wer kann auf dem Brett reitend das Bassin überqueren?	
9	Der Schüler hält sich am Brett fest und versucht sich um die Längsachse zu drehen (Eskimorolle). Danach versucht er, sich um die Querachse zu drehen.	
10	Versuche, mit dem Brett unter den gegrätschten Beinen der Kameraden hindurchzutauchen, ohne es loszulassen.	Gruppe à 3-4 Schüler
11	Beinschlagstafette mit Brettübergabe. Weitere Anregung: - Verschiedene Beinschläge.	
12	Wasserball mit einem kleinen Ball und den Brettern als Schläger. Regel: Der Ball darf nicht mit den Händen gespielt werden.	
13	Versuche, unter das Brett zu tauchen und es beim Auftauchen möglichst hoch wegzustossen. Weitere Anregungen: - mit dem Kopf - mit beiden Füssen - mit dem Rücken	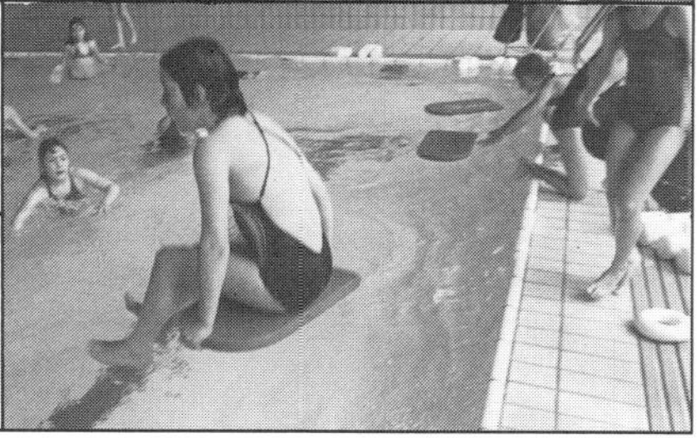
14	Jeder versucht, mit dem Brett originell zu schwimmen. Die guten Ideen werden von allen kopiert.	

1.1.3 Mit Tauchringen und Tauchtellern

Nr.	Idee / Beschreibung	Hinweise / Organisation
15	Versuche, mit Hilfe des Abstosses (Hechtschiessen) die am Boden liegenden Tauchteller zu erreichen. Kannst Du mit ihnen bis an den Rand zurück-tauchen? Weitere Anregung: - Die Abstände zwischen den Tauchtellern vergrössern.	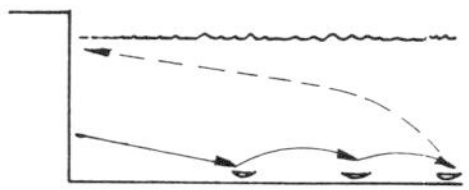
16	Zwei Schüler stehen sich gegenüber. Dazwischen liegt ein Tauchring. Auf Kommando tauchen beide nach dem Ring. Derjenige, welcher ihn zuerst hat, gibt ihn seinem Partner. Dieser deponiert ihn wieder.	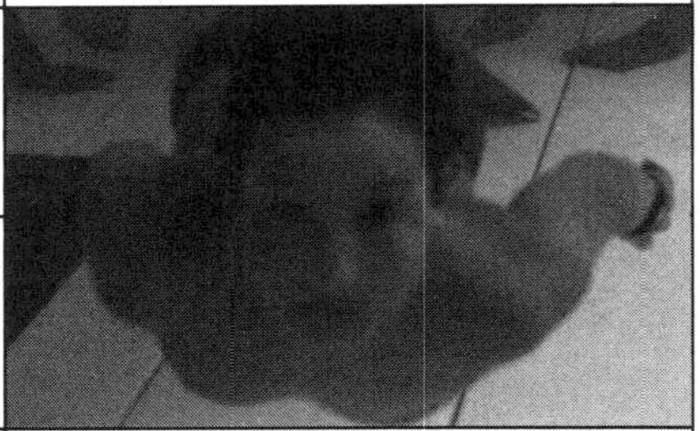
17	Tauchen nach mehreren hintereinander liegenden Ringen: Beim ersten Ring etwas Luft ausblasen, Beinbewegung bis zum zweiten Ring, dort wieder etwas Luft ausblasen, beim dritten Ring vollständig ausatmen und beim vierten Ring auftauchen.	
18	"Hechtschiessen": Kräftiger Abstoss vom Bassinrand, Arme halten gestreckt vor dem Kopf einen Tauchring. Am Ende der Gleitphase deponiert der Schüler den Ring. Wer setzt die Rekordmarke?	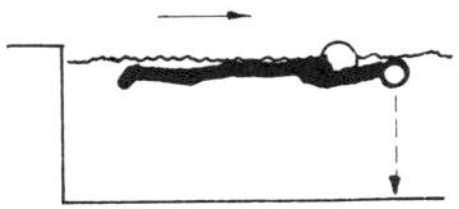
19	Zwei Schüler übergeben sich unter Wasser Tauchringe. Welches Paar tauscht am meisten während drei Tauchgängen?	Partnerübung, Schwarm, Kontrolle verschiedene Farben oder Formen der Tauchgegenstände.
20	Jeder Schüler versucht, möglichst schnell seinen Ring auf den Boden zu legen und einbeinig auf der Fussspitze in den Ring zu stehen.	 Wt.: Schultertief
21	Jede Gruppe versucht, mit den ihr zur Verfügung stehenden Ringen eine Figur zu legen (am Bassinboden). Weitere Anregung: - Welche Gruppe legt eine vorgeschriebene Figur am schnellsten?	Pro Tauchgang darf nur 1 Ring gelegt werden.

Nr.	Idee / Beschreibung	Hinweise / Organisation
22	Purzelbaum vorwärts durch den Reifen. Weitere Anregung: - Ohne den Reifen zu halten. - Ohne den Reifen zu berühren.	 2 Schüler halten den Reifen, der dritte "purzelt".
23	Delphinspringen durch den auf dem Wasser liegenden Reifen.	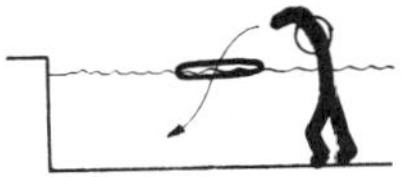 Die Reifen schwimmen frei auf dem Wasser.
24	Pro Gruppe liegen vier Reifen in einer Schwimmbahn. Die Gruppe schwimmt eine Länge unter der Bedingung, dass sie einen Reifen von oben, den nächsten von unten durchschwimmt.	Pendelstafette Reifen mit Gummibändern längs der Schwimmleine festmachen.
25	Versuche, in einen auf dem Wasser liegenden Reifen zu springen und untendurch wegzutauchen. Weitere Anregungen: - Distanz vom Rand wird gesteigert. - Verschiedene Grund- und Tummelsprünge in den Reifen, wie Schrauben, Päckli, etc.).	 Ein Schüler hält den Reifen, der andere springt. Wt.: mind. 2 m.
26	Tauchen durch den Reifentunnel.	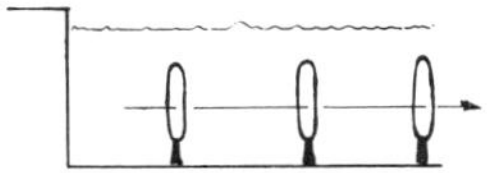
27	Wer kann durch einen **Rei**fentunnel tauchen ohne Berührung?	
28	Nach jedem Tauch-Durchgang wird der Tunnel anders gebaut. Wer kann sogar nur mit Beinschlag, bzw. Armzug durch die Reifen tauchen?	

1.1.5 Mit dem Ball

Nr.	Idee / Beschreibung	Hinweise / Organisation
29	Reiterball: Ein Schüler sitzt auf den Schultern des anderen. Die Reiter spielen sich den Ball in einer festgelegten Reihenfolge zu. Verfehlt ein Reiter den Ball, gibt es Wechsel zwischen Reiter und Pferd. Die Reiter zählen die Fänge.	
30	Wanderball: A wirft den Ball zu B und schliesst bei seiner Kolonne hinten an. B wirft zu C und verfährt ebenso, usw. Weitere Anregung: - A schliesst nach dem Wurf hinter F an, usw.	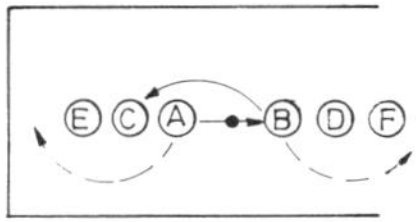
31	Wasserkorbball: Zwei Mannschaften versuchen, den Ball in den gegnerischen Korb zu werfen.	Eimer als Korb.
32	Eine Mannschaft verteilt sich rund ums Bassin. Die andere bewegt sich in Delphinsprüngen von einem Bassinrand zum anderen. Die Mannschaft, welche sich ums Bassin bewegt, versucht, während zwei Minuten, die Delphine abzuschiessen. Nachher wird gewechselt.	
33	Die Mannschaften A und B verteilen sich an beiden Bassinrändern und werden dort numeriert. Der Lehrer ruft eine Nummer auf. Die aufgerufenen Schüler laufen (schwimmen) in die Mitte, wo ein Ball liegt. Wer ihn zuerst erreicht, erhält einen Punkt für seine Mannschaft.	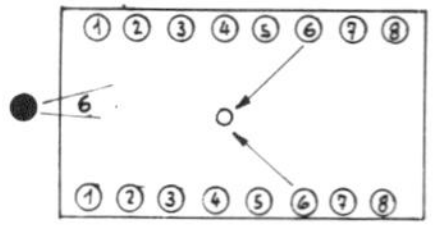
34	Ball über die Schnur mit einem leichten Ball. Der Ball darf das Wasser nicht berühren.	
35	Welche Zweiergruppe kann sich in einer bestimmten Zeit am meisten Bälle ohne Fehler zuspielen: - beidhändig - mit der linken/rechten Hand ,usw.	

Nr.	Idee / Beschreibung	Hinweise / Organisation
36	Delphinsprünge über den Stab: Wer kann über den Stab springen, ohne ihn zu berühren?	Stäbe frei schwimmend. Wt.: 80 - 120 cm.
37	Purzelbaum vw. und rw. um den Stab, welcher von zwei Schülern gehalten wird. Weitere Anregung: - Wer kann andere Kunststücke am Stab im Wasser turnen?	 Drei Schüler pro Gruppe.
38	Der Stab wird mit beiden Händen gefasst. Durchschub der Beine unter Wasser vw. und rw.	
39	Abschleppen: Zwei Schüler halten den Stab und ziehen einen oder mehrere Kameraden, die sich daran festhalten, durchs Wasser.	Die gezogenen Kameraden dürfen mit den Beinen Widerstand leisten. Wie kann man am besten bremsen?
40	Der Stab wird mit beiden Händen gefasst. Hechtschiessen vom Rand und durch Drehen des Stabes soll der Schüler versuchen, sich um die Längsachse zu drehen.	
41	Sechserstern: Zwei Schüler sind durch den Stab miteinander verbunden. Mit den Beinen strampeln. Weitere Anregungen: - Einwärts, auswärts, Bauchlage, Rückenlage. - Eigene Bewegungsfolgen entwickeln lassen.	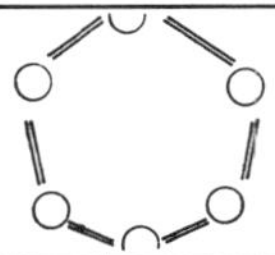
42	Zwei Schüler halten sich am gleichen Stab, einander gegenüber. Sie versuchen, sich mit Hilfe des Beinschlags über eine gegebene Markierung zu stossen. Weitere Anregungen: - Verschiedene Beinschlagarten. - Schüler bestimmen die Regeln selbst.	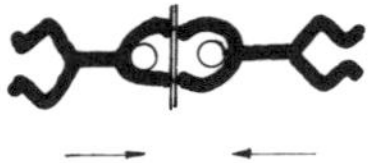

1.1.7 Mit Tischtennisbällen

Nr.	Idee / Beschreibung	Hinweise / Organisation
43	Die Schüler kauern nieder, bis ihnen das Wasser an den Mund reicht und blasen einen Tischtennisball vor sich her. Weitere Anregung: - Als Wettrennen, eine Bassinbreite lang; die Hände müssen immer auf dem Rücken verschränkt bleiben.	Schwarm Wt.: Hüfttief bis schultertief.
44	Die Schüler stehen um einen Reifen herum und versuchen, den Tischtennisball im Reifen möglichst von sich wegzublasen. Wenn der Ball den Reifen berührt, bekommt der Schüler, der dort steht, einen Strafpunkt.	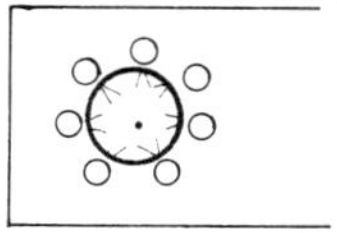 Pro Gruppe 3-7 Schüler.
45	Jeder Schüler bekommt einen Suppenlöffel. Darauf legt er einen Tischtennisball. Er versucht, mit dem Löffel im Mund, eine Breite zu schwimmen. Weitere Anregung: Als Gruppenwettkampf.	Wem gelingt es, mittels Wassertreten in beiden Händen je einen Tischtennisball mit je einem Löffel zu halten?
46	Die Schüler bilden im Liegestütz rücklings einen Kreis. Die Beine zeigen zum Zentrum. Dort schwimmt ein Tischtennisball. Sie versuchen, ihn mit kräftigem Beinschlag von sich fern zu halten. Pro Berührung bekommen sie einen Minuspunkt.	Wt.: 30 - 40 cm. Aufstellung wie bei 1.7.3.
47	Der Schüler taucht mit dem Tischtennisball in der Hand ab, lässt ihn am Boden los und versucht, gleichzeitig mit ihm aufzutauchen.	Schwarm Wt.: 1m bis 3m .
48	Die Schüler sitzen am Bassinrand. Jeder hat einen Tischtennisball. Mit Beinschlag versuchen sie, ihn gegen die Bassinmitte zu treiben. Welcher Ball kommt am weitesten?	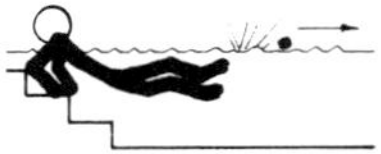 Liegestütz rücklings auf der Treppe.
49	Zwei Schüler tauchen gleichzeitig von zwei Bassinseiten gegeneinander und übergeben sich unter Wasser einen Tischtennisball. Nach der Uebergabe tauchen sie auf und schwimmen an den Rand zurück.	Als Begegnungsstafette.

Nr.	Idee / Beschreibung	Hinweise / Organisation
50	Die Schüler liegen auf dem Rücken und halten den Stafettenstab. Wer kann mit Rückencrawlbeinschlag den Partner in seine Richtung ziehen?	 2 Stäbe mit 2 aneinandergeknüpften Gummischläuchen verbinden.
51	Gummischläuche zusammenknüpfen und an einem Ende am Bassinrand befestigen. Der Schüler hängt sich mit den Füssen am anderen Ende in der Fussschlinge ein und versucht, Crawlarmzug zu schwimmen.	
52	Kreisziehen: Die Schläuche werden zu einem Ring zusammengebunden. Die Mitte wird mit einem Malstab markiert. Die Schüler halten sich, auf dem Rücken liegend, am Ring fest und versuchen, die anderen mit Beinschlag gegen das Zentrum zu ziehen.	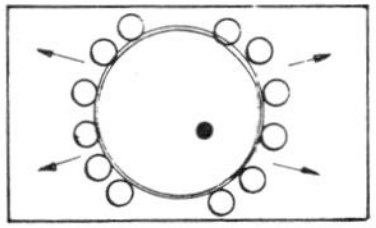 Wt.: 80-120 cm.
53	"Rösslein Hü": Ein Gummischlauch wird um die Beine eines Schülers gebunden. Dieser schwimmt Crawlarmzug, während sich sein Partner am anderen Ende des Schlauches hält und mitziehen lässt.	
54	Schatzraub: Der Wächter wird mit Gummischläuchen in seiner Bewegungsfreiheit eingeschränkt (z.B. Beine zusammengebunden). Hinter ihm liegt der Schatz (Pullboy). Die Räuber versuchen, einen Pullboy, ohne vom Wächter berührt zu werden, zu schnappen und diesen in ihre Burg zu bringen.	Weitere Anregung: 2 Mannschaften mit Burg und Wächter.
55	Vier Gummischläuche werden zusammengebunden und in ein Viereck, welches durch Reifen gebildet wird, gelegt. Vier Schüler halten sich an den Knoten und versuchen, ihren Reifen zu erreichen. Wer kann seinen Reifen zuerst berühren?	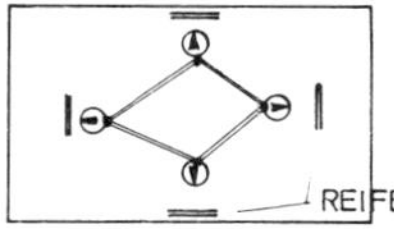 Wt.: Hüfttief.
56	Die Beine zweier Schüler werden mit je einem Ende des Gummischlauches zusammengebunden. Welches Paar kann am schnellsten oder originellsten eine bestimmte Strecke zurücklegen? Weitere Anregung: - Auch als Wettkampf gegeneinander!	Defekte Autoschläuche in Streifen von ca 4cm zerschneiden. Diese können auch als Lernhilfe zur Verbesserung des Brustbeinschlages verwendet werden.

1.1.9 Mit Armringen

Nr.	Idee / Beschreibung	Hinweise / Organisation
57	Alle Ringe liegen auf dem Wasser im Bassin verteilt. Die Schüler versuchen, im Bassin herumzuschwimmen, ohne dass sie einen Ring berühren. Weitere Anregung: - Wer kann eine Länge ohne Berührung zurücklegen?	Wt.: Schwimmtief oder nur hüfttief. Raum begrenzen, z.B. nur Schwimmbahn.
58	Wasserballett: Mit Hilfe von Armringen Figuren aus dem Wasserballett ausführen, z.B. Zuber, Ballettbein, Paddeln, usw.	 Schwarm
59	Mit den Beinen in die Armringe schlüpfen. Wer kann auf die andere Seite schwimmen? Weitere Anregung: - Verschiedene Armzug-Techniken ausprobieren!	Die gleichen Uebungen sind auch mit Pullboys möglich.
60	Wer kann mit dem Armring auf dem Kopf auf die andere Bassinbreite schwimmen? Weitere Anregung: - Wer kann eine Strecke tauchen, ohne den Ring mit den Händen zu halten?	
61	Zwei Schüler tragen einen Armring auf dem Kopf. Wer kann den Ring des Partners herunterschlagen, ohne den eigenen zu verlieren? Weitere Anregung: - Als Gruppenspiel.	Wt.: Hüfttief.
62	Der Schüler legt den Armring auf den Kopf und taucht unter. Er muss so auftauchen, dass der Ring wieder auf dem Kopf liegt.	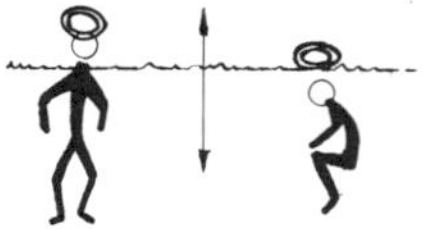 Schwarm Wt.: Schultertief.
63	Die Schüler werfen den Ring ins Wasser und versuchen, möglichst nahe beim Ring hineinzuspringen. Weitere Anregungen: - Wer kann hineinspringen und darauf sitzen? - Ring werfen, springen, und in der Luft den Ring fangen.	Wer kann seinem Partner, der wie ein Ertrinkender um Hilfe ruft, den (Rettungs-)Ring genau zuwerfen?

Nr.	Idee / Beschreibung	Hinweise / Organisation
64	An einer Leine hängen Ballone auf verschiedener Höhe über dem Wasser. Der Schüler taucht ab und versucht, durch kräftigen Beinschlag emporzuschnellen und die Ballone zu berühren. Wer erreicht den Weitere Anregungen: - Nur mit dem Kopf berühren. - Nur mit einem Fuss/mit beiden Füssen...	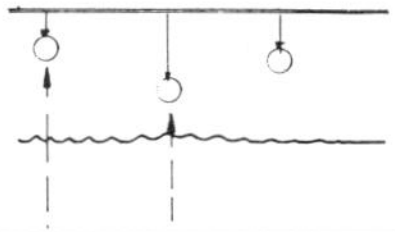
65	Die Schüler schwimmen mit Brett und Beinschlag und übergeben jeweils Brett und Flossen. (Schüler mit gleicher Schuhnummer in einer Gruppe!).	Pendelstafette
66	Menschenslalom: Die Schüler stehen in einer Reihe im Abstand von ca. 2m. Der hinterste Schüler schwimmt im Slalom um die anderen Schüler und stellt sich zuvorderst wieder hin.	
67	Hindernisschwimmen: Die Hälfte der Klasse stellt sich als Hindernisbarriere auf verschiedene Arten auf. Die anderen Schüler tauchen mit Flossen hindurch, darum herum, springen darüber, etc.	
68	Fangis: Der Fänger hat Flossen. Wenn er einen Schüler gefangen hat, übergibt er diesem die Flossen.	Gruppen bilden mit gleicher Schuhnummer!
69	Versuche, in allen Schwimmarten mit den Flossen zu schwimmen. Welche zwei Schüler können zusammengehängt so schwimmen, dass sie nur 2 Flossen brauchen?	
70	Versuche, auf der Wasseroberfläche oder unter Wasser eine Figur zu schwimmen, z.B. eine Zahl, eine geometrische Figur, usw. Der Partner versucht, die Figur zu erraten.	Merke Dir: Beim Tauchen soll man sich immer beobachten lassen TAUCHE NIE ALLEINE!

Kapitel 1

Nach Leistungsstand und/oder Gruppengröße geordnet

1.2 Spiel- und Übungsformen mit Schwimmhilfsmitteln für bessere Schwimmer

1.2.1 Mit dem Schwimmbrett 20

1.2.2 Mit dem Pullboy 21

1.2.3 Mit Paddels 22

1.2.4 Mit dem Ball 23

1.2.5 Mit Flossen 24

1.2.6 Mit Luftmatratzen und Matten 25

1.2.7 Mit Matten 26

1.2.8 Mit Widerstand 27

1.2.9 Mit Rettungsgeräten 28

1.2.10 Mit dem Tau 29

1.2.1 Mit dem Schwimmbrett

Nr.	Idee / Beschreibung	Hinweise / Organisation
71	Schiebekampf: Zwei Schüler fassen zusammen je auf einer Seite ein Schwimmbrett und versuchen, mit Crawl- oder Brustbeinschlag den Partner bis zur Marke zurückzudrängen.	 Anfangspunkt und zwei Begrenzungspunkte angeben.
72	Die Schüler klemmen sich das Brett zwischen die Beine und schwimmen mit der "Haifischflosse" Armzug. Weitere Anregungen: - Wer kann in Bauch- oder Rückenlage mit dem Brett tauchen? - Auf Pfiff müssen sich alle auf das Brett setzen.	
73	Reiterkampf: Die Schüler klemmen sich in Sitzposition 2-3 Schwimmbretter zwischen die Oberschenkel. Wer kann den Gegener so zum Sturz bringen, dass er die Bretter verliert? Wer kann auf dem Brett knien oder sogar stehen?	
74	Die Schüler werfen ihr Brett soweit ins Wasser, dass sie nach dem Abstoss (Hechtschiessen) noch unter dem Brett durchtauchen können. Weitere Anregung: - Mit Tauchzug, mit Delphinbeinschlag, usw.	
75	Rückencrawlbeinschlag mit dem Schwimmbrett im Nacken. Der Partner dirigiert nun so vom Beckenrand aus, dass sein Partner mit niemandem zusammenstösst. Weitere Anregung: - Brett in verschiedenen Positionen.	Schwimmfläche stark eingrenzen, z.B. eine Schwimmbahn.
76	Reitturnier: Start auf einer Längsseite des Bassins. Die Schüler müssen auf dem Brett sitzend, kniend oder sogar stehend auf die andere Seite paddeln. Wer ist am schnellsten?	
77	Im Bassin schwimmen gleichviele blaue und rote Schwimmbretter. Auf Pfiff muss Mannschaft A die roten, Mannschaft B die blauen Bretter einsammeln. Die Schüler dürfen dabei die Bretter nur mit den Füssen berühren.	Wt.: Schwimmtief.

Nr.	Idee / Beschreibung	Hinweise / Organisation
78	Pullboys stehlen: 2 Mannschaften sind je an einem Bassinende versammelt und haben ein Lager an Pullboys bereitgestellt. Sie schwimmen nun so lange auf die andere Seite und wieder zurück und holen immer einen Pullboy, bis eine Mannschaft ihr Lager auf eine bestimmte Anzahl von Pullboys erhöht hat. Die Gegner dürfen nicht gehalten werden!	Pullboys in einer Kiste am Bassinrand. Wt.: Schwimmtief.
79	Zwei Schüler schleppen einen Kameradem, welcher mit den Händen je einen Pullboy hält, an den Beinen rückwärts durchs Wasser.	 Pro Gruppe 3 Schüler.
80	Wer kann den Pullboy unter Wasser transportieren, ohne ihn mit den Händen zu halten und zwischen die Beine zu klemmen?	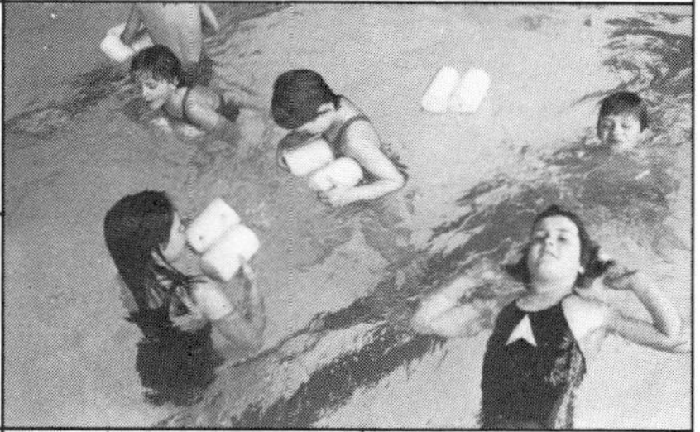
81	Wer kann einen (gespannten) Startsprung ausführen, ohne dabei den - zwischen den Beinen eingeklemmten - Pullboy zu verlieren?	
82	Die Schüler müssen den Pullboy möglichst schnell mit den Füssen im Kreis herumgeben. Welche Gruppe hat zuerst 10 Runden?	Pro Gruppe ca. 5-8 Schüler;sie bilden einen Kreis.
83	Der Pullboy darf nur mit den Füssen transportiert werden.	 Pendelstafette
84	Wer kann am meisten Pullboys unter Wasser drücken?	Wt.: mind. 2m.

1.2.3 Mit Paddels

Nr.	Idee / Beschreibung	Hinweise / Organisation
85	Ausscheidungsschwimmen: Die Schüler schwimmen möglichst schnell quer durchs Bassin. Die beiden letzten scheiden aus. Wer bleibt am längsten im Rennen? Weitere Anregungen: - Die beiden ersten können ausscheiden. - Wer bleibt übrig am Schluss?	Pro Schüler 1 Paar Paddels.
86	Américaine: Sechs Schwimmer sind im Wasser startbereit. A schwimmt mit B zwei Breiten, wird dann von C abgelöst. B schwimmt noch zwei Breiten mit C und wird von D abgelöst, usw. A schwimmt mit dem letzten der Gruppe noch zwei Breiten. Jeder Schüler macht also 4 Breiten.	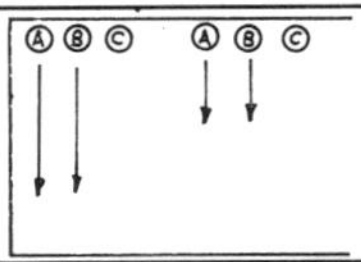 Pro Gruppe 3 Paar Paddels.
87	Jede Mannschaft wird in zwei Hälften aufgeteilt. Diese stellen sich gegeneinander auf. Auf Kommando schwimmen die ersten beiden Schüler aufeinander zu, treffen sich irgendwo unterwegs und schwimmen wieder an ihren Platz zurück. Ablösung beim Anschlagen. Die Stafette ist fertig, wenn sich die letzten beiden Schüler jeder Gruppe in der Mitte begegnen.	Begegnungsstafette. Pro Mannschaft 4 Paddels.
88	Unterwassercrawl: Die Schüler versuchen, unter Wasser mit Paddels Crawl zu schwimmen. Wer kommt trotzdem schnell vorwärts?	So erlebst Du ein wichtiges, biomechanisches Gesetz: Bewegungen gegen die Schwimmrichtung sind langsam, Bewegungen in der Schwimmrichtung schnell ausführen!
89	Hanidcap-Schwimmen: Ein Schüler mit Paddels schleppt einen Kameraden. Nach zwei bis vier Sekunden werden die beiden verfolgt. Den Abstand selbst so wählen, dass Verfolgte und Verfolger eine Chance haben.	Pro Gruppe 3 Schüler.
90	Tandemschwimmen: Versuche, mit Paddels und einem Kameraden, welcher sich an deinen Füssen hält, zu schwimmen. Weitere Anregung: - Wieviele Kameraden kannst Du maximal über eine vorgeschriebene Strecke ziehen?	
91	Erfinde möglichst originelle Fortbewegungsarten mit den Paddels. Gib acht, dass Du keinen Kameraden gefährdest!	Genügend Platz geben. Alle schwimmen in die gleiche Richtung.

Nr.	Idee / Beschreibung	Hinweise / Organisation
92	Schnappball: Welche Partei erreicht in zwei Minuten mehr Zuspiele? (Eigene Spielregeln entwickeln oder festlegen) Weitere Anregung: - Anzahl Werfer, Fänger, sowie Platz selbst wählen.	Es können auch gleichzeitig mehrere Mannschaften spielen. Somit wird gleichzeitig das Beobachten der eigenen Mannschaft geübt.
93	Handicap-Wasserball: Je zwei Gegner sind mit einem Gummischlauch zusammengebunden. Um einen Punkt zu erzielen, muss der Ball die gegnerische Bassinbreite berühren. Weitere Anregung: - Je zwei Spieler der gleichen Mannschaft sind zusammengebunden.	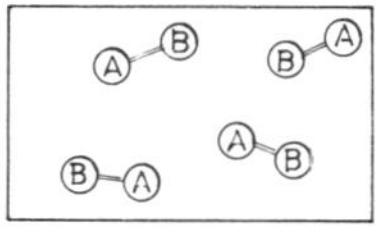
94	Je zwei Spieler haben einen Ball. Sie versuchen, möglichst viele Kopfballzuspiele zu erreichen.	Im Nichtschwimmerbecken. Wt.: nicht tiefer als schultertief. Aufblasbare Bälle verwenden!
95	Wer kann sich den Ball mit einem Fuss auf die Hand spielen? Wer kann den Ball von der einen Hand auf die andere jonglieren?	 Freie Aufstellung.
96	Alle gegen alle mit zwei bis drei Bällen. Wer getroffen wird, schwimmt 3 Breiten. Weitere Anregung: - Alle haben 10 Leben, wer getroffen wurde, verliert 1 Leben; wer jemanden abschiesst, gewinnt eines.	Spielfeld abgrenzen im Schwimmer- oder Nichtschwimmerbecken.
97	Ballfangis: Wer taucht, kann nicht abgeschossen werden. Weitere Anregung: - Mit mehreren Bällen.	
98	Versuche, mit dem Ball möglichst schnell Crawl zu schwimmen, ohne den Ball mit den Armen und Händen zu berühren.	

1.2.5 Mit Flossen

Nr.	Idee / Beschreibung	Hinweise / Organisation
99	Flossenwettkampf: Wettschwimmen mit Flossen, Crawl, Delphin, Rückencrawl. Eigene Techniken entwickeln!	Wenn Taucherbrillen vorhanden sind, dann sollten diese möglichst immer zusätzlich getragen werden (als Vorbereitung für's Tauchen).
100	Ein Schüler mit Flossen darf nur Beinschlag schwimmen. Der andere ohne Flossen schwimmt mit Armzug und Beinschlag. Welcher ist schneller? Alle Schwimmarten ausser Brustgleichschlag ausprobieren.	Gleichstarke Schwimmer zusammen.
101	Tandemschwimmen: Zwei Schüler halten sich an den Händen in Hochhalte und schwimmen synchron Delphinbeinschlag. Weitere Anregung: - Beinschlag und Handfassung ändern.	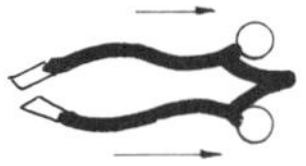
102	Der Schüler versucht, einen halb gefüllten Wasserkessel über Wasser zu halten, indem er kräftigen Beinschlag (mit Flossen) ausführt. Wie lange gelingt dies?	
103	Wasserkübelziehen: Der Schüler liegt auf dem Rücken und hält einen Plastikeimer am Henkel fest. Er zieht ihn mit Beinschlag durchs Wasser.	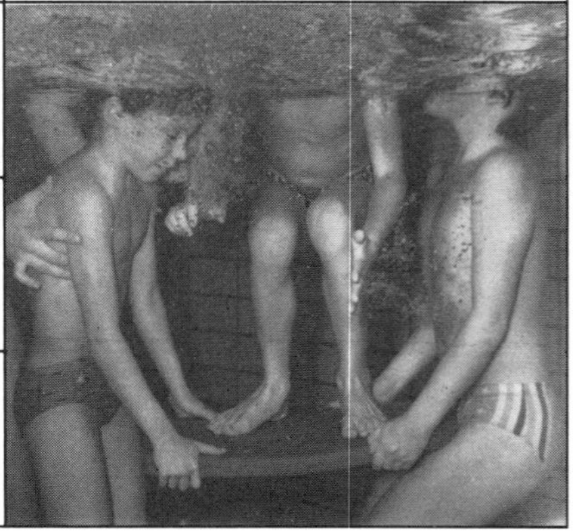
104	Ein Schüler versucht, seinen Partner hinunter zu drücken, während sich dieser dagegen wehrt (nur mit kräftigem Beinschlag). Weitere Anregung: - Wettkampfform: Wer kann seinen Partner zuerst hinunterdrücken?	
105	Welche Gruppe kann ein Mitglied für zwei bis drei Sekunden ganz aus dem Wasser heben?	

1.2.6 Mit Luftmatratzen und Matten

Nr.	Idee / Beschreibung	Hinweise / Organisation
106	Vier Schüler transportieren eine Matratze eine Bassinlänge, ohne dass sie nass wird. Weitere Anregung: - Auch mit Gummimatten möglich.	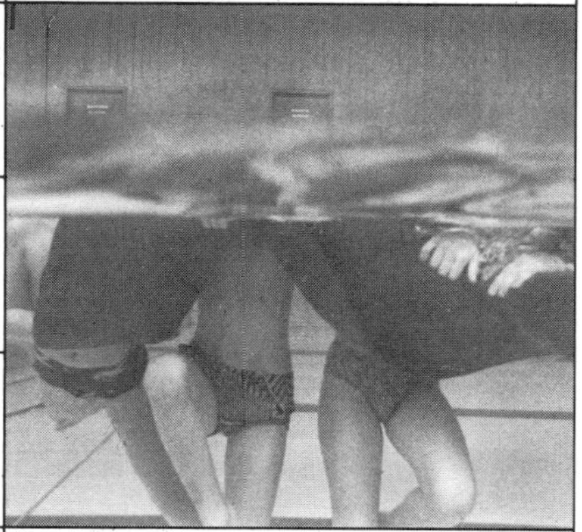
107	Ein Schüler sitzt auf der Matratze. Zwei ziehen ihn schwimmend durchs Wasser. Weitere Anregung: - Pendelstafette.	
108	Versuche, auf die Matratze zu stehen oder zu knien. Wie lange kannst Du die Arme hochheben, ohne wieder ins Wasser zu fallen?	
109	Die Matratze ist stark aufgeblasen. Sie dient als Rutschbahn. Wer kann am originellsten ins Wasser rutschen?	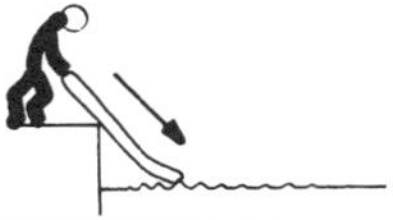
110	Ein Schüler kniet auf der Matratze. Zwei Schüler steuern das "Schiff". Welches Dreiergespann kann den Knieenden eines anderen Schiffes von der Matratze stossen?	 Pro Gruppe 3 Schüler.
111	Jede Gruppe hat eine Matratze. Alle Gruppenmitglieder müssen ans andere "Ufer" gelangen, ohne dass einer von der Matratze steigt.	Pro Gruppe 4 Schüler.
112	Uebers Wasser wandern: Zwischen zwei Leinen liegen soviele Matratzen, dass es möglich ist, über diese "Brücke" zu gehen, ohne nass zu werden. Weitere Anregung: - Einige Schüler halten die Matratzen.	Erlaubnis des Bademeisters einholen. Schüler auffordern, Luftmatratzen von zu Hause mitbringen.

1.2.7 Mit Matten

Nr.	Idee / Beschreibung	Hinweise / Organisation
113	Drei Matten müssen zur anderen Bassinseite transportiert werden. Das Spiel ist beendet, wenn alle drei Matten aufeinanderliegen und die Schüler auf den Matten sitzen.	Stafette: Pro Gruppe 4-6 Schüler.
114	Suche verschiedene Formen, um die auf dem Wasser liegende Matte zu überqueren (übersteigen, überschwimmen, überspringen).	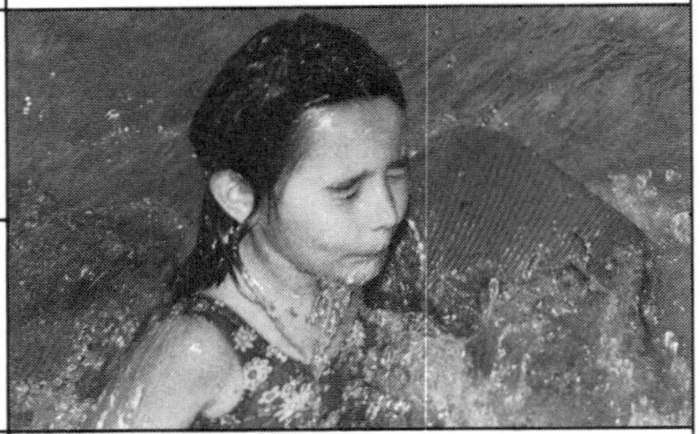
115	Welche Gruppe transportiert die Matte am schnellsten über eine Bassinlänge. Anfang und Ende des Wettkampfes: Die Gruppe sitzt auf der Matte.	
116	Wasserburg: Drei Spieler verteidigen eine Matte, ohne auf sie zu sitzen. Die Angreifer versuchen, so viele Bälle wie möglich in die Burg zu werfen.	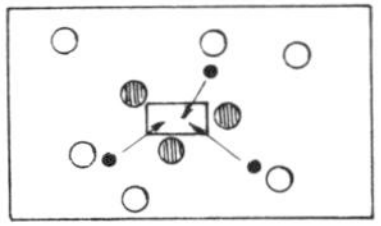 Wt.: nach Leistungsniveau variieren.
117	Der Schüler schwimmt auf die andere Seite und muss dabei 3 Matten überqueren und unter 3 Matten durchtauchen. Welcher Schwimmer ist am schnellsten?	Falls der Bademeister bewilligt, dass Surfbretter verwendet werden dürfen, lassen sich mit diesem Gerät viele ähnliche Uebungen und Spielformen durchführen (Vorübungen zum Surfen!).
118	Hindernisparcours: Alle Gruppenmitglieder müssen beim Durchschwimmen des Parcours immer mit der Matte in Berührung sein.	Pro Gruppe 4 Schüler.
119	Wer springt am lustigsten auf die im Wasser schwimmende Matte?	Keine Kopfsprünge auf die Matte !

Nr.	Idee / Beschreibung	Hinweise / Organisation
120	Zwei Schüler sind je an einem Ende eines Gummischlauches aneinander angebunden. Welches Paar kann den Gummischlauch durch Schwimmen in entgegengesetzte Richtungen am meisten dehen?	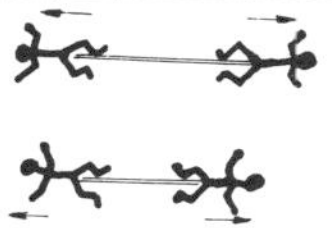
121	Brettrennen: Zwischen den Beinen hat der Schüler einen Pullboy. Er muss versuchen, sich mit Hilfe eines Schwimmbretts vorwärtszubewegen (Schaufelwirkung).	Massenrennen Zweikampf Stafette
122	Partner im Schlepptau: Ein Schüler versucht, den Partner, der ihn an den Beinen festhält, durchs Wasser zu ziehen.	Wer kann durch entsprechende Stellungen und/oder Bewegungen im Schlepptau soviel Widerstand leisten, dass der Partner nur noch am Ort schwimmt?
123	Krankenwagenschwimmen: In der Mitte des Bassins sind in einem grossen Reifen Verwundete. Die Retter müssen einen Verwundeten holen und an Land transportieren. (Rettungsgriffe anwenden!)	2 Mannschaften: 1 Gruppe Verwundete, 1 Gruppe Retter.
124	Tonnenfüllen: Am Rand des Bassins steht ein grosser Eimer, der mit Wasser gefüllt werden soll. Das Bassin ist in der Mitte durch eine Leine getrennt. Das Wasser muss immer auf der anderen Seite der Leine geholt werden. Wer hat zuerst den Eimer bis zur Marke voll?	Pro Mannschaft 3-4 Schüler. Einer der Gruppe ist immer unterwegs. Jeder Schüler erhält einen Plastikbecher.
125	Partnerschieben: Ein Schüler schiebt seinen Partner, der ruhig auf dem Wasser liegt, ans andere Ufer. Verschiedene Varianten suchen lassen.	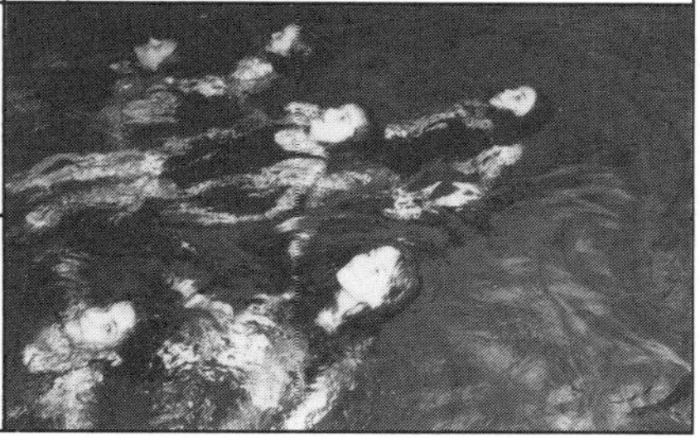
126	Verschiedene Materialien, wie Bretter, Pullboys, Bälle, usw., müssen unter Wasser auf die andere Seite transportiert werden. Welche Gruppe löst die Aufgabe am schnellsten?	

1.2.9 Mit Rettungsgeräten

Nr.	Idee / Beschreibung	Hinweise / Organisation
127	Ein Schüler sitzt im Rettungsring. Der Partner stösst ihn mit kräftigem Beinschlag vor sich hin. Weitere Anregung: - Es soll versucht werden, den Schüler im Rettungsring zum "Aussteigen" zu zwingen.	Pendelstafette 
128	Jedes Gruppenmitglied darf den Rettungsball einmal werfen. Der erste wirft, der zweite von dem Punkt aus, wo der Ball gelandet ist, usw. Der Wurf muss immer im Wasser erfolgen. Welche Gruppe braucht am wenigsten Würfe für eine bestimmte Länge.	Pro Gruppe 3 Schüler (je nach Bassinlänge vergrössern).
129	Zielwurf: Wer kann den Rettungsring oder Rettungsball am nächsten zu einer Markierung oder einem Partner ins Wasser werfen?	
130	Welche Gruppe transportiert die Rettungsstange am schnellsten über eine Bassinlänge? Welcher Gruppe gelingt es sogar, ein Gruppenmitglied auf der Rettungsstange zu "tragen"?	
131	Der angeseilte Schüler schwimmt zum Balldepot, nimmt sich einen Ball und wird von seinen Kameraden zurückgezogen. Bei einem Gruppenwettkampf muss nach jedem Durchgang der Schwimmer gewechselt werden.	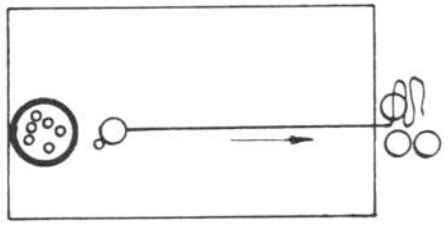 Balldepot auf einer Seite. Pro Gruppe 3 Schüler.
132	Wer kann einen Rettungsball auf Anhieb unter Wasser drücken?	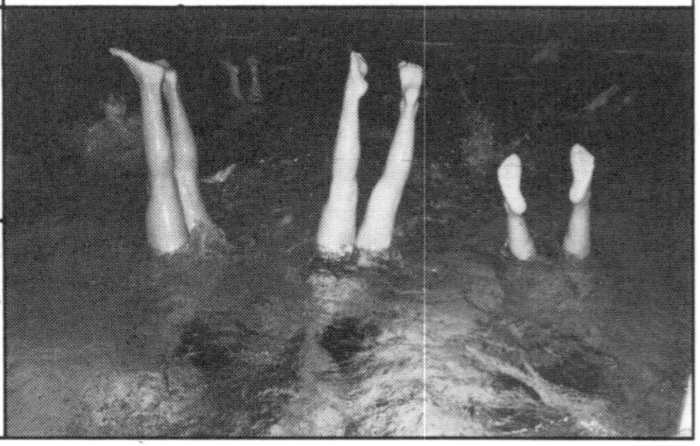
133	Zwei Schüler halten je einen Rettungsball. Ein dritter versucht, sich auf den Ball zu stellen. Weitere Schüler helfen dem dritten hinaufzusteigen.	

Nr.	Idee / Beschreibung	Hinweise / Organisation
134	Seilziehen: Einer von jeder Mannschaft hält das Tau. Die anderen springen auf Pfiff ins Wasser und beginnen auf der Seite ihrer Mannschaft zu ziehen. Weitere Anregung: - Alle halten das Tau am Bassinrand, springen auf Pfiff ins Wasser und beginnen sofort zu ziehen.	2 Mannschaften.
135	Am Ende des Taus sind ein, zwei oder mehrere Wasserkessel befestigt. Welchen zwei Schülern gelingt es, diese hinaufzuziehen, ohne dass sie abstehen?	Wt.: Mind. 3m
136	Das Tau wird ans 1m-Brett gebunden. Am anderen Ende wird ein Gewicht befestigt. Versuche, zum Ende des Taus zu tauchen und an ihm hinaufzuklettern. Weitere Anregung: - Umgekehrt auch möglich.	
137	Das Seil liegt, durch zwei Gewichte beschwert, am Bassinboden. Der Schüler versucht, Spielabzeichen an das Tau zu binden und wieder zu lösen. Weitere Anregung: - Als Gruppenwettkampf möglich.	
138	Das Tau wird an einem Ende am Sprungturm befestigt. Am andern Ende zieht eine Gruppe so stark, bis der Schüler, welcher sich an einer bestimmten Marke am Tau festklammert, vollständig aus dem Wasser "gehoben" wird. Welche Gruppe schafft es am längsten? Die Zeit wird gemessen, sobald der Schüler aus dem Wasser gezogen wird, bzw. wieder das Wasser berührt.	
139	Die Enden werden von zwei Schülern gehalten. Sie versuchen so zu schwimmen, dass ein Knoten im Seil entsteht.	
140	Eine Gruppe muss versuchen, das Tau über eine gewisse Länge so zu transportieren, dass es nie das Wasser berührt.	Für solche und ähnliche Spielformen können auch Schwimmleinen benützt werden (Bademeister fragen!).

Kapitel 1

Nach Leistungsstand und/oder Gruppengröße geordnet

1.3 Anregungen zu zweit

1.3.1 In der Schwimmbahn 32
1.3.2 Im Lehrschwimmbecken 33
1.3.3 Im Sprungbecken 34
1.3.4 Einer gegen einen 35
1.3.5 Zwei gegen zwei 36
1.3.6 Zu zweit am Ort 37
1.3.7 Im Wechsel einmal unten einmal oben 38
1.3.8 Abschlepp-, Zieh- und Schiebeformen 39
1.3.9 Reaktionsspiele 40
1.3.10 Partner als Spiegel 41

1.3.1 In der Schwimmbahn

Nr.	Idee / Beschreibung	Hinweise / Organisation
141	A ist im Wasser und zeigt mit der Hand eine Zahl, wenn B einen Startsprung ausführt. B muss während des Startsprunges den Blick nach vorne richten und versuchen, die Zahl zu erkennen.	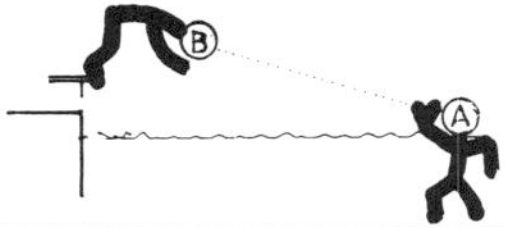
142	A schwimmt Brust-Armzug. B hält ihn an den Beinen und führt nur den Beinschlag aus. Weitere Anregung: - Rückencrawl, Brustcrawl, Delphin oder Schwimmarten mischen.	B sollte versuchen, nicht zuviel auf die Beine von A zu drücken, denn sonst wird für A diese Aufgabe sehr schwierig!
143	Beide Schüler sprinten von entgegengesetzten Bassinseiten zur Mitte, die mit einer Zauberschnur markiert ist. Dannschwimmen sie die restliche Bassinhälfte locker aus. Wer ist zuerst in der Mitte? Die Mitte wird laufend verschoben. Sieger auf die A-Seite, Verlierer auf die B-Seite.	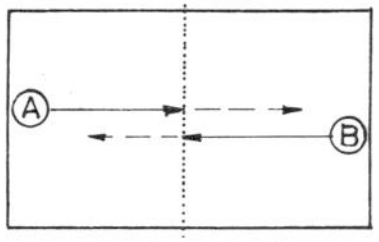
144	B schwimmt langsam Brust. A taucht unter ihm durch, dann taucht B unter A durch, usw., bis eine bestimmte Strecke zurückgelegt ist.	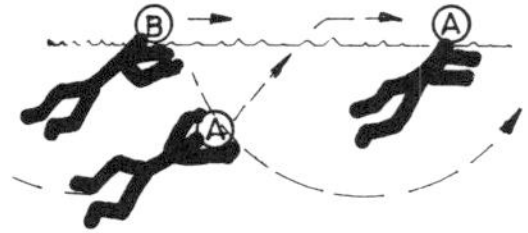
145	Zwei Schüler tauchen auf beiden Bassinseiten los, versuchen, sich in der Mitte zu treffen und tauchen gemeinsam auf.	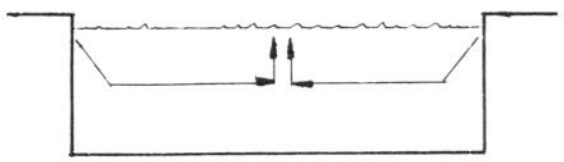
146	Ein Schüler stellt sich auf die Schultern des anderen. Welches Paar kann so am weitesten gehen?	 Genügend Abstand vom Bassinrand. Wt.: Schulter- bis Kopfhoch.
147	Die Schüler versuchen, eine Bewegungsfolge zu erarbeiten, die sie auf einer Länge synchron ausführen. Beispiel: Alle Schwimmarten, Rollen um die Querachse, Längsachse, alle Paddelarten, etc.	Selbstverständlich gehört auch ein synchroner Start dazu!

Nr.	Idee / Beschreibung	Hinweise / Organisation
148	Waage: Ein Kind steht aufrecht, das andere in Hockstellung gegenüber. Wechselseitiges "auf und ab" zum Ausatmen unter Wasser.	Schwarm 
149	Stierkampf: Die Partner fassen sich an den Schultern, jeder versucht, den anderen zurückzudrängen.	Schwarm Wt.: Hüfttief Vorsicht bei schwächlichen Schülern (grosse Belastung der Wirbelsäule!).
150	Rakete: Die Partner liegen rücklings mit Fusssohlen gegeneinander im Wasser. Auf Kommando stossen sie sich gegenseitig weg. Welches Paar hat die grösste Distanz zwischen sich?	Schwarm 
151	"Gigampfi": Die Partner stehen Rücken an Rücken, mit den Armen eingehakt. Gegenseitiges Hochziehen und mit kräftigem Ruck zieht ein Partner den anderen über den Kopf hinweg. (Für jüngere Kinder nicht geeignet!).	 Schwarm Wt.: Brusttief.
152	Spritzschlacht: Die Partner spritzen sich gegenseitig an. Wer sich zuerst umdreht, hat verloren.	
153	Hahnenkampf: Die Partner haben die Arme auf dem Rücken verschränkt und stehen nur auf einem Bein. Sie müssen versuchen, sich so gegenseitig umzustossen.	
154	Ritterkampf: Ein Schüler steht, der Partner sitzt ihm auf den Schultern. Die Paare versuchen sich so gegenseitig umzustossen. Weitere Anregung: - In Turnierform.	 Wt.: Mindestens brusttief

1.3.3 Im Sprungbecken

Nr.	Idee / Beschreibung	Hinweise / Organisation
155	Schiebewettkampf: In Rückenlage (Ohr neben Ohr, Arme seitlich verschränkt). Mit Beinschlag versuchen die beiden, einander wegzustossen. Weitere Anregung: - Auf dem Bauch.	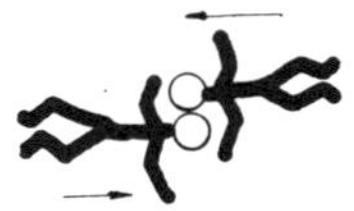
156	Welcher Schüler kann so kräftig Wasserstampfen, dass es dem Partner nicht gelingt, ihn ins Wasser zu tauchen.	 Wasserstampfen: Siehe Kap. Lernhilfen Wasserball
157	Ein Pullboy wird von einem Schüler unter Wasser mit beiden Füssen fixiert, während der andere Schüler an den unteren Bassinrand schwimmt. Dann wird der Pullboy übergeben (nur mit den Füssen) und der Partner schwimmt zum unteren Bassinrand.	Event. als Stafette. Die Hände dürfen nicht benützt werden!
158	Schiebe/Stosswettkampf: Rückenlage, mit Fussflächen gegeneinander. Die zwei Schüler versuchen, sich gegenseitig mit Armbewegungen (= Paddeltechnik des Symchronschwimmens) rw. zu stossen, bzw. sich mit Armzug gegenseitig vw. zu bewegen.	
159	Zwei Schüler schwimmen 4 Längen: Die erste Länge jeder für sich, die zweite Länge halten sie sich an einer Hand, die dritte Länge an beiden Händen und die vierte Länge einer mit den Händen an den Füssen des anderen. Event. als Stafette in Zweiergruppen!	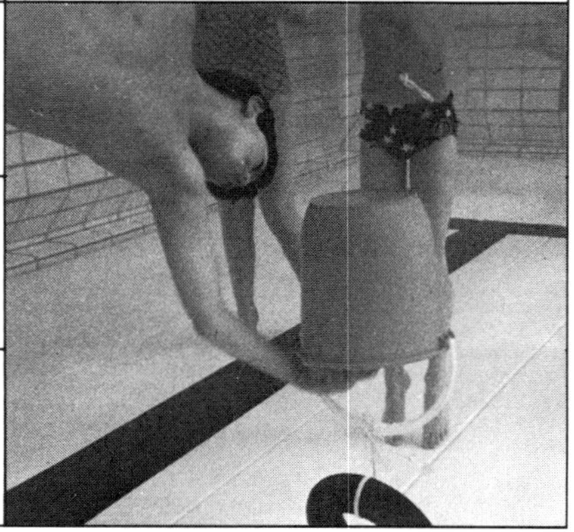
160	"Herr und Hund": Der "Herr" darf das ganze Sprungbecken ausnutzen. Er muss sich einen Weg suchen und der Hund muss ihm immer folgen. Weitere Anregung: - Beide schwimmen in der Wasserballcrawl-Technik (Kopf aus dem Wasser).	
161	Ein Eimer mit 5 Tennisbällen ist am Boden des Beckens befestigt, und einer am Beckenrand. Jeder Kübel ist einem Schüler zugeordnet. Jeder muss versuchen, möglichst viele Bälle in den gegnerischen Kübel zu bringen. Sie dürfen dabei nur immer einen Tennisball transportieren.	

1.3.4 Einer gegen einen

Nr.	Idee / Beschreibung	Hinweise / Organisation
162	Frosch und Fisch: Die Paare stehen sich in der Mitte des Bassins im Abstand von ca. 2m gegenüber. Der Lehrer ruft den Schülern eine einfache Rechnung zu. Bei geradem Resultat müssen die Frösche die Fische fangen und umgekehrt. Viele Varianten von "Tag und Nacht" möglich!	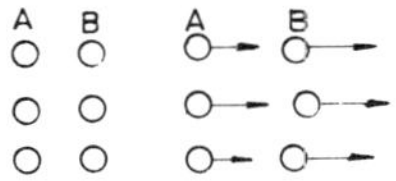
163	Haifischfang: A startet auf dem Startblock, B im Wasser. Sobald A gestartet ist, versucht B ihn einzuholen. Der Schwimmer A sollte immer eine weniger schnellere Schwimmart als der Schwimmer B ausführen.	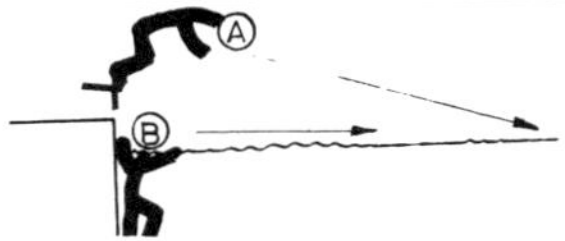
164	A spielt den toten Mann, B muss ihn auf die andere Seite transportieren. Hilfsmittel sind erlaubt. Welcher Schüler von beiden schafft es in kürzerer Zeit?	Möglichkeit zur Instruktion des Rettungsschwimmens oder Transportschwimmens.
165	Beinziehkampf: Die beiden Schüler versuchen, sich gegenseitig an den Beinen zu ziehen und so umzuwerfen.	 Im Nichtschwimmerbecken.
166	Lauf- (Schwimm-) wettkampf im Cup-System: Zwei Schüler "laufen" (schwimmen) gegeneinander, dann die Sieger aller Paarungen, usw. Weitere Anregungen: - Hände auf dem Rücken - Hände in Hochhalte - rw., vw. mit Händen.	Im Nichtschwimmerbecken laufen; im Schwimmerbecken schwimmen.
167	Im Wasser liegen Bälle. Zwei Schüler versuchen, sich gegenseitig an einen der Bälle so heranzuziehen oder zu stossen, dass der Partner den Ball berührt. Pro Berührung 1 Minuspunkt.	Obwohl es ein Raufspiel ist, gegenseitig Rücksicht nehmen!
168	Torhüterspringen: Die Partner werfen sich gegenseitig einen Ball zu und versuchen, nach dem Ball zu "hechten".	Im Nichtschwimmerbecken.

1.3.5 Zwei gegen zwei

Nr.	Idee / Beschreibung	Hinweise / Organisation
169	Reiterkampf mit Ball: Welche Gruppe kann den Ball auf die gegnerische Bassinseite legen, ohne dass er vom Gegner weggenommen wird. Der Ball darf nur vom Reiter gehalten werden.	Im Nichtschwimmerbecken. Wt.: Hüfttief mind.
170	Tandemschwimmen: Zwei Gruppen gegeneinander, alle Schwimmarten.	Zuerst kann in Gruppenarbeit eine originelle Tandem-Schwimm-Technik von den Schülern erarbeitet werden. Diese gilt dann für alle!
171	Parteiziehkampf: Der hintere Schüler hält seinen Partner um den Bauch. Der vordere hält den vorderen der anderen Gruppe. Welche Partei kann die andere Gruppe über eine Marke ziehen?	 Im Nichtschwimmerbecken.
172	Die Gruppe muss 5 Längen über und 2 Längen unter Wasser schwimmen. Atempause frei! Der Gegner zählt und stoppt die Zeit.	Genügend Zeit geben, damit die Mannschaft ihre Taktik besprechen und ausprobieren kann.
173	Tennisbälle zuspielen: Welches Team fängt die meisten Bälle in einer bestimmten Zeit? Weitere Anregungen: - A ist im Wasser, B auf dem Land. - Beide im Wasser. - Fangen nur mit der schwächeren Hand.	Auch als Spiel über die Leine!
174	Zu zweit versuchen die Schüler, ein Schwimmprogramm zusammenzustellen (z.B. 3 Züge Crawl, 1 Rolle vw., usw.). Welche Zweiermannschaft findet das originellste und welche schwimmt es am besten?	
175	Ein Team stellt mit Material einen schwierigen Parcours auf, den der Gegner durchschwimmen muss. Mehrmals wechseln. Welchem Team gelingt es, den schwierigsten Parcours zu bauen?	

Nr.	Idee / Beschreibung	Hinweise / Organisation
176	Zwei Schüler liegen auf dem Bauch und halten sich an einem Stab. Zwischen den Beinen haben sie einen Pullboy eingeklemmt. Wer kann den Partner auf den Rücken drehen?	
177	Ein Schüler hält einen Eimer und füllt ihn so stark mit Wasser, dass er ihn 10 Sekunden über Wasser halten kann. Wer kann den Eimer mit mehr Wasser füllen? Weitere Anregungen: - Wer kann ihn am längsten halten? - Welcher Eimer welcher Gruppe ist länger oben.	
178	Ein Schüler hält den Ball mit 3 Fingern in der Luft. Der Partner versucht, in festgelegtem Abstand (Schnur, Reifen) durch starkes Wasserspritzen, den Ball ins Wasser zu schlagen.	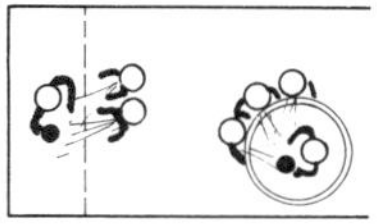
179	Ein Schüler taucht mit einem Ball unter Wasser. Er darf ihn loslassen, wann er will. Der Partner versucht, ihn möglichst schnell zu fangen.	Kann der Ball über Wasser gefangen werden, bevor er aufs Wasser fällt = 1 Pkt. Das Spiel ist auch mit sich selbst möglich!
180	Pyramidenbau: Versucht, zu zweit oder zu dritt aufeinanderzustehen.	Wt.: Entsprechend anpassen!
181	Wettbewerb der Beine gegen die Arme: Die Beine stossen vorwärts, die Arme drücken rückwärts. Wer gewinnt?	
182	Wer kann Crawl (oder Delphin) am Ort schwimmen? Wer kann sogar Crawl fusswärts schwimmen? Weitere Anregung: - Wer kann Crawl unter Wasser schwimmen?	Gelingt es auch mit geschlossenen Augen? (Bademütze über die Augen ziehen!)

1.3.7 Im Wechsel einmal unten einmal oben

Nr.	Idee / Beschreibung	Hinweise / Organisation
183	Reiterderby: Ein Schüler sitzt auf den Schultern des Partners. So laufen sie bis zur Mitte, dort wird gewechselt. Welches Paar ist am schnellsten? Weitere Anregungen: - Rundstreckenrennen - Hindernisparcours.	
184	Beide Schüler starten gleichzeitig von entgegengesetzter Bassinseite. A schwimmt, B rennt. Beim Treffpunkt muss A die Füsse von B berühren und B den Kopf von A. Rollenwechsel und weiterschwimmen, bzw. laufen.	
185	Fusskampf: Fuss-Sohle gegen Fuss-Sohle. So müssen die Partner versuchen, einander umzustossen.	 Wt.: Hüfttief.
186	Tauchen im Wechsel: A taucht, B schwimmt an der Oberfläche. Wenn A auftaucht, taucht B unter, usw.	
187	A macht ein "Böckli", B springt (schwimmt) darüber, wechseln, usw.	
188	A und B schwimmen gleichzeitig über und unter einer Schnur durch.	
189	2 Reifen stehen im Wasser. A und B starten gleichzeitig von gegenüberliegenden Seiten. A schwimmt an der Wasseroberfläche über die Reifen, B von der anderen Seite durch die Reifen.	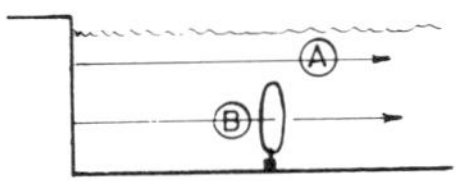

Nr.	Idee / Beschreibung	Hinweise / Organisation
190	A liegt im Wasser, B hält ihn an den Fussgelenken und schiebt ihn kreuz und quer durchs Schwimmbecken. A soll dabei nicht untergetaucht werden. Weitere Anregung: - Ziehen im Achselgriff, usw.	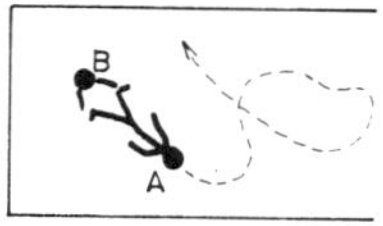 Wt.: Hüfttief.
191	Delphintandem: Beide Schüler sind in Bauchlage. Der Vordere hält den Hinteren, indem er von unten her mit den Beinen den Oberkörper des Partners umklammert. Nun schwimmen beide Delphin.	
192	Ein Schüler hält den anderen im Achselgriff und versucht, ihn mit Delphinbeinschlag durchs Wasser zu ziehen.	
193	Schüler A liegt auf dem Rücken, hängt bei Schüler B unter den Achseln ein und schwimmt Rückencrawl-Armzug. B unterstützt durch kräftigen Beinschlag.	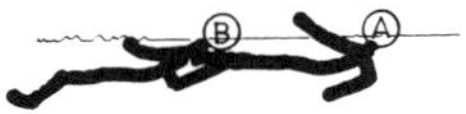
194	A versucht, B unter Wasser eine grosse Strecke zu ziehen bzw. zu schieben. Es sollte kein Körperteil von B über Wasser gesehen werden!	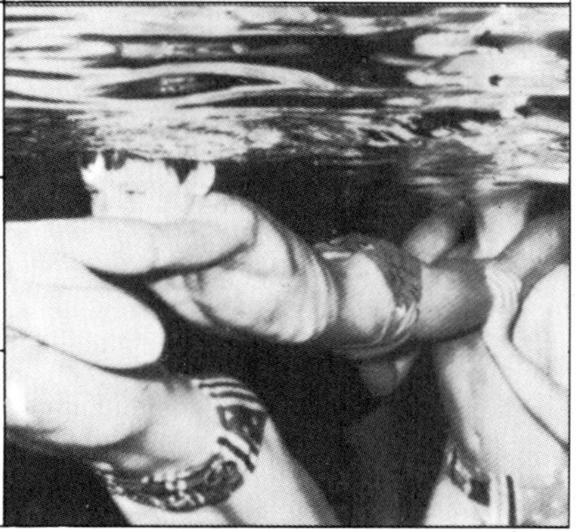
195	Zwei Schüler ziehen und schieben einen dritten durchs Wasser.	
196	Es müssen 2 x 25 m geschwommen werden. Auf den ersten 25 m darf nur A schwimmen, auf den zweiten nur B. Trotzdem müssen beide bei der Wende und im Ziel die Wand berühren. Wer findet die schnellste Schlepp- oder Schiebeform heraus?	

1.3.9 Reaktionsspiele

Nr.	Idee / Beschreibung	Hinweise / Organisation
197	Fischer und Fisch: Der Fischer hat einen Ball und muss versuchen, seinen Fisch abzuschiessen. Dieser versucht, geschickt zu entweichen.	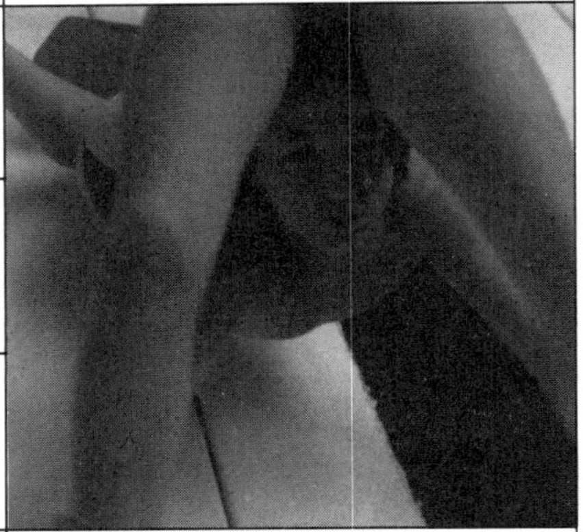
198	A und B tauchen abwechslungsweise zwischen den Beinen des anderen durch. Auf Pfiff müssen sich alle so schnell wie möglich auf den Rücken legen. Welches Paar ist am schnellsten?	
199	Die Paare schwimmen nebeneinander. Bei einem Pfiff schwimmen alle an den linken Rand, bei zwei Pfiffen schwimmen alle auf die rechte Seite. Welches Paar ist am schnellsten?	
200	A hält B um die Hüften. Der Vordere schwimmt Armzug, der Hintere Beinschlag. Auf Pfiff müssen sie sofort abtauchen. Das Paar, das zuletzt abtaucht, erhält einen Minuspunkt.	
201	Die Schüler bewegen sich frei im Wasser. Auf Pfiff müssen zwei Schüler zusammen einen Ring vom Boden holen und den Ring haltend an einen Bassinrand transportieren. Jedesmal Partnerwechsel!	Die Siegergruppe darf jeweils die nächst folgende Schwimmart bestimmen.
202	Platzwechsel: Die Schüler stehen sich auf den Längsseiten gegenüber. Auf Kommando wechselt jedes Paar die Plätze. Welches Paar ist am schnellsten?	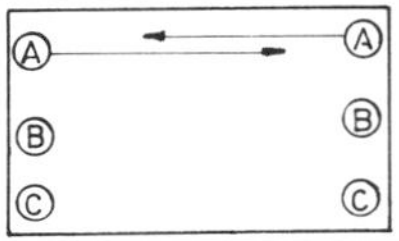 Genügend Platz!
203	Ringeraub: Die Schüler stehen sich auf zwei Gliedern gegenüber. Im Zwischenraum von ca. 2 m liegt pro Paar je ein Ring. Auf Pfiff macht jeder Schüler eine Rolle rw. taucht nach dem Ring und versucht, sich diesen als Krone aufzusetzen.	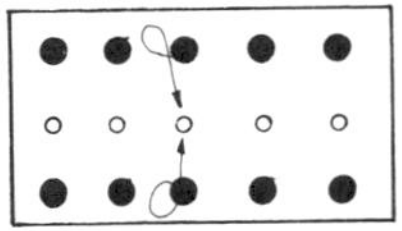

Nr.	Idee / Beschreibung	Hinweise / Organisation
204	A schwimmt eine selbst erfundene Schwimmart. B beobachtet und versucht, diese zu kopieren. Weitere Anregung: - A schwimmt verschiedene Schwimmarten hintereinander, B kopiert.	Schwarm
205	A und B liegen nebeneinander im Wasser. Nun versuchen sie, eine zuvor bestimmte Figur spiegelbildlich zu schwimmen. Weitere Anregung: - Unter Wasser, im Raum.	
206	A und B liegen nebeneinander auf dem Bauch, Fuss-Sohlen gegeneinander mit möglichst starkem Kontakt. B lässt seine Beine von A führen, welcher frei erfundene Bewegungen ausführt.	
207	Fangspiel: Der Fänger muss jede Bewegung des Gejagten nachahmen, bevor er ihn fangen darf. Wechsel.	
208	A taucht im Wasser. B schwimmt über A und versucht, alle Richtungsänderungen von A mitzuschwimmen.	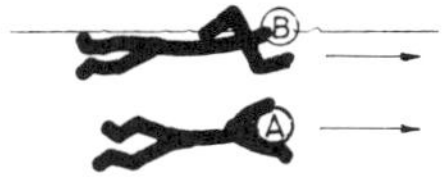
209	A und B halten sich mit einer Hand. Beide versuchen, so miteinander Crawl oder Brust zu schwimmen.	
210	A führt einen Sprung aus. B versucht, diesen genau nachzuahmen. Weitere Anregung: - Mit der Zeit springen sie zusammen den gleichen Sprung.	

MÄDCHEN
DUSCHE
KNABEN
DUSCHE

Kapitel 1

Nach Leistungsstand und/oder Gruppengröße geordnet

1.4 Beispiele in der Gruppe

1.4.1 Fangisformen 44

1.4.2 Gruppenstafetten 45

1.4.3 Circuitformen 46

1.4.4 Handicap-Formen 53

1.4.5 Ballspiele 54

1.4.6 Raufspiele 55

1.4.7 Kettenformen 56

1.4.8 Gruppensprünge 57

1.4.9 Tauchen in der Gruppe 58

1.4.10 Hindernisschwimmen mit und in der Gruppe 59

1.4.1 Fangisformen

Nr.	Idee / Beschreibung	Hinweise / Organisation
211	Wasserfangis: Der Wechsel des Fängers wird entweder laut bekanntgegeben oder er kann auch geheim bleiben (Ueberraschungsmoment). Der Fänger kann auch durch einen Ring am Arm markiert werden. Die Spieler dürfen das Wasser nicht verlassen.	Abgegrenzter Raum im Nichtschwimmerbecken; evtl. für gute Schwimmer im Schwimmerbecken.
212	Paarfangis: Zwei Spieler halten sich an den Händen und versuchen, die anderen Schüler zu fangen. Wird ein Mitspieler gefangen, so wird derjenige Fänger, der ihn gefangen hat, wieder frei. Weitere Anregung: - Gefangene bilden neue Paare.	- dito -
213	Delphinfangis: Alle Spieler dürfen sich nur mit Delphinsprüngen vorwärtsbewegen.	 Wt.: Hüft- bis schultertief.
214	Fangis mit "Erlösen": Zwei bis drei Fänger. Die Gefangenen müssen in Grätschstellung stehen. Sie können durch einen Kameraden befreit werden, wenn dieser untendurchtaucht.	 Abgegrenzter Raum im Nichtschwimmerbecken.
215	Tauchfangis: Wie Wasserfangis. Ein Spieler kann jedoch nicht gefangen werden, wenn - der Kopf unter Wasser ist, - der Spieler auf dem Boden sitzt, - der Spieler im Handstand steht.	
216	Verfolgungsfangis: Ein Fänger verfolgt einen Kameraden von einem Bassinrand zum anderen. Dabei muss sich der Verfolger genau so vorwärtsbewegen wie der Fliehende.	
217	Spitalfangis: Sowie ein Spieler gefangen wird, muss er auf der Stelle erstarren und sich mit der Hand dort halten, wo er getroffen/berührt wurde. Er kann durch einen Lebenden mit Handschlag wieder befreit werden. Mindestens 2-3 Fänger!	Wt.: Höchstens hüfttief.

Nr.	Idee / Beschreibung	Hinweise / Organisation
218	Beinschlagstafette: Delphin-, Rücken-, Crawl- und Brustbeinschlag. Weitere Anregung: - Rollen vw., rw., Schrauben, etc. einbauen.	Pendelstafette mit Brett übergeben.
219	3-4 Schüler werden mit einer Zauberschnur angeseilt. Sie müssen so versuchen, zusammen einen Parcours zu durchschwimmen. Beispiele für Posten: Ringe, Wendemarken, Slalomstangen, Tauchringe holen, usw.	
220	Transportstafette: Jede Gruppe besitzt eine gewisse Anzahl Ringe Pullboys, Bälle, etc. **Die Schüler müssen einen Gegenstand nach dem anderen von einer Seite des Bassins auf die andere transportieren, zurückschwimmen und den** nächsten Gegenstand holen. Welche Gruppe kann während einer bestimmten Zeit am meisten Gegenstände transportieren?	
221	Abschleppen: Auf einer Bassinseite stehen je 4-6 Schüler, auf der anderen Seite je 2-3 Schlepper. Die Schlepper müssen auf Pfiff einen nach dem anderen laufend oder schwimmend auf der Gegenseite abholen und ihn in den eigenen Hafen bringen. Welche Gruppe ist zuerst im Hafen? Weitere Anregungen: - Huckepack, nur 1 Fuss, Strecklage vw., rw., etc.	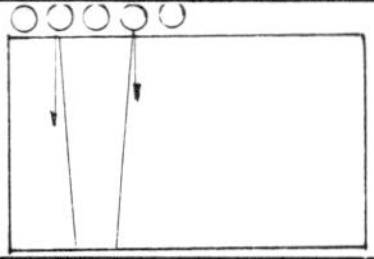 Wt.: Je nach Aufgabe.
222	Tauchstafette: Auf jeder Bassinbreitseite stehen sich gleich viele Schüler gegenüber. Auf Pfiff starten die beiden ersten und tauchen,bis sie sich im Wasser begegnen. Jeder führt eine Rolle aus, taucht auf und schwimmt auf seine Seite zurück.	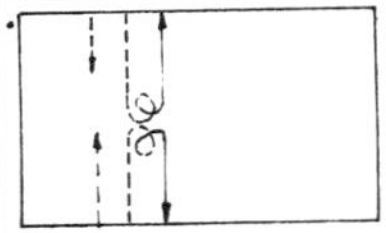 Begegnungsstafette
223	Die Gruppe durchschwimmt einen einfachen Parcours, wobei sich die Gruppenmitglieder immer berühren müssen, d.h. mit einem anderen Gruppenmitglied in Kontakt sein müssen.	Pro Gruppe 2-4 Mitglieder.
224	Anhängestafette: Der erste Schwimmer schwimmt zu einer Wendemarke und wieder zurück, dann nimmt er den zweiten Schüler mit und beide schwimmen die Strecke, dann zu dritt, zu viert. Nun wird der erste Schüler wieder abgehängt, dann der zweite, usw.	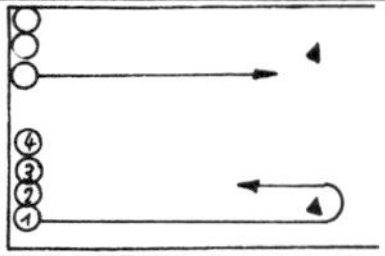 Distanz zur Wendemarke je nach Können variieren.

1.4.3 Circuitformen

Nr.	Idee / Beschreibung	Hinweise / Organisation
225	Allgemeines Schwimmtraining. (Kann dem entsprechenden Trainingszustand angepasst werden).	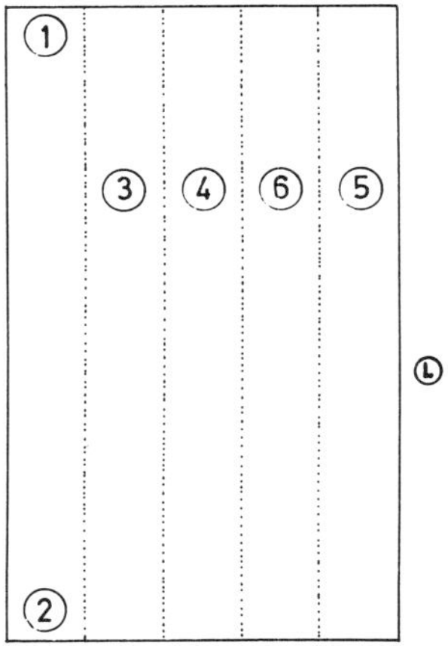
	1. Start: Alle 4 Schwimmarten (Gegenseitige Schülerkorrekturen).	
	2. Wenden: Alle 4 Schwimmarten (Gegenseitige Schülerkorrekturen).	
	3. Beinschlagtraining: 2 x 100 m, event. auf Zeit (mit Schwimmbrett).	
	4. Armzugtraining: 2 x 100 m, event. auf Zeit (mit Pullboy).	
	5. Stiltraining: Lehrer oder Trainer korrigiert.	- Zeitnahme durch Schüler selbst. Material: - Reihenbilder für Stilkorrekturen - Schwimmbretter und Pullboys - Stoppuhren.
	6. 4-Lagen-Training: Strecken je nach Trainingszustand und Können festlegen.	

Nr.	Idee / Beschreibung	Hinweise / Organisation
226	Wasserballtraining.	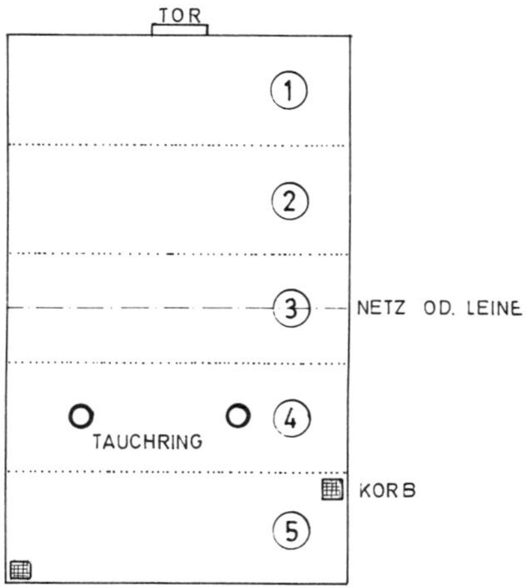
	1. Spiel auf ein Tor: Wenn die Angreifer ein Tor erzielen, dürfen sie nochmals angreifen. Nach erfolglosem Abschluss oder Ballverlust werden die Rollen vertauscht.	
	2. Schnappball: Mit Wasserballregeln (siehe auch Nr. 92). Die Schüler zählen selbst. Laut zählen lassen!	
	3. Volleyball: Mit grossem, aufblasbarem Gummiball. Regeln selbst festlegen lassen.	
	4. Unterwasser-Rugby: Eigene Regeln durch die Schüler selbst aufstellen lassen. Als Ball kann ein Tauchring verwendet werden.	- Dauer je nach Zeit und Gruppengrössen. - Pro Gruppe 4-6 Schüler.
	5. Korbball: Nur einhändiges Fangen gestattet!	Material: - Wasserbälle (wenn möglich) - Zauberschnur oder Leine - Tauchring oder dergleichen - Körbe - Aufblasbarer Ball (ganz leicht).
	Anregung: Den Schülern wird lediglich das Material und der entsprechende Uebungsraum zugeteilt. Sie bestimmen nun ihre Spiel- oder Uebungsformen selbst. (.... denn wie sollen unsere Schüler selbständig werden, wenn sie dies nie oder nur selten üben können?)	

1.4.3 Circuitformen

Nr.	Idee / Beschreibung	Hinweise / Organisation
227	Kunstschwimmen.	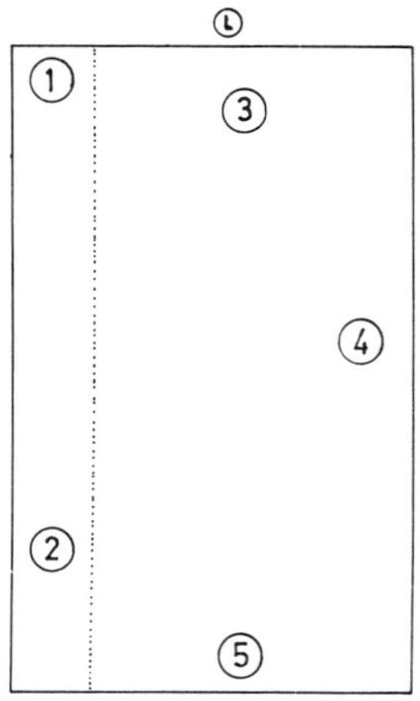
	1. Synchronschwimmen: In Rückenlage, nur Beinschlag spritzerlos. Brustschwimmen im Dreiviertel-takt. Mit einer Partnerin, mit mehreren.	
	2. Figuren: Ueben einiger bekannter oder vorgeschriebener Figuren wie Zuber, Ballett-bein, Flamingo, Salti oder Schrauben, usw.	
	3. Verbindungen: Unter Anleitung der Lehrerin sollen einfache Elemente in Verbindung mit anderen Elementen geübt werden.	
	4. Gruppenarbeit: Die Gruppe hat, je nach Dauer des Stationsbetriebes, x-Minuten Zeit, eine einfache Folge von Figuren zusammenzustellen, welche am Schluss der Lektion vorgezeigt wird.	- Am Schluss: Vorführung der bei Posten 4 vorbereiteten Uebungs-folge.
	5. Tauchen: Die Gruppe "erfindet" eigene Tauchspiele mit und ohne Material.	Material: - Tauchgegenstände - Stoppuhr.
	Anregung: Häufig die Taucherbrille als Lernhilfe einsetzen. (...auch als Vorbereitung für's Tauchen, aber vor allem wegen der besseren Orientierung unter Wasser. Zudem kommt so kein Wasser in die Nase!)	

Nr.	Idee / Beschreibung	Hinweise / Organisation
228	Konditionstraining in einer Schwimmbahn mit einer grossen Klasse (24-32 Schüler). Bei 16 Schülern, z.B. 1 Minute Arbeit / 1 Minute Pause. Bei 32 Schülern, z.B. Grp. A 1 Minute Arbeit, anschliessend arbeitet Gruppe B während der Pause von Gruppe A. Gruppe A wechselt zum neuen Posten usw. Hinweis: Es arbeiten immer 2 gleichzeitig am gleichen Posten. Höchstens 2 Minuten pro Station!	
	1. Armzug: Die Füsse sind an einem Gummischlauch angehängt, Gummischlauch am Bassinrand (Startpflock) befestigt.	Alles in einer Schwimmbahn! 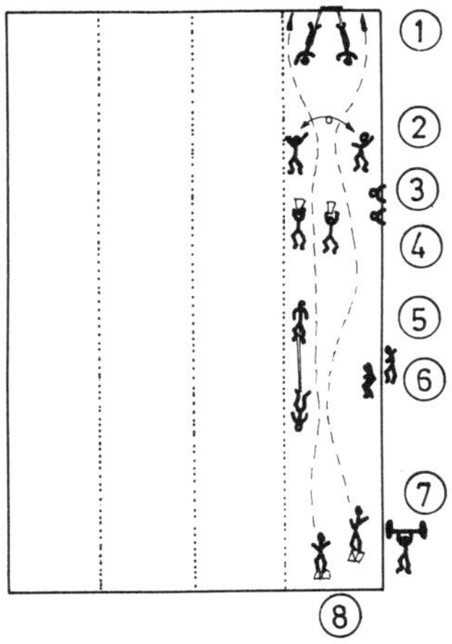
	2. Ball werfen u. Ball gegens. zuspielen. Nur einhändig wieder fangen: Beide Hände wechselseitig gebrauchen. Weitere Anregung: Nach jedem Pass sich um die eigene Achse drehen.	
	3. Hochstemmen: Stütz am Bassinrand, einen Ball in einer Hand: Abtauchen, ausatmen, hochstemmen, in der Luft den Ball in die andere Hand werfen, fangen, wieder abtauchen, usw.	
	4. Wassertreten: Der leere oder halb gefüllte Kessel muss mit Hilfe abwechselnder Brustbeinschläge (Wassertreten) über der Wasseroberfläche gehalten werden.	
	5. Beinschlag: A und B halten sich gegenseitig an einem Gummischlauch und schwimmen in Rückenlage mit Rückencrawlbeinschlag. Wenn möglich immer am Ort bleiben!	
	6. Fusssprünge: Hineinspringen, herausklettern.Wer von den beiden machte mehr Sprünge?	Material: - 4 Gummischläuche - 1 grosser und 2 kleine Bälle - 2 Eimer - ca. 4 ABC-Ausrüstungen (Flossen, Brille, Schnorchel) - Stoppuhr und Pfeife.
	7. Gymnastik: Ausserhalb des Schwimmbeckens muss eine genau vorgeschriebene Uebung (ev. Krafttraining) ausgeführt werden.	
	8. Tauchen: Mit der ABC-Ausrüstung über und neben den anderen den ganzen Parcours durchqueren, ohne die anderen zu stören!	
	Anregung: Die Posten mit grossen Zahlen markieren. Im Sinne eines reibungslosen Ablaufes von den Schülern gegenseitige Rücksicht verlangen!	

1.4.3 Circuitformen

Nr.	Idee / Beschreibung	Hinweise / Organisation
229	Konditionscircuit im Schwimmbecken. (als Gruppenwettkampf möglich).	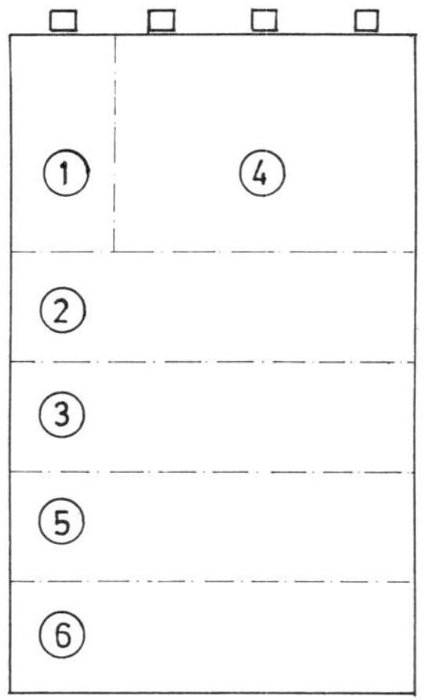
	1. Eimer füllen: Auf dem Startblock steht ein Eimer. Die Gruppe versucht, mit Joghurtbechern in einer gewissen Zeit möglichst viel Wasser in den Eimer zu schöpfen. Jeweils immer eine gewisse Distanz um eine Marke schwimmen. Eimer bleibt stehen! Pro cm = 1 Pkt.	
	2. Gewichttransport: 2 Gewichte (Tauchringe) müssen in der Bassinbreite hin und her transportiert werden. Nur ein Schüler pro Gewicht und Strecke. Marke mit Reifen oder Tauchring festlegen. Pro Länge = 1 Pkt.	
	3. Gefangenenschwimmen: Die Gruppe ist an den Füssen mit einer Zauberschnur zusammengebunden und muss so versuchen, möglichst viele Breiten zu schwimmen. Pro Breite = 2 Pkte.	
	4. Wasserball: Ein Ball muss immer hin und her transportiert werden (Wasserballcrawl, ohne Hilfe der Hände, den Ball vor sich herschieben!). Pro Breite = 1 Pkt.	- Ganzes Bassin, damit in der Breite gearbeitet werden kann.
	5. Tauchglocke: Eimer, an einem Tauchring befestigt, liegt auf dem Bassinboden. Abtauchen, Luft hineinblasen... bis der Eimer zur Wasseroberfläche steigt. Oben muss der Eimer wieder ganz mit Wasser gefüllt und wieder versenkt werden.	Material: - Stoppuhr - 1 Eimer/2 Tauchringe/ 1 kl.Tauchring - 1 Wasserball - einige Joghurtbecher - 1 Zauberschnur
	6. Sklaven-Transport: Ein kleiner Tauchring muss auf dem Kopf hin und her transportiert werden. (Die Hände dürfen nicht halten!). Pro Breite = 1 Pkt.	

Nr.	Idee / Beschreibung	Hinweise / Organisation
230	ABC - Tauchen (Flossen/Brille/Schnorchel).	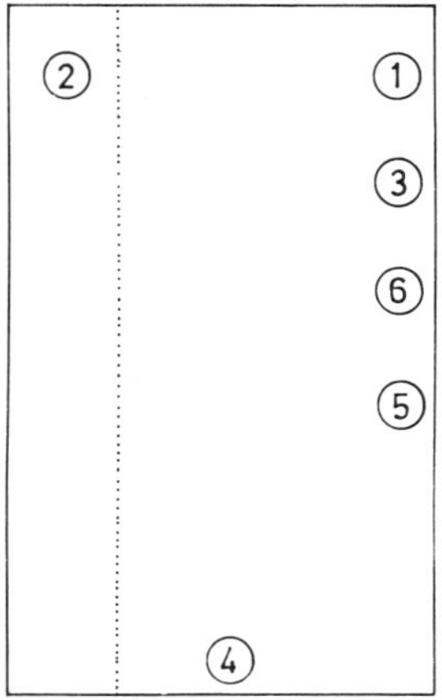
	1. Taucher-Uebung: Brille, Schnorchel und Flossen unter Wasser anziehen und wieder ausziehen, sobald die Brille deutlich entleert ist.	
	2. Flossenschwimmen: - Crawl ohne und mit Armzug - Delphinbewegung, ohne Arme (Arme seitl.am Körper; auch unter Wasser) - Rückencrawlbeinschlag - alle Formen auch unter Wasser	
	3. Figurentauchen: Vorgeschriebene Formen wie Achterschlaufe, Salti, usw. tauchen. Sauber auftauchen, d.h. Blick nach oben und schrauben. Eigene Formen gegenseitig vor- und nachmachen.	
	4. Tauchersprünge: Verschiedene vorgeschriebene oder bereits bekannte Sprünge ins Wasser. Immer mit der ABC-Ausrüstung, jedoch ohne die Brille zu verlieren.	- Pro Posten 5-10 Minuten - Arbeit gut überwachen! - Auf gute Zusammenarbeit achten! Material: - Persönliche ABC-Ausrüstung oder ca. 20% mehr Flossen als Schüler (Fussgrössen!) - Material für Unterwasserbau - Tauchringe.
	5. Unterwasserbau: Gerüst unter Wasser zusammenschrauben oder mit improvisierten Hilfsmitteln "etwas" zusammenstellen (Teamarbeit!).	
	6. Unterwasser-Laufen: Mit zwei Gewichten an den Händen, mit Brille ausgerüstet, versuchen, auf dem Boden zu gehen, bis wieder aufgetaucht werden muss.	

1.4.3 Circuitformen

Nr.	Idee / Beschreibung	Hinweise / Organisation
231	Wasserspringen. (Dies ist nur ein Beispiel. Je nach Anlage lassen sich beliebig viele Formen von Circuits erstellen. Wichtig: GENAU ORGANISIEREN!! UNFALLGEFAHR!! Allenfalls Felder mit Leinen abgrenzen (Schwimmleinen).	WASSERSPRINGEN IST TOLL, ABER NICHT UNGEFAEHRLICH!
	1. Kopfsprung vw.: Von der Stirnseite her Kopfsprung vw. in der für die Schüler bekannten und gelernten Form. Für schwächere Schüler ist auch das Eintauchen aus der Neigehaltung möglich.	SPRUNGBECKEN Wichtig: Das zur Verfügung stehende Feld genau abgrenzen. Wegschwimmrichtung exakt angeben.
	2. Salto vorwärts: Mit Minitramp (wenn vorhanden und den Schülern bekannt);sonst aus dem Stand. Für mutige Schüler vielleicht 1½ Salto vw. ohne Oeffnung. Für schwächere Schüler: Rolle vw., ev. mit leichtem Absprung.	Material: - Matten für Rollen - Leinen zur Feldabgrenzung - Minitrampolin.
	3. Kürsprünge: Die Schüler dürfen unter Aufsicht des Lehrers frei gewählte Sprünge vorzeigen. Für schwächere Schüler kann dies vielleicht "nur" ein Fusssprung sein!	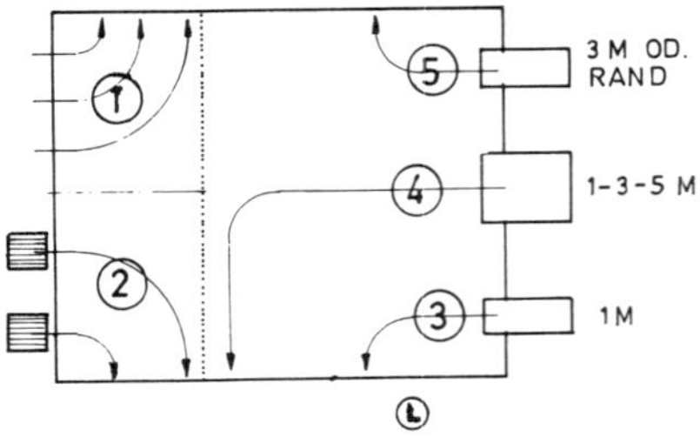
	4. Turmsprünge: Von einer Plattform (wenn vorhanden) 1m, 3m, 5m, je nach Können der Schüler. Grundschulformen, die dem Können angepasst sein müssen. Keine Mutsprünge aus grosser Höhe! UNFALLGEFAHR!!	
	5. Rollen und Tauchen: Rolle vorwärts vom Bassinrand oder vom Brett und anschliessend kopfwärts eintauchen. Ev. auch Eintauchen rückwärts aus dem Sitz gehockt.	

Nr.	Idee / Beschreibung	Hinweise / Organisation
232	Eine Streichholzschachtel wird transportiert. Wenn alle Schüler durch sind, darf die Mannschaft die Kerze am Bassinrand anzünden. Welche Kerze brennt zuerst?	Pendelstafette Tropffreie Kerzen verwenden!
233	Kostümschwimmen: Als Gruppenstafette. Die schnellste (originellste) Gruppe wird prämiert. Anwendung: Rettungsversuch: Wer kann einen ebenfalls bekleideten Partner über eine bestimmte Strecke ziehen?	Pendelstafette Vorherige Absprache mit dem Bademeister!
234	Hindernisschwimmen: Die Leinen müssen einmal überschwommen werden, dann untendurch tauchen, usw. Wer findet weitere Varianten?	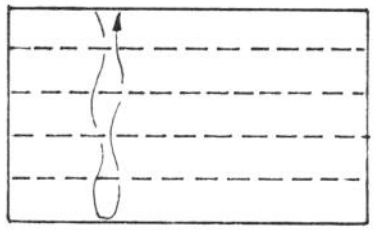 Pendelstafette
235	Im Bassin schwimmen Gegenstände. Wer kann in einer bestimmten Zeit am weitesten schwimmen, ohne einen Gegenstand bzw. einen Partner zu berühren. Bei Berührung muss die angefangene Länge neu begonnen werden.	In einer Schwimmbahn
236	Der Schüler muss ein Gewicht, das an einer Schnur befestigt ist, durchs Wasser schleppen und übergeben. Beispiel: Kübel, schwere Ringe, etc.	Pendelstafette Wt.: mind. 2 m.
237	Wer kann sich noch vorwärtsbewegen, wenn Arme und Beine zusammengebunden sind?	Gummibänder verwenden! (Alten Autoschlauch in Streifen schneiden)
238	Wer kann nur mit 1 Arm und 1 Bein schwimmen? Wer findet andere "Schwimmregeln"?	Als Gruppe ein Boot bauen. Antriebsmittel (Motor und/oder Ruder) sind die Arme und Beine. Welches Boot mit 6 Schülern ist am schnellsten?

1.4.5 Ballspiele

Nr.	Idee / Beschreibung	Hinweise / Organisation
239	Schnappball: Gruppe A ist im Bassin verteilt und spielt sich den Ball zu. Gruppe B versucht, den Ball wegzuschnappen. Gruppe A erhält für jeden Pass 1 Pkt., Gruppe B für jeden geschnappten Ball einen Punkt. Mit Wechsel!	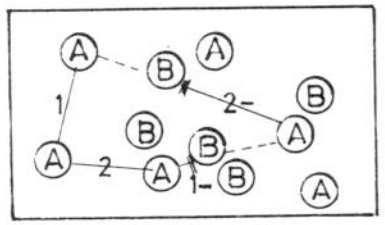 Mannschaften mit gleichen Badekappen kennzeichnen.
240	Wasserkorbball: Spielfeld ist das ganze Bassin, Körbe sind am Bassinrand aufgestellt. Weitere Anregungen: - Spiel auf Körbe im Wasser oder Ball treffen, der auf einem Ring liegt.	
241	Linienball: Der Ball muss hinter die gegnerische Linie (Leine) oder Bassinrand gelegt werden.	Im Laufe des Spiels werden durch die Spielenden die Regeln entwickelt.
242	Spiessrutenschwimmen: Mannschaft A schwimmt zwei Bassinlängen. Mannschaft B verteilt sich auf den Breitseiten und versucht, die Schwimmenden zu treffen. B zählt die Anzahl erzielter Treffer. Viele Bälle verwenden (ev. aufblasbare Bälle).	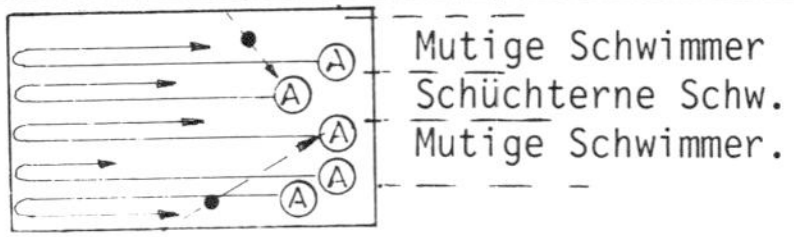
243	Wasservolleyball: Der Ball sollte nicht auf das Wasser fallen. Regeln selber entwickeln!	
244	Mannschaft A versucht, mit Delphinsprüngen Luft zu schnappen. Mannschaft B macht einen Kreis um A und versucht, die Spieler von A abzuschiessen. Hinweis: Wt.: Hüfttief.	
245	2 Kreise: Einen grossen äussern, einen kleineren inneren, 1 Mittelspieler. Die äussern Spieler müssen versuchen, sich **so lange zupassen**, bis sie eine Lücke finden, um ihren Mittelspieler im innern Kreis anspielen.	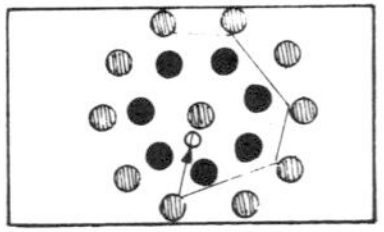

Nr.	Idee / Beschreibung	Hinweise / Organisation
246	Seeschlangenkampf: 2 Gruppen von 4-6 Schülern versuchen, sich gegenseitig kampfunfähig zu machen. Die Schüler schwimmen in Einerkolonne und müssen ihrem Vordermann min. 1 Hand auf die Schulter legen. Kampfunfähig ist eine Schlange, wenn sie nur noch aus 2 Schülern besteht.	2 Gruppen à 4-6 Schüler.
247	Im Bassin schwimmen Armringe. Auf Pfiff versuchen die beiden Mannschaften möglichst viele Ringe zu erobern. Es darf immer nur 1 Ring geholt werden. Die Ringe sind erst in den Mannschaftskörben in Sicherheit.	2 Mannschaften. Fairnessregeln, wo nötig, selbst bestimmen.
248	Schatzwächter und Räuber: Gruppe A ist um die Tauchringe, die in der Mitte des Bassins liegen, verteilt und versucht, die Räuber (Gruppe B) abzuschlagen. Wenn ein Räuber über Wasser abgeschlagen wird, muss er neu beginnen.	2 Mannschaften.
249	2 Mannschaften sitzen sich auf Schwimmbrettern an den Längsseiten gegenüber. Sie müssen versuchen, möglichst schnell ans andere Ufer zu gelangen. Unterwegs können sie versuchen, den Gegner vom Brett zu stossen. Welche Mannschaft ist zuerst am Ziel? Wer "kentert", muss erneut am Rand beginnen.	2 Mannschaften.
250	Hechte brechen aus: In einem Innenfrontkreis sind Hechte eingesperrt, die über und unter Wasser versuchen zu entweichen. Weitere Anregung: - Hechte müssen versuchen, in den Kreis zu kommen.	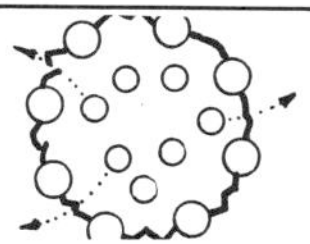 Wt.: Schultertief.
251	Reiterkampf: Die Ross-Reitergespanne versuchen, sich gegenseitig umzuwerfen. Als Mannschaftskampf oder Turnier organisieren.	 Wt.: Brusttief; Distanz zum Bassinrand beachten
252	Jeder gegen jeden ("Versüferlis"): Versuche, den anderen hinunterzudrücken. Regeln: - Hat derjenige, welchen du drückst den Kopf unter Wasser, so musst du ihn sofort loslassen. - Du darfst denselben nicht zweimal hintereinander hinunterdrücken.	Man kann sich "retten", wenn man vor der Berührung des "Gegners" abtaucht. Wer überlebt so am längsten?

1.4.7 Kettenformen

Nr.	Idee / Beschreibung	Hinweise / Organisation
253	Die Schüler halten sich in Rückenlage an den Händen. Eine Kette hat 2 m Vorsprung und versucht, sich so schnell vorwärtszubewegen, dass die zweite Kette sie nicht einholt.	Pro Gruppe 4-5 Schüler.
254	Der vorderste Schüler der Gruppe hält ein Brettchen, der zweite hält ihn an einem Bein, der dritte den zweiten ebenfalls an einem Bein. Welche Gruppe hat so zuerst eine Länge zurückgelegt?	 Pro Gruppe 3 Schüler.
255	Eine Gruppe versucht, nebeneinander auf gleicher Höhe synchron zu schwimmen. Weitere Anregung: - Verschiedene Schwimmarten.	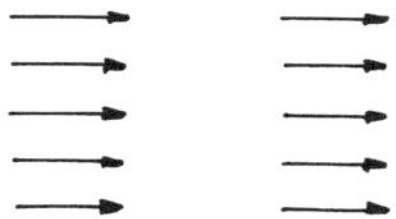
256	3 Ketten schwimmen hintereinander in ca. 2 m Abstand. Die hinterste Kette überschwimmt die erste und unterschwimmt die nächste, dann wieder die hinterste etc.	
257	Kettenfangis im Schwimmerbecken.	Kleines Spielfeld oder kleine Gruppen.
258	Die Schüler fassen sich an den Händen und liegen auf dem Rücken. Die Kette bekommt einen Ball. Diesen muss sie nun mit den Füssen vom Anfang bis zum Ende transportieren. Die Händefassung darf nicht gelöst werden.	Pro Gruppe 5-10 Schüler.
259	Welche Gruppe kann im Sprungbecken einen Turm bauen, so dass der oberste den Kopf zum Wasser hinausstrecken kann?	Pro Gruppe 3-5 Schüler.

Nr.	Idee / Beschreibung	Hinweise / Organisation
260	Die Schüler halten sich an den Händen, gehen gemeinsam in die Neigehaltung im Zehenstand und tauchen kopfwärts ein. Erst im Wasser Hände lösen.	Sprungbecken.
261	Bombe: Die Schüler stehen nebeneinander am Bassinrand (rückwärts) und umfassen die Fussgelenke der Partner neben sich. Auf Kommando lassen sie sich rw. ins Wasser fallen. Weitere Anregung: - Kettenbombe:Der erste Schüler lässt sich fallen und zieht die anderen mit.	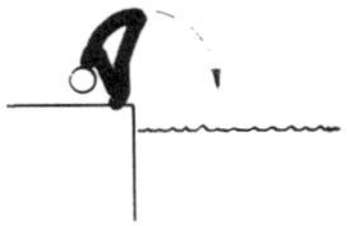 Wt.: mind. 2 m.
262	Paarsprünge: Reitersprünge bzw. Känguruhsprünge aus dem Stand. Ein Partner hat seinen Kollegen vorne oder hinten aufgeladen und so springen sie zusammen.	 Nur vom Bassinrand!
263	Rollende Kette: Die Schüler knien sw. hintereinander am Bassinrand und halten den Vordermann an den Fussgelenken. Der vorderste Schüler lässt sich ins Wasser fallen und zieht die anderen mit sich.	
264	Lokomotive: Die Schüler sitzen sw. hintereinander am Bassinrand und halten den Vordermann um den Bauch. Dem hintersten Schüler gibt der Lehrer einen "Schubs".	
265	Alle Schüler hängen in einer Reihe mit den Armen ein und machen miteinander einen Purzelbaum ins Wasser. Weitere Anregung: - aus der Kauerstellung.	
266	Welche Gruppe kann am höchsten spritzen?	

1.4.9 Tauchen in der Gruppe

Nr.	Idee / Beschreibung	Hinweise / Organisation
267	Schlangentauchen: Die Schüler einer Gruppe versuchen, unter Wasser möglichst schnell eine Schlange zu bilden, indem sie mit den Händen die Füsse des Vordermanns fassen. So versuchen sie, die ganze Schlange vorwärts zu bewegen.	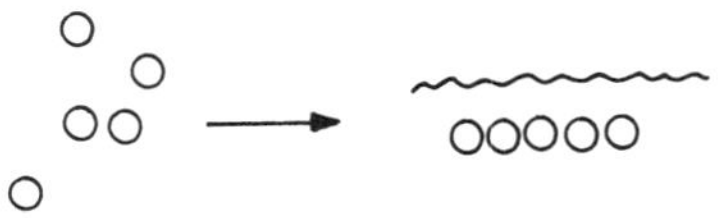
268	Tauchglocke: Ein Eimer, der an einem 5 kg Ring hängt, wird auf den Grund gestellt. Nun tauchen die Gruppenmitglieder abwechslungsweise nach unten und lassen Luft in den Eimer, bis dieser sich hebt.	 Wt.: ca. 3 m.
269	Streckentauchen: Die Starttaucher sind auf die 4 Ecken verteilt. Sie tauchen am Rand so weit sie können. Dann übergeben sie den Ring und das nächste Gruppenmitglied taucht von dort aus weiter, usw. bis das Bassin 1x oder 2x umrundet ist. Wer gewinnt?	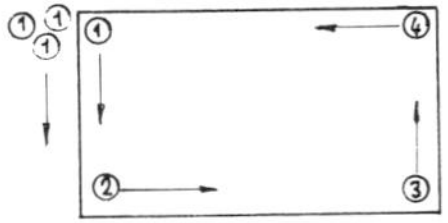 4 Gruppen.
270	Ringtauchen: Verschiedenfarbige Ringe liegen auf dem Bassinboden (gleichviel von jeder Farbe). Mannschaft rot muss die roten Ringe holen, Mannschaft gelb die gelben, usw. Welche Gruppe hat zuerst ihre Ringe geholt?	
271	Mehrere Schüler tauchen übereinander dieselben Strecken und Figuren wie der unterste Schwimmer. Weitere Anregung: - Doppeldecker: 2 Schüler übereinander tauchen dieselben Figuren symmetrisch.	
272	Jassen, Mühlespiel, Lego-Spiel, usw. unter Wasser. Taucherbrillen und Schnorchel zur Verfügung stellen.	Karten und Spiele mit Folie überziehen.
273	Eine Dreier-Gruppe muss Tauchringe von einer Längsseite zur anderen verschieben. Regeln: - A darf alle bis zur 1. Bahnmarkierung bringen, - B darf alle von der 1. zur 2. bringen, - C darf alle von der 2. zur 3. bringen (A wieder von der 3. zur 4.)	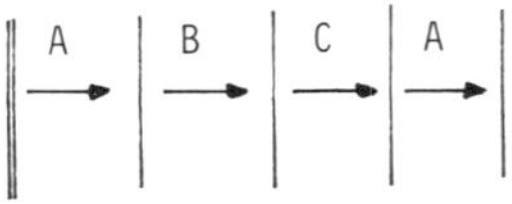

Kapitel 2

Nach organisatorischen Gesichtspunkten geordnet

2.1 Einstiegsmöglichkeiten (Stundenbeginn)

2.1.1 In der Sprungbucht 62

2.1.2 In der Schwimmbahn mit vielen Schülern 63

2.1.3 An der Treppe oder am Bassinrand 64

2.1.4 Im Lehrschwimmbecken 65

2.1.5 In Leistungsgruppen / 1 Bahn pro Gruppe 66

2.1.6 Mit Bewegungsaufgaben 67

2.1.7 Mit Gruppenaufgaben 68

2.1.8 Mit einem Hilfsgerät 69

2.1.9 Anregung zur Selbständigkeit bei gegebener Strecke . . 70

2.1.10 Kleine Wettbewerbe 71

2.1.1 In der Sprungbucht

Nr.	Idee / Beschreibung	Hinweise / Organisation
281	Kettenfangis: Zwei Schüler beginnen mit dem Fangen. Die Gefangenen schliessen sich zu Paaren zusammen. Wer ist als letzter noch frei? Weitere Anregung: - Die Gefangenen schliessen sich zu einer Kette zusammen.	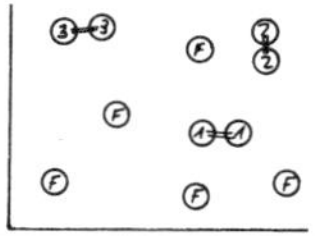
282	Herr und Hund: Ein Schüler schwimmt (taucht). Sein Partner muss versuchen, immer an der rechten Seite zu bleiben.	
283	Spinne und Fliege: Ein Schüler liegt in der Bassinmitte auf dem Rücken, die anderen schwimmen möglichst nahe an ihn heran und necken ihn. Durch plötzliches Umdrehen werden die "Fliegen" verjagt. Weitere Anregung: - Spinne verfolgt Fliege.	
284	Schwarzer Mann: Die Art des Schwimmens wird durch den "schwarzen Mann" bestimmt.	
285	Fangspiel zu zweit: Gefangen werden kann nur durch Berührung eines zu Beginn des Spieles abgemachten Körperteils.	
286	1/3 der Klasse macht auf dem Rand (Matte) eine Rolle vw., schwimmt an die andere Bassinseite, steigt dort aus und läuft zurück.	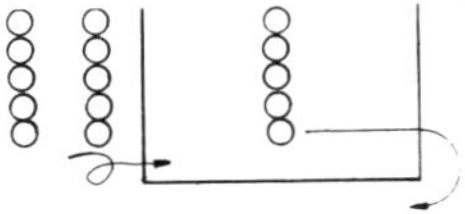
287	Reifenfangis: Wer im Reifen ist, kann nicht gefangen werden.	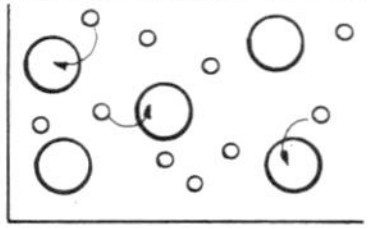

Nr.	Idee / Beschreibung	Hinweise / Organisation
288	Dreiergruppen stehen am Bassinrand. Die Schüler müssen einen Sprung ins Wasser machen, den Boden und die Leine berühren, wieder aussteigen, dann darf der nächste starten.	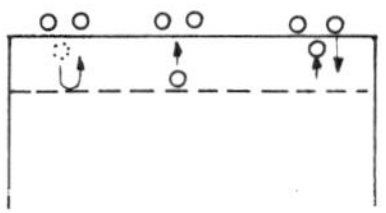 Ablösestafette.
289	Die Schüler bilden zwei Reihen. Jede Reihe hat einen Ball. Dieser muss von Schüler zu Schüler weitergegeben werden. Welche Reihe ist zuerst fertig? Weitere Anregungen: - Art der Uebergabe bestimmen. - Am Ort "stehen" durch Wassertreten!	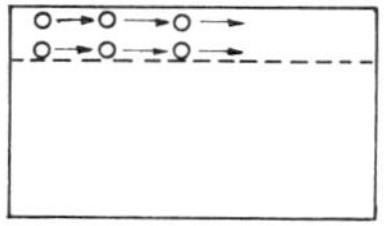
290	In der Schwimmbahn sind Hindernisse aufgestellt. Diese sollen frei oder gemäss Anweisung des Lehrers über- bzw. unterschwommen werden.	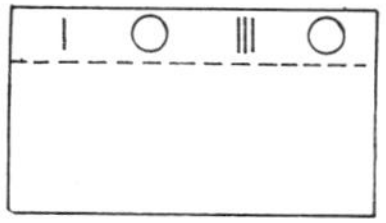
291	Auf der ganzen Länge sind Tauchringe verteilt. Pro Länge muss ein Ring (2 Ringe) heraufgeholt und wieder ins Wasser geworfen werden.	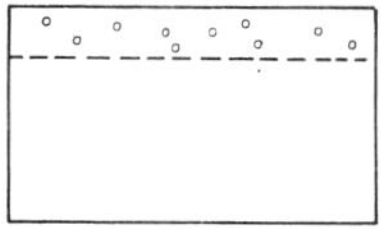
292	Ein schwacher (guter) Schwimmer darf bestimmen, wie die erste Länge geschwommen werden muss. Aussteigen und wieder zum Start. Der erste Schüler darf einen anderen auswählen. Dieser "neue" Schüler bestimmt wieder die Schwimmart und alle anderen müssen so schwimmen, usw.	Ca. 10 Minuten, je nach Trainingszustand. 
293	Drei Schüler einigen sich auf eine "Schwimmart" und schwimmen so gemeinsam eine Länge.	Rolle des Trainers wechseln.
294	Zweiergruppen. Die Schüler müssen sich während des Schwimmens ständig berühren. Weitere Anregung: - Zu dritt.	Pro Gruppe 2 Schüler.

2.1.3 An der Treppe oder am Bassinrand

Nr.	Idee / Beschreibung	Hinweise / Organisation
295	Auf den Händen die Treppe hinunterlaufen. Wer versucht es bis zum Boden?	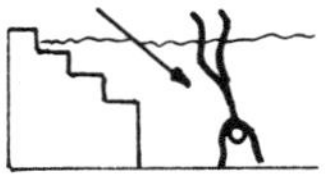
296	Stafette: Die Schüler sitzen nebeneinander auf dem Bassinrand. Ein Ball oder Tauchteller wird mit den Füssen weitergegeben. Der letzte der Gruppe nimmt den Ball und setzt sich an den Anfang der Gruppe, usw. Weitere Anregung: - Der letzte schwimmt jedoch mit dem Ball an den Anfang der Gruppe.	Pro Gruppe ca. 6 Schüler
297	Platzwechselspiel: Die Hälfte der Gruppe sitzt auf der einen Seite auf dem Bassinrand, die andere gegenüber. Es starten alle gleichzeitig und versuchen, möglichst schnell aneinander vorbei auf die andere Seite zu wechseln. Fortbewegungsart durch Schüler (oder Lehrer) bestimmt!	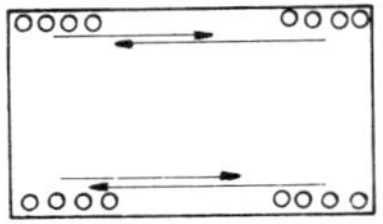 2-4 Gruppen.
298	Zwei Gruppen beginnen je an einem Rand der obersten Treppenstufe. Sie müssen nun, mit den Händen sich fortbewegend, zum anderen Ende gehen, dort auf die nächsttiefere Stufe wechseln, usw.	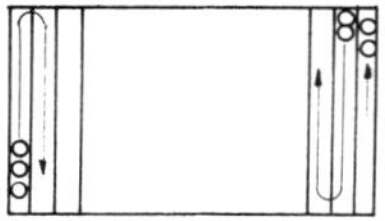
299	Die Schüler halten sich alle an den Händen. Der Lehrer in der Mitte. Sie laufen miteinander über die Treppe und lassen sich ins Wasser fallen.	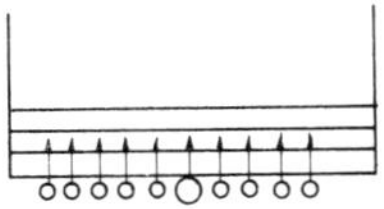
300	Vier Schüler stehen nebeneinander (Abstand 1 m). Die anderen klettern nacheinander am ersten Schüler hinunter, wechseln unter Wasser zum zweiten und ziehen sich dort wieder hoch. Vorne an der Reihe anschliessen.	Wt.: Halstief. 
301	Zweiergruppen: Ein Schüler erfindet einen lustigen Sprung, z.B. Tiere nachahmen. Der zweite versucht, diesen Sprung nachzumachen, wobei er den Sprung irgendwie verändert. Beide versuchen, abwechslungsweise den Sprung abzuändern.	Achten auf Sprungreihenfolge!

2.1.4 Im Lehrschwimmbecken

Nr.	Idee / Beschreibung	Hinweise / Organisation
302	Kettenfangis: Ein Schüler beginnt mit dem Fangen. Die Gefangenen schliessen sich zu Paaren zusammen. Wer ist als letzter noch frei? Weitere Anregung: - Alle Gefangenen bilden eine Kette.	Die Fortbewegungsart wird durch die Schüler selbst bestimmt. Sind nur noch wenig "freie" Schüler, dürfen diese die Regeln festlegen.
303	Sechs Schüler bilden eine Kolonne, indem sie die Arme auf die Schultern des Vordermannes legen. Der vorderste Schüler ist der Wächter. Einer versucht nun, aus der Reihe einen zu berühren, wobei er den vordersten Schüler nicht berühren darf.	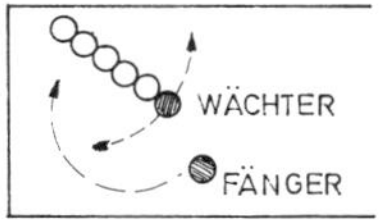 Der Wächter darf die Arme nicht ausbreiten.
304	X-Schüler bilden einen Stirnkreis, Hände gefasst. Die anderen stehen im Kreis und versuchen, aus dem Kreis zu entweichen.	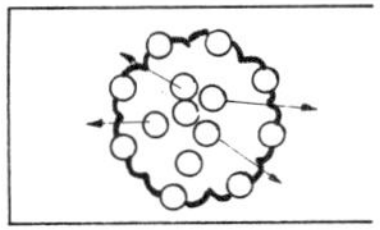
305	"Alle gegen Alle": Wer mit dem Ball getroffen wird, schwimmt auf einer abgesperrten Bahn eine gewisse Anzahl Längen.	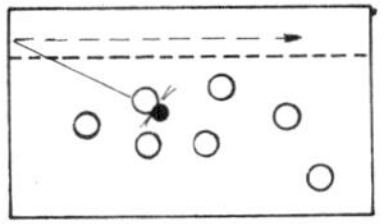 Nachdem die Länge geschwommen wurde, darf wieder mitgespielt werden.
306	Fangspiel: Zwei bis fünf Fänger. Die Gefangenen müssen stillstehen und die Arme seitwärts ausstrecken. Sie können von noch "freien" durch Berührung erlöst werden. Welchen Fängern gelingt es, alle zu fangen?	Auch im Schwimmerbecken.
307	Huckepackrennen: Ein Schüler sitzt seinem Partner auf den Rücken. Welches Paar hat zuerst eine Länge zurückgelegt?	
308	Wer kann den Ball aufwerfen, den Boden berühren und den Ball wieder fangen? Wer kann den Ball ganz auf den Boden tauchen und darauf einen Handstand machen. Wer hat noch eine Idee?	

2.1.5 In Leistungsgruppen / 1 Bahn pro Gruppe

Nr.	Idee / Beschreibung	Hinweise / Organisation
309	Bahn 1: Gute Schwimmer / Bahn 2: Mittlere Schwimmer / Bahn 3: Schwache Schwimmer. Eine Markierungsleine wird quer über die Bahn gelegt, sodass die schlechteren Schwimmer weniger Distanz zurücklegen müssen. Drei aus verschiedenen Gruppen schwimmen gegeneinander. Distanz ca. 10 m.	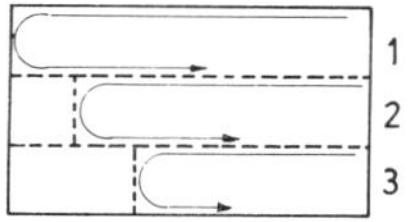
310	Gleiche Organisation wie 309. Der Sieger der Serie bestimmt die Schwimmart für die nächste Serie, usw.	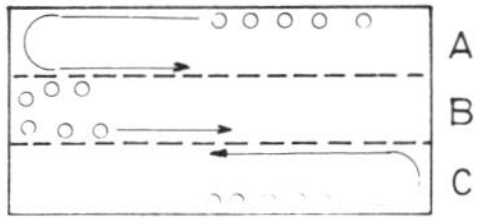
311	Drei Bahnen. Einteilung wie bei 310. Crawl-Stafetten. Die guten Schwimmer schwimmen ohne, die mittleren teilweise, die schwachen Schwimmer mit Flossen.	
312	3 Bahnen wie bei 310. Die Schüler schwimmen in kurzen Abständen hintereinander. Einbahnverkehr. Einschwimmen: Gruppe A Crawl, Gruppe B übt mit dem Pullboy den Armzug, Gruppe C übt mit dem Brett Beinschlag. Gruppe B und C wechseln ab.	
313	Eine Markierungsleine wird bei ... m über die Bahn gespannt. Der Lehrer pfeift in Abständen von ca. 5 Sekunden zweimal. Der Schüler soll sich so plazieren, dass er beim zweiten Pfiff die Leine erreicht.	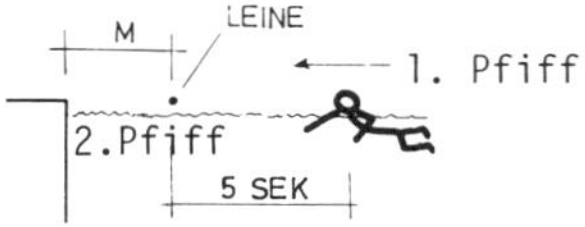
314	Bandschwimmen: 3 Leistungsgruppen. Die Schüler starten hintereinander im Abstand von 5 Sekunden. Wenn der letzte im Ziel ist (Distanzen 50 m, 100 m), wird 1½ Minuten Pause gemacht. Start zur nächsten Runde. Weitere Anregung: - Aenderung der Schwimmart, Bsp.: 1 Runde Crawl, 1 Runde Rückencrawl, 1 Runde Brust.	Organisation in 3 Bahnen, wie bei 309.
315	Stafette: Auf einer Seite liegen Ringe bereit, die von einer Seite auf die andere transportiert werden müssen. Die guten Schwimmer haben mehr Ringe zu transportieren, Beispiel: 20, 15, 10. Weitere Anregung: Gute Schw. müssen schwerere/grössere Sachen transportieren	Wt.: Brusttief

Nr.	Idee / Beschreibung	Hinweise / Organisation
316	Wer kann mit einer Hand ein Bein fassen und so schwimmen?	Pendelstafette. 
317	Wer kann mit Crawl-Beinschlag rückwärts schwimmen?	
318	Schraubenschwimmen: Pro Breite mindestens dreimal um die Längsachse drehen, ohne die gestreckte Schwimmlage aufzugeben.	
319	Gefangenenschwimmen: Wir versuchen, mit gebundenen Händen oder Füssen zu schwimmen.	Wer kann diese Aufgabe erfüllen, auch ohne die Hände, bzw. Füsse zusammen zu binden (z.B. Crawl schwimmen mit ganz ruhig gehaltenen Füssen)?
320	Partnertauchen: Nebeneinander schwimmen. Der erste taucht unter dem zweiten durch und wieder zurück. Abwechslungsweise.	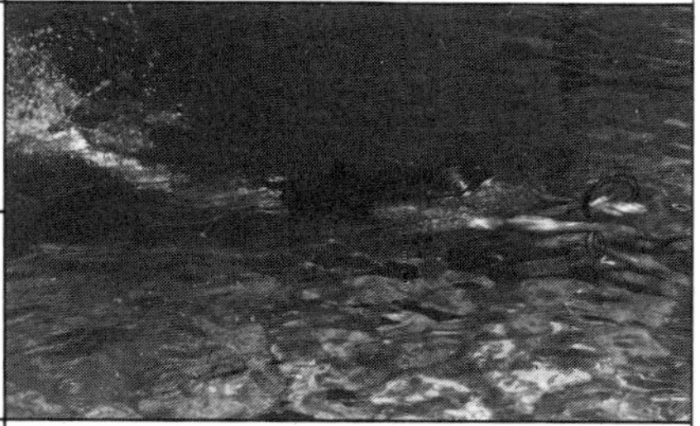
321	Delphinbewegung mit den Beinen ohne Armeinsatz. Weitere Anregungen: - In Seitenlage - In Seitenlage zu zweit mit gegenseitiger Handfassung - In Rückenlage.	
322	Im Wasser: Wer kann auf dem Boden sitzen, liegen, kriechen?	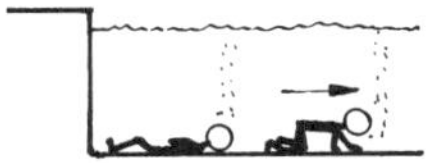 Tip: Alle Luft kräftig aus den Lungen pressen!

2.1.7 Mit Gruppenaufgaben

Nr.	Idee / Beschreibung	Hinweise / Organisation
323	Begegnungsstafette (Brustcrawl): Zwei Schüler starten gleichzeitig von beiden Seiten. Bei der Begegnung wenden sie um 180 Grad und schwimmen wieder zum Start zurück, wo sie durch den zweiten der Gruppe abgelöst werden.	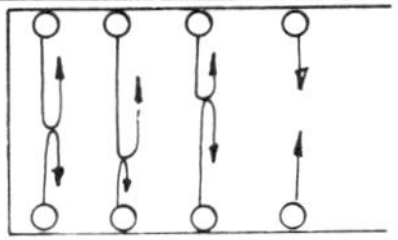
324	Leiternstossen: Eine Gruppe stösst den entsprechenden Gegenstand (dieser muss mit einer Hand immer berührt werden) zum vorgeschriebenen Ziel.	
325	Der Torpedo: Hechtschiessen. Die Kameraden verlängern seine Gleitphase durch kräftiges Vorwärtsschieben. Weitere Anregung: - Alle schwimmen. Die ganze Kolonne bewegt sich dauernd gegen die Richtung des Torpedos, so dass jeder Schüler einmal "zum Zuge" kommt.	
326	Mehrere Kolonnen stehen in Grätschstellung. Der hinterste Schüler taucht und zieht sich durch die gegrätschten Beine nach vorne.	
327	Mit Reifen und Ball/Stafette: In die Reifen mit einem Seehundsprung springen (Ball in den Händen), dann den Ball zurückwerfen. Der nächste Schüler startet erst, wenn er den Ball in den Händen hat.	 und nach dem Auftauchen den Ball wieder zurückspielen
328	Gruppe A schwimmt unter Wasser, Gruppe B schwimmt Brust bis sie sich in der Mitte treffen,dann gegengleich wieder zurückschwimmen (A Brust, B unter Wasser).	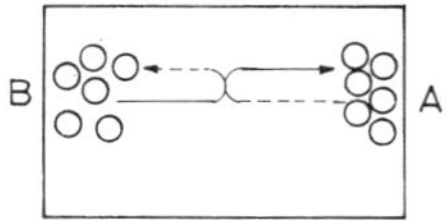
329	Zu zweit müssen verschiedene Hindernisse gebaut werden. Die andere Gruppe muss diese Hindernisse überwinden oder untertauchen.	Als Hindernisse können verwendet werden: Matten, Luftmatratzen, Autoschläuche, Schwimmbretter, Surfbretter usw.

Nr.	Idee / Beschreibung	Hinweise / Organisation
330	Tupfball: Alle gegen alle. Wer "getupft" wird, sitzt an den Rand. Kommt der dritte Schüler an den Rand, darf der erste wieder mitspielen. Weitere Anregung: - Auch mit mehreren Bällen.	Falls mehrere Bälle verwendet werden, dann nur weiche oder aufblasbare verteilen!
331	Balleintauchen: Versuche, einen Ball unter Wasser zu drücken, ihn loszulassen und zu fangen, wenn er aufspringt. Kannst Du den Ball fangen, bevor er wieder auf's Wasser fällt?	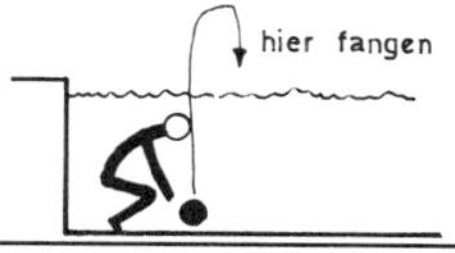
332	Jägerball: Die Jäger stehen am Bassinrand. Die Hasen schwimmen Längen. Die Jäger versuchen, die Hasen mit dem Ball zu treffen. Nach einer bestimmten Zeit wird gewechselt. Weitere Anregung: - Die Jäger tragen Flossen!	Treffer zählen!
333	Zwei Schüler schwingen ein langes Seil. Die anderen stellen sich auf den Rhythmus des Seiles ein, laufen unter dem Seil durch und springen ins Wasser.	
334	Auf jeder Bassinseite stehen eine Anzahl Schüler. Im Wasser liegen eine Anzahl gelber und roter Tauchringe. Jede Mannschaft hat eine Farbe. Auf das Startzeichen tauchen beide Mannschaften. Welche kann "ihre" Ringe am schnellsten heraufholen.	Jeder Schüler darf nur 1 Tauchring nehmen.
335	Ein Schüler versucht, seinen Partner mit Hilfe des Schwimmbrettes zu ziehen oder zu schieben. Wer findet besonders geeignete Formen?	
336	Pendelstafette. Aufgabe: Du musst die Flossen, die du an den Füssen hast, zu deinem Partner gegenüber bringen. Du darfst aber weder Crawl-, noch Brust- noch Delphinbeinschlag machen. Wie gelingt dies am besten?	

2.1.9 Anregung zur Selbständigkeit bei gegebener Strecke

Nr.	Idee / Beschreibung	Hinweise / Organisation
337	Ein Schüler bestimmt die Technik und das Tempo. Sein Partner versucht, immer synchron mitzuschwimmen.	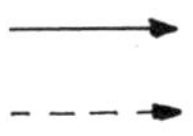 Immer auf gleicher Höhe bleiben!
338	A,B und C beginnen zu schwimmen. C versucht, A und B zu überholen. A wird nach einer Länge von D abgelöst. D versucht nun, B und C zu überholen. Nach einer weiteren Länge, wird B von E abgelöst, usw.	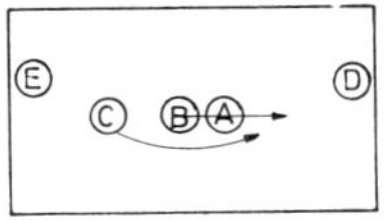
339	Flossenschwimmen: Schwimme 50 m Crawl mit Flossen, mit 1 Flosse, ohne Flossen, dann mit 1, mit 2, mit 1, ohne... Versuche dasselbe mit der Delphin-Technik.	In einer Schwimmbahn.
340	Teilbewegungen: Trainiere mit einem Partner die gleichen Strecken in den gleichen Teilbewegungen (je 1 Länge mit Schwimmhilfsmitteln). Organisiert Euch während einer vorgegebenen Zeit selbst.	Der Bessere nimmt auf den Schwächeren Rücksicht oder bestimmt für sich ein entsprechendes Handicap.
341	Kombischwimmen: 2 Partner schwimmen immer zusammen eine Schwimmart. Wenn A Beinschlag (Rückencrawl) ausführt, schwimmt B nur Armzug (Rückencrawl) Nach 1 Länge wechseln.	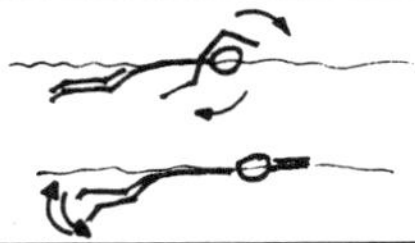 oder: A macht nur Crawl-Armzug und B nur Beinschlag
342	20 Minuten - Schwimmen: Pro Gruppe müssen immer mindestens 2 (3,4,5) Schüler schwimmen. Nur Crawl (Brust, Delphin ...) ist gestattet. Welche Gruppe hat nach 20 Minuten am meisten Meter geschwommen?	Auf einer grossen Tafel werden die geschwommenen Längen laufend notiert.
343	Punkteschwimmen (10 Minuten): Gruppe A gegen Gruppe B oder zwei Schüler gegeneinander. Jede Länge zählt verschieden. Weitere Anregung: - Es werden nur Teilbewegungen geschwommen, z.B. Delphinbeinschlag, usw.	Punkte pro 25 m: - Delphin = 5 Pkte. - Crawl = 4 Pkte. - Rücken = 3 Pkte. - Brust = 2 Pkte.

Nr.	Idee / Beschreibung	Hinweise / Organisation
344	Abstoss von der Wand mit anschliessendem Crawlbeinschlag bis zu einer vorgeschriebenen Marke. Wer berührt zuerst die Leine?	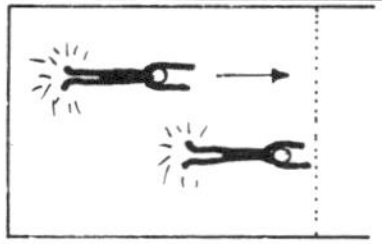
345	Torpedo: Hechtschiessen. Die Kameraden verlängern die Gleitphase durch kräftiges Vorwärtsschieben eines auf dem Wasser liegenden Schülers. Welcher berührt zuerst eine quer gespannte Leine?	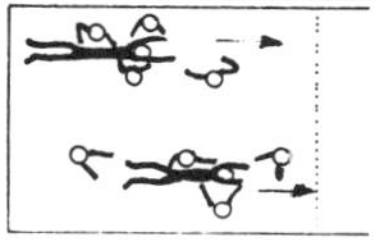
346	Zu zweit schwimmend den dritten, der immer in der Hechtschiesslage bleibt, über 25 m stossen.	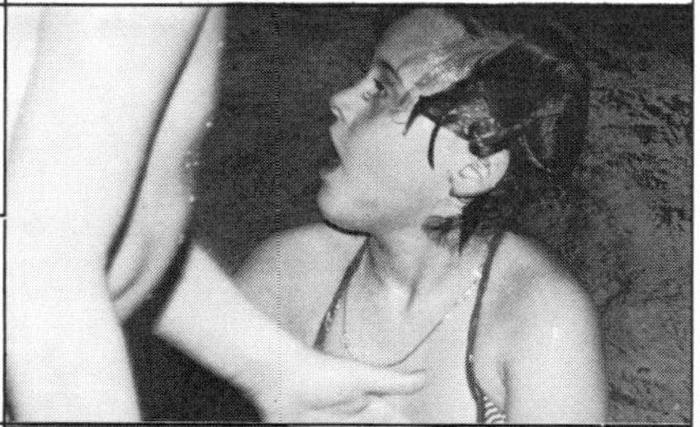
347	Einzelwettbewerb: Der Lehrer stellt eine Aufgabe (z.B. Crawlbeinschlag über eine bestimmte Distanz). Der Sieger stellt die nächste Aufgabe und übernimmt die Leitung der Ausführung seiner Idee.	
348	Wer kommt mit drei (vier-fünf) Zügen am weitesten? Wer kommt mit dem Startsprung ohne (oder mit) Tauchzug am weitesten?	
349	Tauchstafette: Die Teller sind in Distanzen von 10, 12, 14, 16 m Entfernung verteilt. Der erste Schüler taucht nach dem Teller in 10 m Entfernung, schwimmt an der Oberfläche zurück und schlägt an. Nun kann der zweite Schüler starten; er holt den Teller in 12 m Entfernung, usw.	
350	Drei Schüler stehen hintereinander in einer Reihe und bilden mit den Armen einen Kreis auf der Wasseroberfläche. Der vierte Schüler schwimmt unter Wasser bis zum ersten Kameraden,taucht mit dem Kopf im Kreis auf, atmet einmal ein und taucht zum zweiten Kameraden, usw. In welcher Gruppe haben zuerst alle so 3 x getaucht?	 Wt.: Brusttief.

Kapitel 2

Nach Leistungsstand und/oder Gruppengröße geordnet

2.2 In der Breite des Schwimmbeckens

2.2.1 Beine als Hauptantrieb 74

2.2.2 Arme als Hauptantrieb 75

2.2.3 Koordinationsformen 76

2.2.4 Bewegungsaufgaben: Wer kann . . . ? 77

2.2.5 Rettungsschwimmen 78

2.2.6 Synchronschwimmen 79

2.2.7 Nur rückwärts und seitwärts schwimmen 80

2.2.8 Springen, starten, wenden, umkehren. 81

2.2.9 Übungsformen aus dem Wasserball 82

2.2.10 „Invalidenschwimmen“ 83

2.2.1 Beine als Hauptantrieb

Nr.	Idee / Beschreibung	Hinweise / Organisation
351	Die Schüler fassen sich gegenseitig an den Oberarmen und versuchen, sich mit Beinschlag gegenseitig wegzustossen. Wer kann den Partner über eine vorher bestimmte Marke stossen?	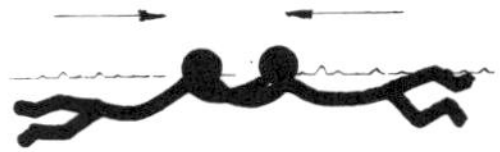
352	Delphinbeinschlag zu zweit in Seitenlage. Die Schüler halten sich an den Händen in der Hochhalte fest.	
353	Transportschwimmen, Antrieb nur mit den Beinen. A schwimmt in Brustlage, B legt sich auf den Rücken, spreizt die Beine und stützt sich mit den Händen auf den Schultern von A.	Siehe auch "Lerne Rettungsschwimmen SLRG".
354	Rückencrawlbeinschlag mit verschiedenen Armhaltungen (mit seitlichen Paddelbewegungen, im Nacken, in der Hochhalte, auf dem Bauch verschränkt, usw.).	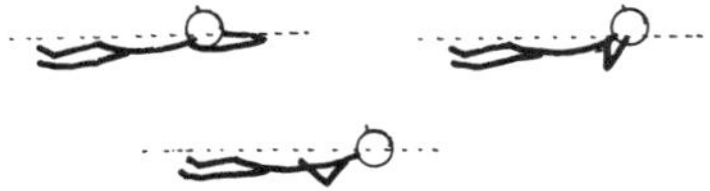
355	Wer kommt mit 3 Brustbeinschlägen am weitesten? Wer braucht am wenigsten Beinschläge für eine Breite?	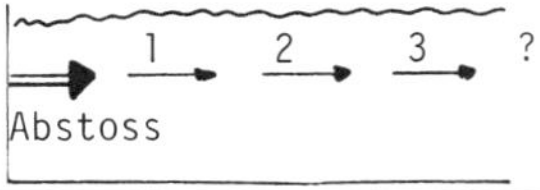
356	Versuche, dich mit selbst erfundener Beinarbeit vorwärts zu bewegen. Es muss sich aber um eine noch nicht bekannte Technik handeln!	
357	Versuche, unter Wasser zu gehen. Du darfst auch ein Gewicht mit dir nehmen.	

Nr.	Idee / Beschreibung	Hinweise / Organisation
358	Ein Schüler hält sich an den Füssen seines Partner fest und lässt sich ziehen. Dieser muss den "Anhänger" nur mit Armzug vorwärtsziehen.	
359	Lagenstaffel nur mit Armarbeit: Als Auftriebshilfe für die Beine Pullboy verwenden.	
360	Hundeschwimmen nur mit den Armen. Versuche auch, Wasserball-Crawl zu schwimmen, ohne die Beine zu gebrauchen!	
361	Wer kann sich mit verschränkten Armen vorwärtstreiben?	
362	Wer kann sich mit gefalteten Händen vorwärtsschaufeln? (In Bauchlage oder in Seitenlage).	
363	Kannst du dich mit den Armen unter Wasser vorwärtsbewegen, wenn die Hände auf die Schultern gelegt werden müssen?	
364	Schwimme Crawl-Armzug, aber beide Daumen müssen immer die Achselhöhle berühren.	Diese Uebung eignet sich besonders für Schwimmer, die bei der Rückholphase des Armzuges die Arme gestreckt über Wasser nach vorne bringen.

2.2.3 Koordinationsformen

Nr.	Idee / Beschreibung	Hinweise / Organisation
365	Unterwassercrawl! Wer kommt am schnellsten vorwärts? Gelingt es auch mit der Delphintechnik?	
366	Ab- und Auftauchen ("Zäpfler"): Abtauchen fusswärts, am Boden kräftig abstossen, aus dem Wasser schnellen, über dem Wasser die Arme seitwärts hochnehmen, und wieder abtauchen.	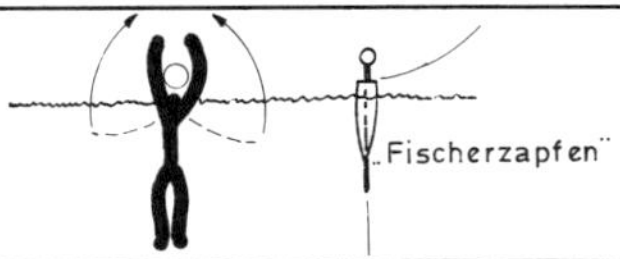
367	Versuche, dich am Ort mit der Delphinbewegung um die eigene Achse zu drehen. Die Arme sind in der Hochhalte.	
368	Versuche, mit einem Arm Brustarmzug, mit dem anderen Crawl und mit den Beinen Delphin zu schwimmen.	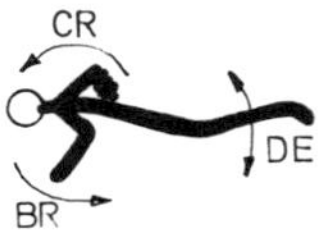
369	Versuche, dich fortlaufend um die Längsachse zu drehen, währenddem du Crawl schwimmst. Suche einen dazu geeigneten Rhythmus.	
370	Kannst du mit den Beinen Crawlbeinschlag ausführen und mit den Armen eine Gegenbewegung, so dass du am Ort bleibst?	
371	Wer erfindet die schnellste Rückwärtsschwimmart in Bauchlage?	

Nr.	Idee / Beschreibung	Hinweise / Organisation
372	Wer kann auf dem Bassinboden sitzen, liegen, usw.?	
373	Wer kann vorwärtsschwimmend und gleichzeitig einen Ball "köpfelnd" eine Strecke zurücklegen (Event. mit Flossen)?	Mit grossem aufblasbarem Ball leichter!
374	Wer kann, ohne am Boden abzustossen, bis zum Bauchnabel aus dem Wasser schnellen? Versuche es mit Crawl-, Brust- oder Delphin-Beinschlag.	
375	Wer schwimmt eine Breite mit einem (zwei, drei) Tauchring(-en) auf dem Kopf? Brust- oder Crawl-Technik. Was ist einfacher?	
376	Wer kann auf dem Rücken liegend so vorwärts schwimmen, dass die Zehen immer über Wasser sind?	
377	Wer kann unter Wasser durch ein Spielband schlüpfen? Wer kann unter Wasser einen Knoten machen? Wer kann diesen wieder öffnen?	Als Hilfe auch Tauchbrillen verwenden. Vorsicht: Keine Schwimmbrillen beim Tauchen!
378	Wer kann fusswärts so auftauchen, dass die Knie durchgestreckt über die Wasseroberfläche kommen? Wer findet eine gute Antriebs-Technik mit den Händen?	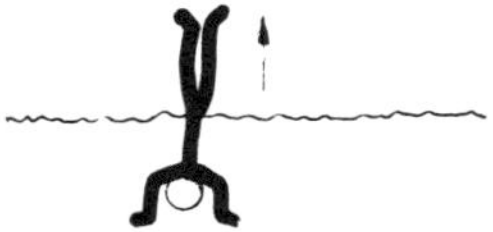

2.2.5 Rettungsschwimmen

Nr.	Idee / Beschreibung	Hinweise / Organisation
379	Ein Tauchring liegt auf dem Bassinboden. Ein Schüler taucht und hält sich am Ring. Zwei Schüler tauchen ihm nach, fassen den Ring und schleppen ihn ab.	
380	Welche Zweiergruppe hat nach 10 Minuten am meisten Meter geschwommen? Dabei muss ein Schüler immer im Transportgriff vorwärts geschoben werden.	
381	Wer kann schwimmen und zugleich einen Reifen so halten, dass dieser die Schnur nicht berührt?	 Schnur ca. 30-50 cm über dem Wasser durch den Reifen spannen.
382	Wer kann einen Tauchring möglichst lange über Wasser transportieren, ohne dass er nass wird?	Versuche es mit Wassertreten: Dabei werden, wie beim Brustschwimmen die Beine bewegt, aber abwechslungsweise: li - re - li - re usw. (Wie ein Wasserballtorwart!)
383	Leiterschwimmen: Eine Leiter oder eine Stange wird von einer Gruppe möglichst schnell auf die andere Bassinseite transportiert. Weitere Anregungen: - Alle helfen mit. - Nur einer zieht, die anderen schwimmen mit, ohne zu ziehen.	
384	Wer trifft mit dem Rettungsball den Partner, einen Reifen, irgend einen Gegenstand im Wasser?	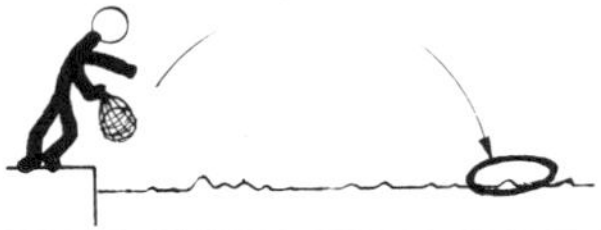
385	Welche Gruppe findet am meisten Möglichkeiten, wie man einen Ertrunkenen oder Hilflosen transportieren oder abschleppen kann? Entsprechende Wettbewerbsformen erarbeiten.	Bedingung: Der Kopf des Rettlings darf nicht ins Wasser kommen!

Nr.	Idee / Beschreibung	Hinweise / Organisation
386	Rhythmisches Schwimmen zu Musik: Die Schüler versuchen (einzeln oder in einer Formation) im Rhythmus der Musik zu schwimmen, event. mit Kommando des Lehrers. Z.B.: Brustschwimmen im 3/4 -Takt.	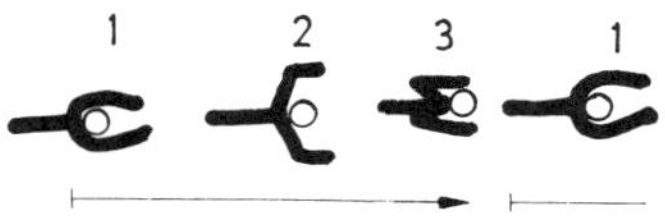
387	Delphin: 2 Schüler versuchen, zusammen die Figur "Delphin" auszuführen, wobei der vordere seine Beine am Hals des hinteren einhängt.	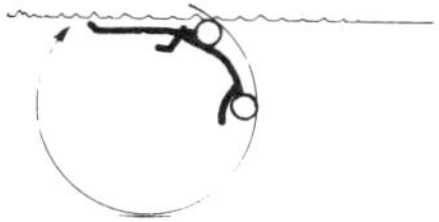
388	Wasserblume: Die Schüler liegen auf dem Rücken, die Beine sind zusammen. Jeder führt einen "Delphin" aus. Unter Wasser treffen sie sich, halten sich die Hände und öffnen sich gegen oben wie eine Blume. (Zwei Schüler oder mehrere in Kreisformation).	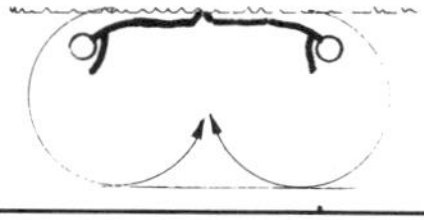
389	Die Schüler bilden auf dem Wasser liegend einen Stern (Füsse zusammen). Durch Beinschlagbewegungen öffnet und schliesst sich der Stern. Weitere Anregungen: - Oeffnen durch spreizen der Beine und wieder zusammenschliessen. - Eigene, einfache Bewegungsfolgen erfinden.	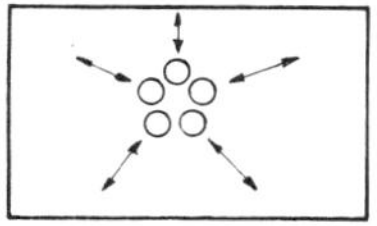
390	Eine Anzahl von Schülern liegt in einer Reihe hintereinander auf dem Rücken, jeweils mit den Füssen am Hals des nächsten eingehängt. Mit Paddelbewegungen schwimmen sie vorwärts, dann machen alle zusammen einen "Zuber" und hängen wieder ein.	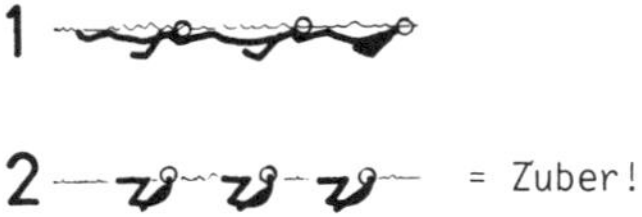
391	A und B liegen auf dem Wasser, die Füsse berühren sich gegenseitig. Wer kann seinen Partner mit Paddelbewegungen zuerst auf die andere Seite stossen?	
392	Torpedo fusswärts: Mit Paddelbewegungen sich immer tiefer unter Wasser "schaufeln", bis der ganze Körper untergetaucht ist. Wer schafft dieses Torpedo-Paddeln, also paddeln fusswärts mit den Armen in Hochhalte, aber ohne unterzutauchen? Das ist sehr schwierig!	

2.2.7 Nur rückwärts und seitwärts schwimmen

Nr.	Idee / Beschreibung	Hinweise / Organisation
393	Wer kann in Seitenlage mit Crawlbeinschlag rückwärts schwimmen?	
394	Wer kann in Seitenlage so schwimmen, dass ein Bein immer aus dem Wasser schaut? Weitere Anregung: - Ein Arm und ein Bein schaut aus dem Wasser.	
395	Wer kann auf dem Rücken liegend mit den Füssen voran durch einen markierten Slalom schwimmen?	
396	Wer kann auf dem Bauch liegend nur mit den Beinen rückwärts schwimmen?	
397	Zwei Schüler liegen auf dem Rücken, die Füsse des einen liegen auf den Schultern des anderen. Welche 2er Gruppe kann so am schnellsten fusswärts schwimmen, ohne den Kontakt zu verlieren?	
398	Wer kann unter Wasser in Seitenlage Brust schwimmen?	
399	In einem grossen Ring in Bassinmitte liegen eine Anzahl Bälle. Von beiden Seiten schwimmen die Schüler zum Ring. Einer der Gruppe nimmt einen Ball und hält sich daran fest, währenddem die anderen Gruppenmitglieder ihn an den Beinen bis zum Rand ziehen. Welche Gruppe holt am meisten Bälle?	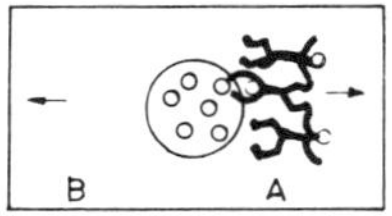 Pro Gruppe 3 Schüler.

Nr.	Idee / Beschreibung	Hinweise / Organisation
400	Zu zweit: Startsprung,bis zur Marke (ca. 8 m) schwimmen, drehen und wieder zurückschwimmen. Beim Anschlagen startet der zweite Schüler. Weitere Anregungen: - Als Stafette - Auf dem Rückweg mit Zusatzaufgabe, z.B. Rolle, Schraube, zum Boden tauchen...	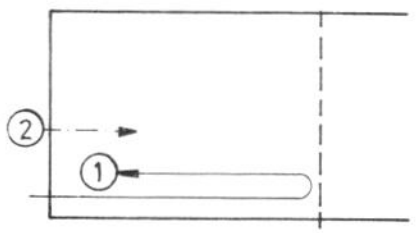
401	Zu zweit: Die Schüler stehen im Wasser in zwei Gliedern. Der erste Schüler schwimmt zur Wand, wendet und schwimmt wieder zurück. Der zweite Schüler startet, wenn der erste zurück ist. Weitere Anregung: -Die zwei Schüler korrigieren sich gegenseitig. Beobachtungskriterien durch den Lehrer!	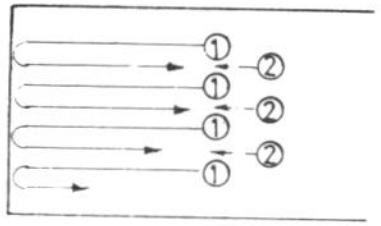
402	Im Wasser (vertikal oder horizontal) schauen alle Schüler zum Lehrer. Auf Pfiff drehen sie sich einmal um die Längsachse. Wer schaut als erster wieder zum Lehrer? Weitere Anregung: - Rolle vw., rw. ausführen.	
403	Phantasiesprünge vom Bassinrand: - Wer springt am höchsten, am weitesten? - Wer springt am schönsten? - Wer macht den lustigsten Sprung, den originellsten Sprung? - Usw.	
404	Wer kann in einer Ecke unter Wasser die Wände nacheinander mehrmals berühren, wobei die Füsse immer an der Wand bleiben müssen, die nicht mit den Händen berührt wird.	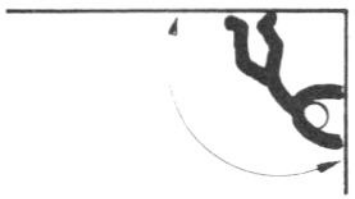
405	Klasse in 3er-Gruppen aufteilen. A und B stehen (schwimmen am Ort) in einer festgelegten Distanz. C spurtet während einer gewissen Zeit (X-Sek.) so oft wie möglich zwischen A und B hin und her.	
406	Von beiden Bassinbreitseiten startet leichzeitig ein Schüler. Welcher kann den anderen einholen? Event. Handicap-Schwimmen!	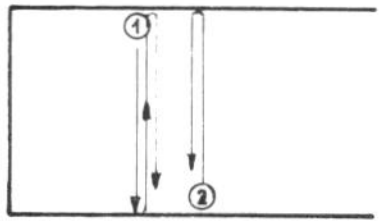

2.2.9 Übungsformen aus dem Wasserball

Nr.	Idee / Beschreibung	Hinweise / Organisation
407	Eine Gruppe bildet im Wasser eine Reihe und hält sich mit Wasserstampfen über Wasser. Die andere Gruppe muss die Reihe mit einem Ball im Wasserball-crawl (Slalom) umschwimmen. Nach dem Slalom spielt der Schüler den Ball dem zweiten der Gruppe zu und dieser kann losschwimmen, usw. Die Schwimmenden dürfen nicht behindert werden.	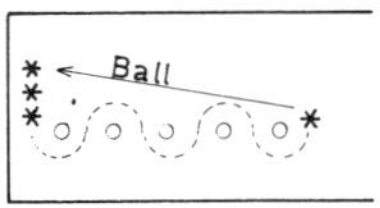 Pro Gruppe 4-6 Schüler.
408	Treffball: Die Schüler versuchen, die am Bassinrand aufgestellten Schwimmbretter mit dem Ball umzuschiessen. Weitere Anregungen: - Zwei Mannschaften gegeneinander. Pro umgefallenes Brett 1 Punkt. - Wer hat zuerst die eigenen Bretter auf dem Boden?	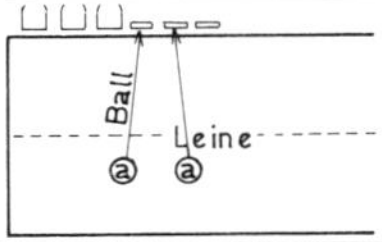
409	Schnappball: Eine Ueberzahl, z.B. 3:1 / 3:2, versucht, den Ball in den eigenen Reihen zu halten.	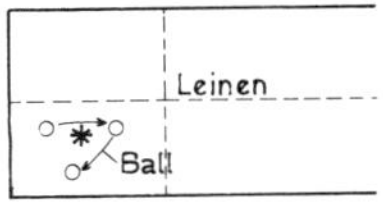 Spielfeld einschränken!
410	Zwei Schüler passen sich den Ball durch einen hängenden Ring (über das Sprungbrett oder über eine gespannte Leine) zu.	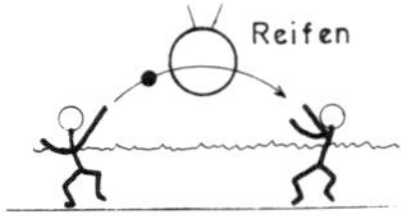
411	Ballkrieg: Zu Beginn des Spiels liegen in jeder Spielfeldhälfte gleichviel Bälle. Jede Gruppe muss versuchen, möglichst viele Bälle aus dem eigenen Feld in dasjenige des Gegners zu werfen. Der Lehrer stoppt nach einer gewissen Zeit das Spiel.Die Gruppe mit den meisten Bälle im Feld hat verloren.	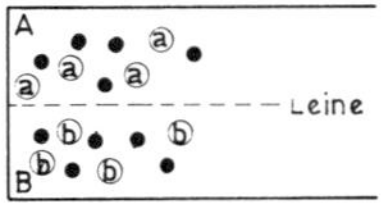 Im Lehrschwimm- oder Schwimmbecken.
412	Jeder Schüler besitzt einen Ball. Auf Pfiff werden verschiedene Aufgaben gelöst, z.B. Drehung um 360 Grad, spurten, wenden um 180 Grad, usw.	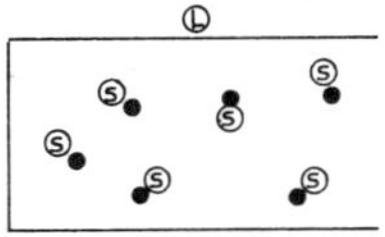
413	Welche 2er Mannschaft schafft in einem Zeitabschnitt am meisten Pässe? Es zählen nur diejenigen, die direkt gefangen werden können. Wer kann es einhändig, links und/oder rechts?	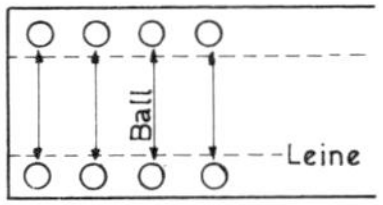

Nr.	Idee / Beschreibung	Hinweise / Organisation
414	Invalidenstafette: Der Schwimmer hält sich mit der rechten Hand an der rechten Ferse und schwimmt so zum anderen Bassinrand. Dort wechselt er die Hand und hält mit der linken Hand das linke Fussgelenk.	Umkehrstafette.
415	Skiunfallstafette: Die Schüler schwimmen in Rückenlage. Dabei wird ein Bein senkrecht in die Luft gestreckt, als ob es eingegipst wäre.	 Umkehrstafette.
416	Fährenstafette: Der 1. Schwimmer startet zum anderen Bassinrand. Dort nimmt er den 2. Schwimmer an der Hand und beide schwimmen so wieder zurück. Dort wird ein 3. Schwimmer angehängt. Wenn die ganze Gruppe schwimmt, wird ein Schüler nach dem anderen wieder abgehängt.	Abholstafette. Pro Gruppe 3-5 Schüler.
417	Blindenstafette: Mit verbundenen Augen zum anderen Rand schwimmen. Dort wird die Augenbinde (Badekappe) ausgetauscht, usw. Schüler, die am Rand stehen, dürfen ihrem Schwimmer durch Zurufe eine Orientierungshilfe geben.	Pendelstafette.
418	Spitalfangis: Ein Schüler beginnt zu fangen. Der Schüler, der gefangen wird, hält sich jene Körperstelle mit einer Hand, an der er beim Fangen berührt wurde. Weitere Anregungen: - Mit mehreren Fängern - Wer gefangen wird, bleibt bis zum Schluss Fänger.	
419	Rollstuhlstafette: Ein Schüler sitzt auf 3-4 Schwimmbrettern und bewegt sich mit den Armen vorwärts. Weitere Anregung: - In welcher Gruppe gelingt es einem Schüler, unter Mithilfe seiner Kameraden, auf 10 Brettern zu sitzen?	
420	Kettenschwimmen: Alle Schüler einer Gruppe halten sich die Hände, so dass keine Hand frei ist. Ziel ist das Erreichen des anderen Ufers.	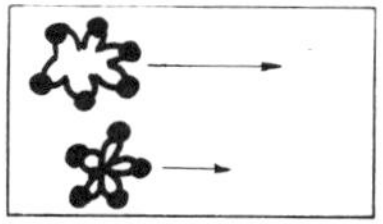

Kapitel 2

Nach organisatorischen Gesichtspunkten geordnet

2.3 In einer oder mehreren Schwimmbahnen

2.3.1 Aufholjagden 86

2.3.2 Hindernisschwimmen 87

2.3.3 Koordinationsübungen 88

2.3.4 Tauchen 90

2.3.5 Mit den Bällen 91

2.3.6 Mit, an, gegen die Wand 92

2.3.7 Trainingsformen 93

2.3.8 Mit Bewegungsaufgaben während des Schwimmens .. 94

2.3.9 Mit der Uhr 95

2.3.1 Aufholjagden

Nr.	Idee / Beschreibung	Hinweise / Organisation
421	Zwei Schüler spurten hintereinander. Sobald der hintere den vorderen eingeholt und berührt hat, taucht er ab und sein Partner muss über ihn hinwegschwimmen. Nun muss wieder der hintere Schüler den vorderen einholen, usw.	Bedingung: der Vordere muss auf dem Rücken schwimmen.
422	Parallelslalom: Zwei gleiche Parcours werden nebeinander eingerichtet. Zwei Schwimmer starten gleichzeitig, welcher ist schneller?	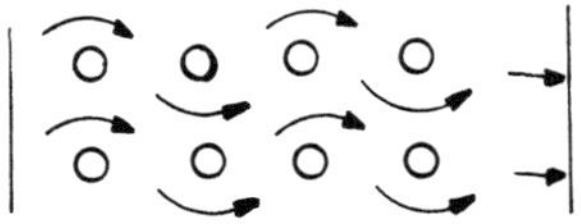
423	3-5 Schwimmer schwimmen im gleichen Abstand langsam in einer Rundbahn oder hintereinander. Ein Schüler spurtet bis er den nächsten eingeholt hat und nimmt dessen Platz ein. Nun muss dieser zum nächsten spurten, usw.	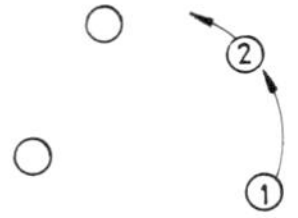
424	Verfolgungsrennen: Zwei Mannschaften verfolgen sich mit Ablöse-Stafette bis eine Mannschaft eingeholt ist. Start an den gegenüberliegenden Bassinseiten.	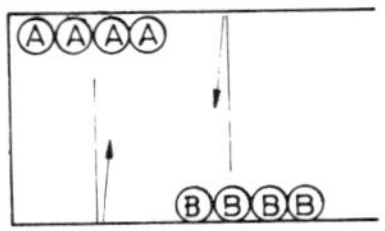
425	Ein Schüler startet mit Crawlbeinschlag (Schwimmbrett als Hilfe). Sein Partner verfolgt ihn mit Crawlarmzug (Pullboy als Hilfe). Der erste hat einen angemessenen Mindestvorsprung. Anschliessend wird gewechselt. Wer holt wen früher ein?	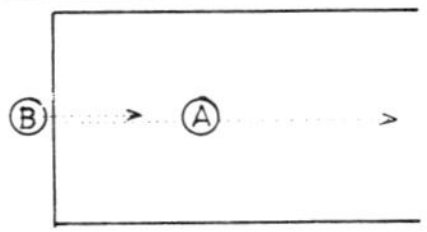
426	A startet Rückencrawl. Nach ca. 1/3 der Streckenlänge erhält er von B einen Ball zugespielt. A dreht sich alsdann auf den Bauch und spurtet mit dem Ball zur anderen Bassinseite. B muss versuchen, A einzuholen, nachdem er B den Ball zugeworfen hat.	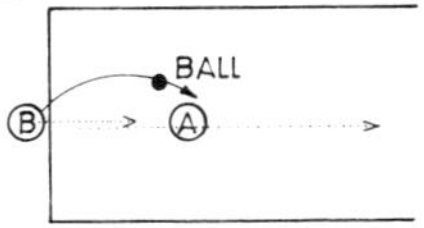
427	Der Verfolger bestimmt die Schwimmart. Der Verfolgte bestimmt, wieviel Vorsprung er braucht. Wer kann sein Können und dasjenige des Partners richtig einschätzen?	Nur in einer Schwimmrichtung schwimmen (Zusammenstösse). Auf der Seite des Schwimmbeckens gemeinsam zurück marschieren und die nächste Länge besprechen.

2.3.2 Hindernisschwimmen

Nr.	Idee / Beschreibung	Hinweise / Organisation
428	In der Schwimmbahn schwimmen Stäbe. Die Schüler müssen um drei Stäbe eine Rolle vw. ausführen. Wer hat am schnellsten die Schwimmbahn durchschwommen?	
429	Mit einem Startsprung durch den ersten Reifen tauchen, Crawl schwimmen bis zum nächsten Reifen, dort untendurchtauchen und wieder zurückschwimmen.	Pendelstafette.
430	Anzahl Schüler pro Gruppe = Anzahl Tauchringe, die in der Bahn verteilt sind. Start, tauchen bis zu einem Ring, mit dem Ring zur Boje schwimmen und diese berühren = Startzeichen für den nächsten Schüler. Mit dem Ring dann wieder zum Ausgangspunkt zurückschwimmen.	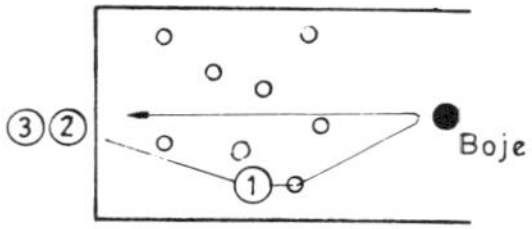 Pendelstafette.
431	Ball zwischen die Füsse einklemmen, vorwärts schwimmen bis zu einem Ring, Ball hineinlegen, weiterschwimmen bis zum 2. Ring, wieder einen Ball zwischen die Füsse einklemmen, so wieder bis an den Bassinrand schwimmen.	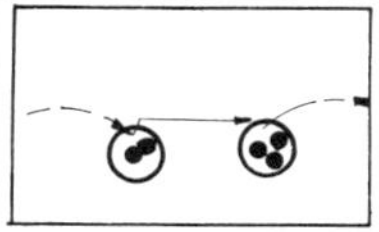 Pendelstafette.
432	Eine Gruppe verteilt sich im Wasser. Sie muss versuchen, die andere Gruppe am Durchqueren des Bassins zu hindern, indem sie die Gegner berührt, wobei sie aber die Hände nicht zum Abfangen benützen darf, sondern nur den Körper.	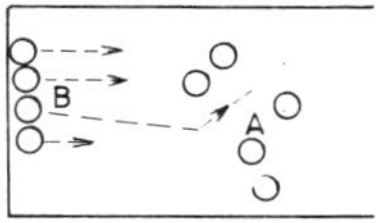
433	Welchem Schüler gelingt es, am Lehrer vorbeizuschwimmen und die Wand zu berühren? Pro Berührung gibt es einen Punkt für den Lehrer, pro Durchgang einen Punkt für den Schüler. Wer gewinnt? Weitere Anregung : 1 bis mehrere Fänger einsetzen.	Der Lehrer (oder ein andere Fänger) darf die Schwimmart bestimmen!
434	Jede Gruppe stellt einen eigenen Hindernisparcours zusammen. Welche Gruppe stellt den jeweiligen Parcoursrekord auf?	Art, wie die Gruppe den Parcours durchschwimmt (einzeln, hintereinander, usw.) vom Lehrer oder von der Gruppe bestimmen lassen.

2.3.3 Koordinationsübungen

Nr.	Idee / Beschreibung	Hinweise / Organisation
435	Crawlbeinschlag: Versuche, den Beinschlag folgendermassen zu variieren: - Mit grosser Amplitude - Mit kleiner Amplitude. Weitere Anregung: - Dasselbe mit Rückencrawlbeinschlag.	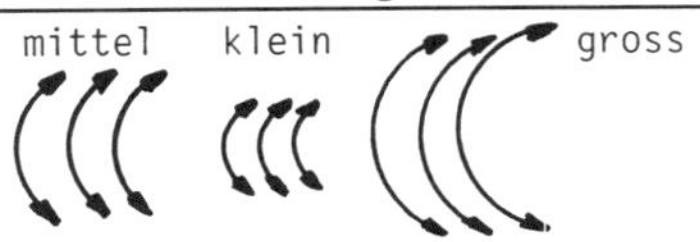
436	Atmungspyramide: Der Schüler beginnt mit 2er Atmung, steigert über 3er, 4er bis auf 6er Atmung und reduziert wieder bis zur 2er Atmung. Wer kann diesen Rhythmus über eine längere Zeit durchstehen? Schwimmarten je nach Können wählen.	
437	Zwei Schüler schwimmen nebeneinander synchron. Einer der beiden versucht, den Atemrhythmus des anderen zu übernehmen.	Schaut beim Atmen immer gegeneinander, sodass jeder einmal seine "gute Atemseite" hat. Seiten häufig wechseln, damit jeder auf beiden Seiten atmen lernt (Dreieratmung).
438	Crawl mit Delphinbeinschlag. Weitere Anregung: - Pro Armzug rechts/links 2 Beinschläge.	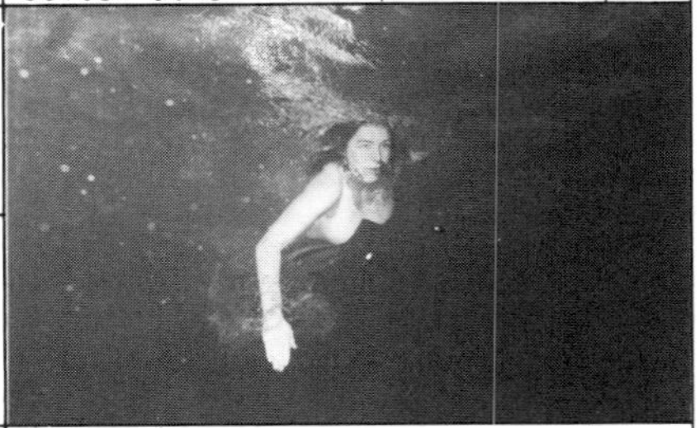
439	Schwimme Crawl mit nur einem Arm; der andere bleibt gestreckt in Vorhalte. Nach 25 m wechselst du.	
440	Linkes Bein und rechter Arm bleiben gestreckt und arbeiten nicht. Versuche, so Crawl (Rückencrawl) zu schwimmen.	 Welche weiteren Möglichkeiten gibt es noch?
441	Crawl oder Rückencrawlarmzug ist Vorschrift. Beinschlag aus einer anderen Schwimmart dazukoordinieren. Ein Schüler erfindet eine eigene Koordination, die anderen machen es ihm nach.	Solche Formen eignen sich besonders gut beim Einschwimmen!

Nr.	Idee / Beschreibung	Hinweise / Organisation
442	Zwei Schüler halten zusammen ein Schwimmbrett. A hält das Brett mit dem rechten, B mit dem linken Arm. Mit dem freien Arm führen sie Crawlarmzug aus, dazu im richtigen Rhythmus zwei Delphinbeinschläge. Nach 25 m = Wechsel.	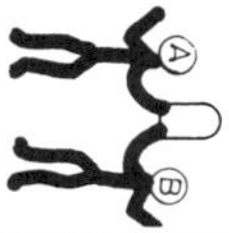
443	Die Schüler versuchen, zwei Delphinbeinschläge und einen Brustbeinschlag abwechslungsweise auszuführen.	
444	Butterfly: Wer kann Delphinarmzug und Brustbeinschlag koordinieren?	
445	Wer kann Delphinbeinschlag auf dem Rücken mit einem beliebigen Armzug koordinieren?	Z.B. mit Doppelarmzug in Rückenlage. Achte dabei auf das gute Zug-Druck-Muster (gestreckt beginnen, auf Schulterhöhe bis 90° beugen und dann wieder strecken).
446	Wer kann 50 m von jeder Schwimmart abwechselnd drei Züge schwimmen?	Am Bassinrand stehen Malstäbe als Orientierungshilfen. Bei jedem Stab muss die Schwimmart gewechselt werden.
447	Wer kann mit einem Arm Brustarmzug und mit dem anderen Crawlarmzug schwimmen? Beinschlag ist freigestellt.	
448	Jeder Schüler sucht eine Koordination von Armzug links, rechts, Beinschlag und Atmung, alles verschiedene Schwimmarten. Ein Schüler macht "seine Koordinationsform" vor und die ganze Klasse imitiert sie über eine Länge.	

2.3.4 Tauchen

Nr.	Idee / Beschreibung	Hinweise / Organisation
449	Tauchringe in drei Farben liegen auf dem Bassinboden. Jeder Mannschaft ist eine Farbe zugeordnet. Die Mannschaften starten gleichzeitig. Welche hat ihre Tauchringe zuerst in ihrem Korb deponiert.	3 Mannschaften. Pro Tauchgang darf nur 1 Ring geholt werden.
450	3 Schüler erhalten zusammen einen Ring. Der erste taucht und deponiert ihn am Boden. Der zweite startet von dort aus und versetzt den Ring weiter. Welche Mannschaft legt die grösste Distanz in einer bestimmten Zeit zurück? (Erst wenn der Ring am Boden liegt, darf der nächste ihn wieder nehmen!).	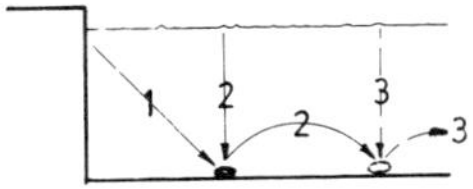 Bei der Unterwasserwende muss Ring Wand berühren!
451	In der Schwimmbahn liegen mehrere Reifen. Versuche, eine Länge zu tauchen, wobei Du zum Einatmen nur in einem Reifen auftauchen darfst. (Für Schüler event. Schwimmbrillen).	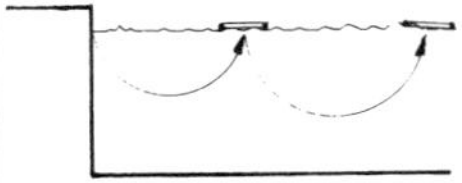 Viele grosse schwimmende Reifen.
452	An Gewichten hängt unter Wasser ein Kessel. Jeder Schüler besitzt einen Tennisball. Ziel: den Ball von unten im Kessel deponieren. Der zweite Schüler startet, wenn der erste wieder oben anschlägt. Welche Gruppe hat zuerst alle Bälle im Kessel und steht wieder am Bassinrand?	 Kübel mit soviel Gewicht am Henkel versenken wie dessen Volumen!
453	Abtauchen. Unter Wasser versuchen, auf dem Boden Richtung Wand zu gehen. Weiter versuchen, entlang der Wand in waagrechter Lage hochzusteigen! Wem gelingt dies?	 Mit Gewichten in der Hand (ca. 20 kg)
454	Ringe, Teller, etc. sind Symbole für einen versunkenen Piratenschatz. Gruppenweise versuchen, mit einmaligem Tauchen soviel wie möglich von diesem Schatz zu bergen.	Pro Gruppenmitglied darf jedoch nur 1 Gegenstand geholt werden.
455	Gruppenweise im Kreis untertauchen. Einer spricht unter Wasser ein Wort oder einen Satz. Nach gemeinsamem Auftauchen darf jeder sagen, was er verstanden hat. Handzeichen, Körpersprache sind erlaubt!	Erfindet eine eigene "Taucher-sprache"! (Die richtige Tauchersprache mit Handzeichen findest du im ABC-Tauchbüchlein der SLRG).

Nr.	Idee / Beschreibung	Hinweise / Organisation
456	Spiessrutenschwimmen: Eine Mannschaft teilt sich entlang der beiden äusseren Schwimmbahnen auf. Die Schwimmer der anderen versuchen, einer nach dem anderen, diesen Korridor zu durchschwimmen, ohne vom Ball des Gegners getroffen zu werden.	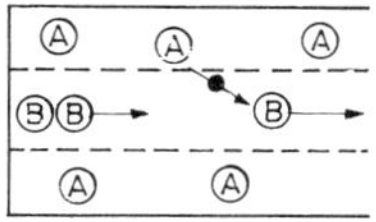 2 Mannschaften.
457	Der Schüler jongliert einen Ball von einer Hand in die andere, während er wasserstampfend auf dem Rücken liegt. Wem gelingt dies am häufigsten ohne Fehler.	Schwarm.
458	Versuche, einen Ball über eine gespannte Leine von einer Hand in die andere zu werfen.	 Schüler stellen sich unter einer gespannten Schnur (ca. 1 m ü/Wasser) in einer Reihe auf
459	Ball über die Schnur. Spezialregeln: Wer den Ball über die Schnur geworfen hat, schwimmt zurück an den Bassinrand und spielt erst wieder mit, wenn er diesen berührt hat.	Genügend Spieler pro Mannschaft; der Spielfeldgrösse anpassen!
460	Ball im Zick-Zack hin- und herspielen. Wenn der Ball gespielt wurde, sofort nach vorne spurten und dort wieder anschliessen.	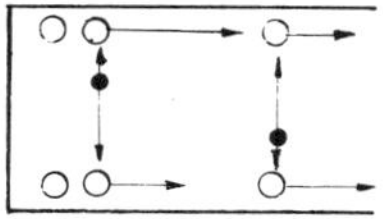 2 Mannschaften.
461	Passen in Bewegung: Schwimmend spielen sich zwei Partner den Ball zu. Der etwas zurückliegende Partner passt zum weiter vorne schwimmenden Partner, spurtet nach vorne und erhält den Ball zurück. Weitere Anregung: - Mit Druckwurf, "Doppler", usw. je nach Könnensstand.	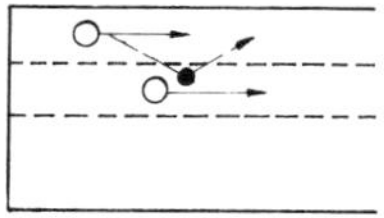
462	Eine Mannschaft hat Luftballons um den Hals gebunden. Sie dürfen die Schnur nicht durch einrollen oder mit den Händen verkleinern, hingegen ist Tauchen erlaubt. Die Gegenmannschaft muss versuchen, mit 1 Ball in gegebener Zeit möglichst viele Ballons zu treffen.	 (Schnur um den Hals ca. 2m lang).

2.3.6 Mit, an, gegen die Wand

Nr.	Idee / Beschreibung	Hinweise / Organisation
463	Die ganze Gruppe hält sich, am Bassinrand stehend, an der Ueberlaufrinne und versucht, durch gemeinsame Vor- und Rückwärtsbewegungen grosse Wellen zu machen.	
464	Crawlschwimmen gegen die Wand, Wende, Crawl zurück. Weitere Anregung: - Rückencrawl, Brust, Delphin, Rollwende.	Pendelstafette.
465	Wer kann am schnellsten einen Ball von einem Ring in den anderen legen und dazwischen immer den Grund berühren? Die 2 Ringe liegen auf dem Bassinrand (ca. 10 mal).	
466	Zwei Gummischläuche werden zusammengeknüpft. Das eine Ende wird an der Wand (Treppe) befestigt. Am anderen wird eine Schlaufe geknotet. Der Schüler hängt mit einem Fuss in der Schlaufe ein und schwimmt Crawl- Brust- oder Rückencrawlarmzug.	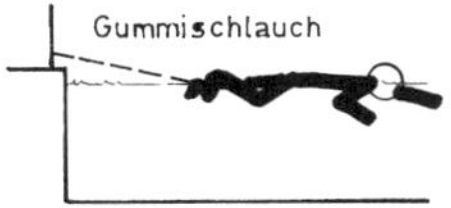
467	Gleicher Aufbau wie bei 466. In einem Reifen liegen Gegenstände. Wer kann so kräftig abstossen, dass er einen Gegenstand erreichen kann?	Distanz der Dehnbarkeit der Schläuche anpassen!
468	Platzwechsel: An jedem Ende der Schwimmbahn steht eine Gruppe. Aufgabe: Jede Gruppe muss auf die andere Seite des Bassins schwimmen und sich dort wieder am Bassinrand aufstellen. Wer ist am schnellsten?	
469	Gruppensprung: Welche Gruppe findet eine originelle Art heraus, miteinander vom Bassinrand ins Wasser zu springen?	

Nr.	Idee / Beschreibung	Hinweise / Organisation
470	Pyramide: Die zu schwimmende Strecke wird länger und dann wieder kürzer. Z.Beispiel: 25m, 50m, 75m, 100m, 75m, 50m, 25m, usw. Pausen dazwischen immer gleich lang.	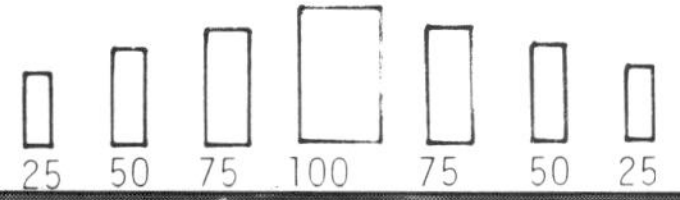
471	Die Schüler bilden Leistungsgruppen und stellen sich ihr Trainingsprogramm selbst zusammen.	
472	Ratrac: Zwei Crawl-Armzüge mit dem linken, dann zwei mit dem rechten Arm in Kombination mit Delphinbeinschlägen. Anzahl der Armzüge von 2 bis 5 steigern.	
473	Atemlokomotive: Der Schüler atmet zuerst auf jeden 2. dann jeden 3.4.5.6., Armzug und reduziert wieder oder beginnt wieder von vorne.	
474	Américaine: 5 Schwimmer sind im Wasser startbereit. Von jedem werden 4 Breiten geschwommen. Nr. 1 und 2 beginnen, nach zwei Breiten wird 1 von 3 abgelöst, nach 3 Breiten wird 2 von 4 abgelöst. Die Uebung ist zu Ende, wenn Nr. 1 die letzten 2 Breiten mit Nr. 5 geschwommen hat.	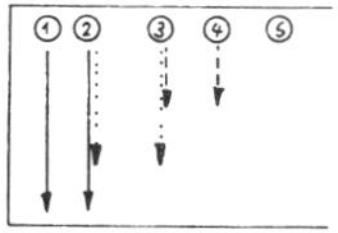 Event. mehrere Durchgänge. Verschiedene Schwimmarten.
475	Pyramide oder Lokomotivschwimmen: 3 Längen langsam, 3 schnell / 2 langsam, 2 schnell / 1 langsam, 1 schnell. Je nach Fähigkeit steigern. Längenanzahl vergrössern (bei 4,5 Längen beginnen), mehrere Wiederholungen, Pausen variieren.	
476	Leistungsmässig ausgeglichene 5er-Gruppen bilden. Welche Gruppe legt während 5 Minuten am meisten Bassinbreiten zurück? Weitere Anregung: Klasse halbieren; welche Gruppe schwimmt mehr Meter in einer gewissen Zeit? (Nur 1 Schüler schwimmt pro Gruppe).	

2.3.8 Mit Bewegungsaufgaben während des Schwimmens

Nr.	Idee / Beschreibung	Hinweise / Organisation
477	Schraubenschwimmen: Die Schüler führen während 25 m 2x nach rechts und 2x nach links eine ganze Drehung um die Längsachse aus.	Bandschwimmen. 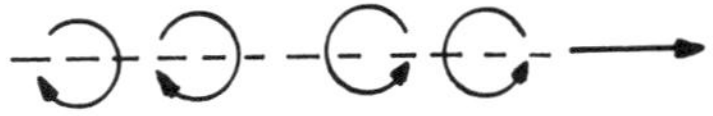
478	Rückencrawl: Nach jedem sechsten Armzug muss der Schüler eine Rolle rw. ausführen.	 Band-schwimmen.
479	Auf einer Bassinlänge sind 3 Tauchringe verteilt. Wer kann einen nach dem anderen heraufholen und auf dem Rückweg alle auf dem Kopf tragen?	
480	Versuche, durch die Art des Schwimmens, ein Tier darzustellen. Die anderen müssen erraten, um welches Tier es sich handelt.	
481	Versuche, während des Schwimmens einmal bewusst falsch, dann aber wieder richtig zu schwimmen. Weitere Anregung: - A und B zusammen, A schwimmt und B muss nachher sagen, wann A richtig und wann falsch geschwommen ist.	Es macht den meisten mehr Spass, falsch zu schwimmen! (Das sind übrigens gute Gegensatzerfahrungen in der Technikschulung!)
482	A und B schwimmen nebeneinander. A macht plötzlich eine Bewegung und B muss sie nachvollziehen.	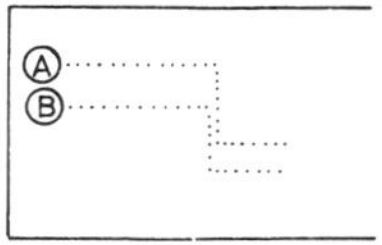
483	Je nach Vereinbarung muss der Schüler auf Pfiff: Stoppen, drehen, tauchen, wenden, hochspringen, etc.	Als Schulungsübung für den Wasserballcrawl kann auch verlangt werden, dass der Kopf immer über Wasser bleibt, sodass visuelle Signale aufgenommen werden können.

Nr.	Idee / Beschreibung	Hinweise / Organisation
484	Hindernisparcours mit verschiedenen Aufgaben. Eine Gruppe durchschwimmt den Parcours. Der erste der Gruppe drückt auf den Startknopf der Uhr, der letzte auf Stop.	"Pace Clock" aufstellen.
485	Den Schülern wird die Aufgabe gestellt, eine Strecke in einer bestimmten Zeit zu schwimmen. Welcher Schüler erfüllt die Aufgabe am genauesten?	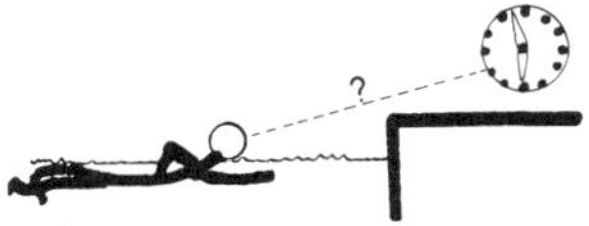
486	Die Schüler geben sich selbst eine gewisse Zeit vor für eine Strecke. Welcher Schüler kommt seiner gesetzten Zeit am nächsten? Auch als Wettbewerb mit Wettbüro, etc.	
487	Intervall-Training: Die Schüler können die Pausen selbst ablesen und dürfen pro Durchgang die Pausenzeit um x-Sekunden verlängern.	
488	Wer kann 5 Sekunden / 7 Sekunden / 9 Sekunden / 11 Sekunden unter Wasser bleiben, nicht länger und nicht weniger?	
489	Eine Gruppe wählt ihre Intervalle selbst: z.B. Wir starten alle 20 Sek. und schwimmen 25 m.	
490	Dauerschwimmen: Wer schwimmt 400 m, 800 m, 1 km am regelmässigsten?	Die Hälfte der Klasse kontrolliert die Zwischenzeiten u. notiert sie auf einem Protokoll. Nachher Gespräch zwischen den zwei Partnern.

Kapitel 3

Tauchspiele und Übungsformen unter Wasser

3.1 Formen des Unterwasserschwimmens 98

3.2 Tauchstafetten 99

3.3 Mit Flossen 100

3.4 Mit ABC-Ausrüstung 101

3.5 Mit Auftriebsmitteln 102

3.6 Mit Gewichten 103

3.7 Mit Hindernissen 104

3.8 Rollen und Drehen 105

3.9 Orientierungsübungen 106

3.10 Immer tiefer 107

3.1 Formen des Unterwasserschwimmens

Nr.	Idee / Beschreibung	Hinweise / Organisation
491	Zwei Schüler schwimmen hintereinander. Der hintere Schüler überholt, indem er abtaucht und unter Wasser nach vorne schwimmt.	Der an der Wasseroberfläche schwimmende Schüler darf nicht schnell schwimmen!
492	Schattenschwimmen: Ein Schüler schwimmt Brust. Sein Partner versucht, unter Wasser auf dem Rücken liegend Rückengleichschlag zu schwimmen.	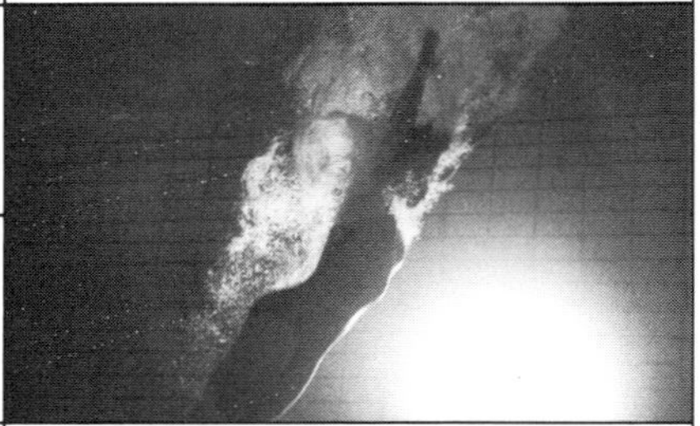
493	Delphin: Aus der Rückenlage rückwärts abtauchen und unter Wasser einen Kreis tauchen.	
494	Unterwasserslalom: Mit Malstäben wird unter Wasser ein Slalom ausgesteckt. Die Schüler absolvieren den Slalom mit dem Rücken oder dem Bauch gegen die Stangen.	Wt.: 2 m. 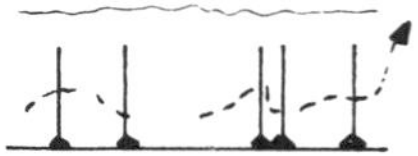
495	Durch verschieden hoch gehängte Ringe schwimmen. Wem gelingt es ohne Berührung.	 Wt.: mind. 2 m.
496	Zwei Schüler halten sich an den Händen und versuchen, unter Wasser zu schwimmen. Könnt Ihr Euch unter Wasser verständigen?	
497	Versuche, auf möglichst originelle Art unter Wasser zu schwimmen.	

Nr.	Idee / Beschreibung	Hinweise / Organisation
498	Am Henkel eines Kübels wird ein Gewicht befestigt. Dieser wird ins Wasser gestellt. Jeder Schüler hat einen Tennisball. Aufgabe: Deponiere den Ball im Kübel und schwimme unter Wasser an den Rand zurück! Start für den zweiten Schüler. Wessen Eimer schwimmt zuerst an der Oberfläche?	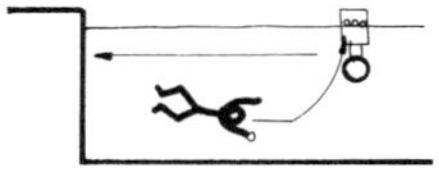 Pro Gruppe 4-6 Schüler.
499	Bändertauchen: An einem Tauchring sind mehrere Bänder (Anzahl = Schüler pro Gruppe) befestigt. Der erste Schüler der Gruppe taucht und löst ein Band, bringt es hinauf, der zweite Schüler kann starten. Nachher müssen die Bänder wieder unten befestigt werden.	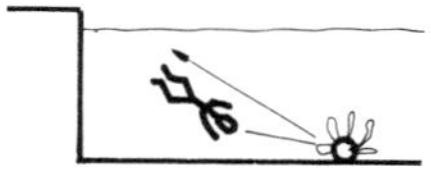
500	Ein Schüler springt mit einem 5-kg -Ring ins Wasser, läuft auf dem Grund auf die Gegenseite, taucht auf und übergibt den Ring dem nächsten. Muss der Schüler atmen, deponiert er den Ring am Boden, taucht auf, um Luft zu schnappen und fährt nachher wieder fort.	Pro Mannschaft 6-8 Schüler.
501	Ringtauchen: Pro Mannschaft liegt ein Tauchring in der Bassinmitte. Start, Tauchring holen, auf der Gegenseite aussteigen, Tauchring ins Wasser werfen und zurücktauchen zur Startseite.	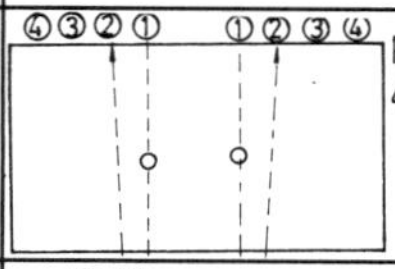 Pro Mannschaft 4-6 Schüler.
502	Zwei Schüler tauchen gleichzeitig von beiden Bassinseiten gegeneinander und übergeben sich unter Wasser einen Gegenstand. Auftauchen, zurückschwimmen und übergeben der Gegenstände. Die nächsten zwei Schüler starten.	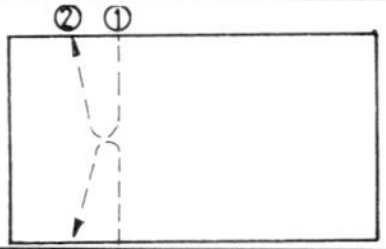
503	In verschiedenen Abständen liegen diverse Gegenstände auf dem Grund. Jeder Schüler holt, seinen Fähigkeiten entsprechend, einen Gegenstand. Welche Gruppe ist am schnellsten mit Einsammeln ihrer Gegenstände fertig?	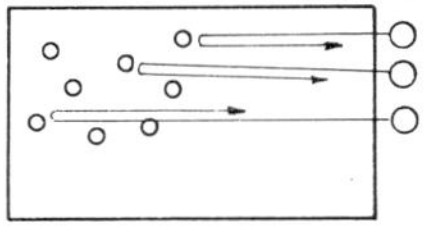
504	Zwei Wasserkübel müssen unter Wasser von einem Ort zum anderen transportiert werden. Sie dürfen erst am Ziel an die Wasseroberfläche gebracht werden.	Pro Gruppe 3 Schüler.

3.3 Mit Flossen

Nr.	Idee / Beschreibung	Hinweise / Organisation
505	Die Schüler stehen in zwei Gliedern im Wasser, Abstand ca. 3 m. Die hinteren Schüler haben je ein Flossenpaar, die vorderen Schüler nur je eine Flosse. Die hinteren müssen versuchen, den Vorsprung der vorderen aufzuholen.	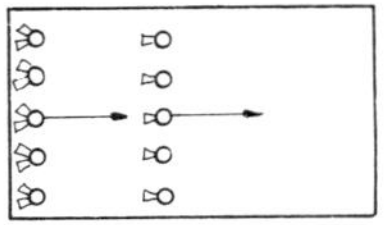 Aufholstafette. Alle beginnen, auf das Startzeichen zu schwimmen.
506	Der erste Durchgang ohne Flossen, der zweite mit einer Flosse, der dritte mit zwei Flossen. Wer kann die Flossen im Wasser anziehen?	Pendelstafette.
507	Doppeldecker: 2 Schüler versuchen, miteinander so zu schwimmen, dass einer auf dem Rücken, der andere auf dem Bauch liegt. Sie können sich an den Händen halten. Welches Paar kann so Kreise, Schrauben, freigewählte Wege über und unter Wasser, übereinander und nebeneinander schwimmen?	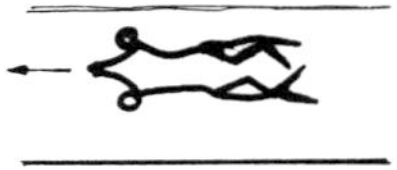 Wenn möglich mit Taucherbrille (Kein Wasser in der Nase!)
508	Flossenschieben: Ein Schüler mit Flossen schiebt einen Partner, der gespannt in Rückenlage auf dem Wasser liegt, vor sich her.	 ganz gespannt!
509	2 Schüler mit Flossen kauern einander gegenüber auf dem Bassinboden. Nun schnellen sie zusammen mit Beinschlag empor! Welcher von beiden kann sich am längsten über der Wasseroberfläche halten (beide Arme über der Wasseroberfläche!).	Wt.: 2 m. Gelingt dies auch mit Delphinbeinschlägen?
510	Die Hälfte der Klasse verteilt sich im Bassin (mind. 1 m Abstand vom Bassinrand) und grätscht die Beine. Die andere Hälfte versucht, während einer bestimmten Zeit, unter sovielen Schülern wie möglich durchzutauchen. Als Gruppen- oder Einzelwettkampf.	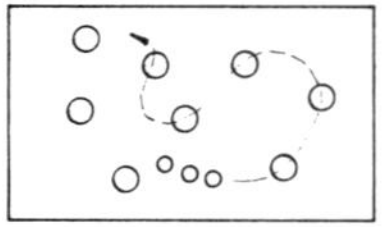 Wt.: Brusttief. Pro Durchtauchen = 1 Punkt.
511	Welcher Schüler kann mit Flossen am höchsten aus dem Wasser schnellen?	

Nr.	Idee / Beschreibung	Hinweise / Organisation
512	Flossen, Brille und Schnorchel werden auf dem Bassinboden deponiert. Der Schüler taucht ab, zieht sie unten an und taucht dann wieder auf. Weitere Anregungen: - Ganze Ausrüstung unten anziehen - Brille entleeren beim Auftauchen (f. Fortgeschrittene)	
513	Die Gruppe bildet einen Kreis und taucht gleichzeitig ab, unten berührt jeder mit den Händen den Boden und schwimmt unter Wasser einen Kreis, dann tauchen alle gemeinsam in Kreisformation wieder auf.	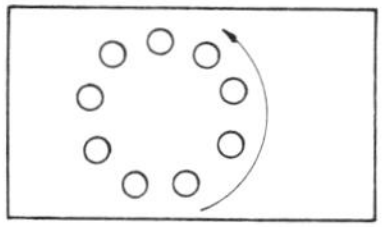
514	Die Gruppen schwimmen senkrecht mit gegrätschten Beinen in einer Reihe. Der vorderste der Reihe dreht sich, taucht unter seinen Kameraden durch. Beim Auftauchen den Schnorchel entleeren!	 Pro Gruppe 5-8 Schüler.
515	Zwei Schüler tauchen zusammen in die Tiefe. Unten werden Zeichen gegeben, die quittiert und ausgeführt werden. Voraussetzung: Zuerst die wichtigsten Unterwasserzeichen einführen.	Wt.: mind. 2 m. Siehe auch "Jeder Rettungsschwimmer ein ABC-Taucher" der SLRG.
516	Gerüst bauen: Mit Materialien wie Gewichte, Seile, Ringe, Stäbe, etc. werden Unterwasser-Tauchparcours gebaut. Auf verschiedenste Arten durch die Parcours tauchen, z.B. zu zweit, auf dem Rücken, Bauch, usw.	Dabei soll jedesmal korrekt ab- und wieder aufgetaucht werden. (Kein Spritzen beim Abtauchen, Schnorchel wenn möglich beim Auftauchen entleeren).
517	Unterwasser-Rugby: Pro Mannschaft 4-6 Spieler. Spielzeit 2x 7 Minuten. Der Ball, gefüllt mit Wasser, darf nicht über Wasser gespielt werden. Tore sind Ringe am Boden oder Eimer, mit Gewichten beschwert.	Wt.: Sprungbecken. Bassingrösse: 10 - 15 m.
518	Wir legen Figuren ins Wasser: Die Schüler geben sich gegenseitig Bewegungsaufgaben (Rollen, Schrauben, usw.) und versuchen, diese auszuführen.	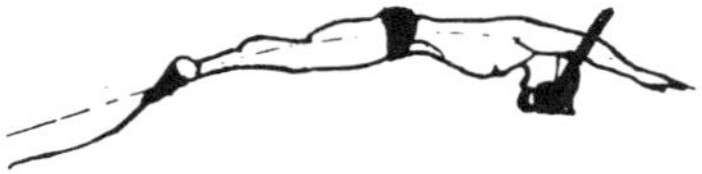

3.5 Mit Auftriebsmitteln

Nr.	Idee / Beschreibung	Hinweise / Organisation
519	Kannst du zwei bis drei Wassereimer, welche mit der Oeffnung nach unten auf dem Wasser schwimmen, unters Wasser ziehen? Du darfst den Eimer nicht drehen.	Wieviele braucht es, um einen Rettungsball o.ä. unter Wasser zu drücken? Gegenseitig Rücksicht nehmen!
520	Kreiselziehen: Das Tau liegt in Kreisform auf dem Bassinboden. Das Spielfeld ist durch vier Tauchringe begrenzt. Wer bringt das Seil zuerst an seine Markierung (Tauchring).	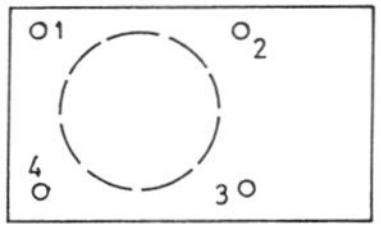 Seil zu Kreis zusammengeknüpft.
521	Versuche, mit einem Schwimmbrett unter Wasser zu schwimmen. Gelingt dies auch nur mit Teilbewegungen der Arme oder der Beine?	Wer schafft mit einem Auftriebsmittel die längste Tauchstrecke, ohne dass ein Körperteil aus dem Wasser ragt?
522	Jeder Schüler hat einen mehrteiligen Schwimmgurt um seinen Bauch gebunden. So versucht er, zum Boden zu tauchen.	
523	Ein Eimer, mit Gewichten beschwert, liegt auf dem Bassinboden. Welche Gruppe kann den Eimer am schnellsten durch Lufteinblasen an die Wasseroberfläche bringen?	
524	Durch einen Reifen schlüpfen: - ohne Auftriebsmittel - mit Armringen - mit Arm- und Beinringen - mit Arm-, Beinring und Schwimmgurt.	
525	Jeder bindet sich an einer 50 cm langen Schnur Pullboys um den Bauch. Wer kann in 2 m - Tiefe Tauchringe heraufholen?	Anzahl Pullboys je nach Können der Schüler.

Nr.	Idee / Beschreibung	Hinweise / Organisation
526	Pro Gruppe liegt eine Anzahl Ballons, die an kurzen Schnüren angebunden sind, am Bassinrand bereit. Auf dem Bassinboden liegt ein Gewicht. Die Schüler tauchen nacheinander zum Gewicht und versuchen, einen Ballon ans Gewicht zu binden, bis sich dieses vom Boden abhebt. In grösserer Tiefe anstelle von Ballons Pullboys verwenden!	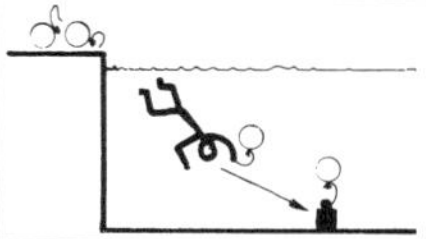 Ballons nicht stark aufblasen!
527	Eine Anzahl Tauchringe liegen im Wasser. Es wird eine Zeit bestimmt, in der die Gruppe die Ringe heraufholen soll. Für jeden Ring erhält die Gruppe einen Punkt, wie auch für jede Sekunde, die sie schneller fertig ist.	
528	Ein Gewicht wird von einer Gruppe transportiert. Jeder Schüler hat zwei "Tauchgänge". Der erste beginnt;dort wo er auftaucht, beginnt der zweite, usw. Welche Gruppe legt die grösste Distanz zurück?	
529	Vier Teller liegen auf dem Bassinboden. Auf der Unterseite sind Zahlen von 1 - 4 "graviert". Wer kann die Teller der Zahlenfolge nach einsammeln?	Die Schüler schauen weg, wenn die Teller verteilt werden!
530	Zwei Schüler tauchen mit einem Gymnastikstab ab und übergeben ihn den zwei entgegenkommenden Gruppenmitgliedern. Die nächsten starten, wenn die ersten zurückkommen.	Pro Gruppe 4 Schüler.
531	Welcher Schüler marschiert unter Wasser am weitesten mit einem Partner auf den Schultern?	
532	Wer kann einem ins Wasser geworfenen Gegenstand schnell nachtauchen und diesen auffangen, bevor er auf dem Bassinboden auftrifft?	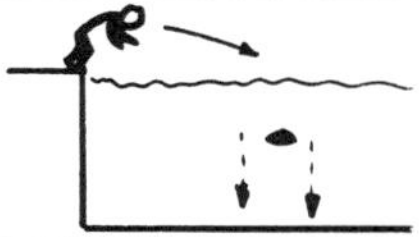

3.7 Mit Hindernissen

Nr.	Idee / Beschreibung	Hinweise / Organisation
533	Quer über das Bassin ist alle 5 m eine Leine gespannt. Die Schüler starten längs und müssen unter jeder Leine durchtauchen. Wer ist am schnellsten? Weitere Anregungen: - Die Leine muss überschwommen werden - Ein Gegenstand muss über die Leine gehoben werden, während der Schüler unter der Leine durchtaucht.	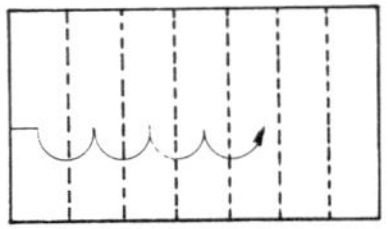
534	Nach dem Startsprung durch einen im Wasser stehenden Reifen tauchen. Erst nach dem Durchtauchen darf ein Armzug und dann ein Beinschlag ausgeführt werden (Tauchzug).	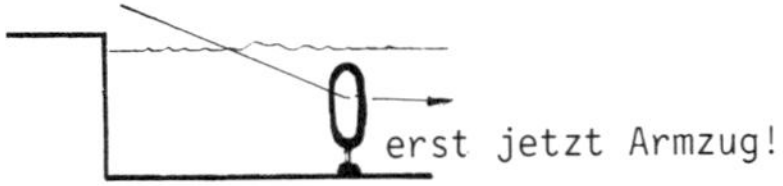
535	Drei Schüler schwimmen langsam in einer Reihe. Der vierte Schüler überholt sie unter Wasser.	
536	Wer kann am weitesten schwimmen mit einem Tauchteller auf dem Kopf, ohne diesen mit der Hand festzuhalten.	
537	Windsurf-Start: Das Brett liegt ca. 50 cm vom Bassinrand entfernt im Wasser. Anlauf, mit beiden Füssen auf das Brett springen, so möglichst lange gleiten und schliesslich mit dem Brett "versinken".	Wt.: Brusttief. Nur mit bruchfesten Schwimmbrettern
538	Ein Schüler steht am Bassinrand, die anderen verteilen sich im Bassin. Der Lehrer ruft einen Namen eines Schülers auf, der im Wasser steht. Derjenige, welcher am Rand steht, muss den aufgerufenen Schüler unter Wasser schwimmend erreichen.	Kleine Gruppen.
539	Wieviele Schüler braucht es, um einen grossen Rettungsball unter Wasser zu drücken?	Dasselbe auch mit aufblasbaren Bällen versuchen!

Nr.	Idee / Beschreibung	Hinweise / Organisation
540	Zwei Schüler halten einen Stab. Der dritte führt daran "Felgen" aus: - im tiefen Wasser - im halstiefen Wasser.	
541	Einer gegen einen: Wer kann mehr Rollen vw., rw. unter Wasser ausführen?	
542	Ein Schüler hält unter Wasser einen Reifen. Sein Partner schwimmt möglichst oft durch diesen durch. Dann wird gewechselt. Welcher Zweiergruppe gelingt dies am meisten?	
543	Mit Rettungsstangen und Reifen an Gewichten befestigt wird unter Wasser ein Spielgarten aufgestellt. Die Schüler schwimmen darin herum und versuchen, Rollen und Drehungen auszuführen.	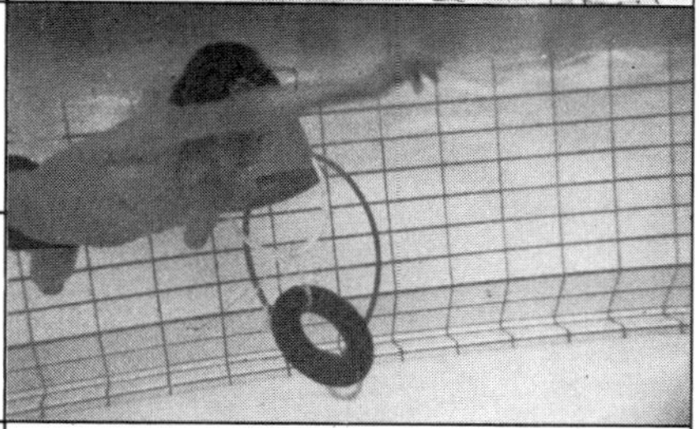
544	In der Sprunggrube versuchen die Schüler, in verschiedenen Ebenen unter Wasser eine Acht zu schwimmen.	
545	Zwei Schüler fassen sich unter Wasser an den Füssen und bilden so ein Rad. Zwei weitere Schüler versuchen, dieses Rad zu drehen.	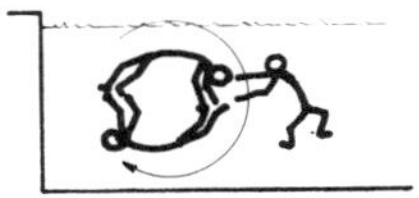 Pro Gruppe 4 Schüler.
546	Zwei Schüler stellen ein Programm mit Rollen und Drehungen unter Wasser zusammen, erklären es und zeigen es vor. Welche Gruppe kann das Programm nachmachen?	Als Vorbereitung für's Tauchen möglichst oft bei solchen Uebungen Taucherbrillen verwenden. (Kinder mitbringen lassen!)

3.9 Orientierungsübungen

Nr.	Idee / Beschreibung	Hinweise / Organisation
547	Durch gegrätschte Beine der Mitschüler tauchen. Die Reihenfolge ist vorgeschrieben.	
548	Abwechslungsweise Brustcrawl und Rückencrawl schwimmen (Schraubenzieher-Crawl). Wer kann es?	
549	Versuche, mit geschlossenen Augen geradeaus zu tauchen. Weitere Anregungen: - Zurufe (Blindensprache... rechts...links) - Badekappe über die Augen ziehen - A schwimmt blind, B daneben und leitet A durch Zurufe.	
550	Versuche, unter Wasser zu schwimmen und gleichzeitig Schrauben auszuführen.	
551	Tauche ab, führe eine Rolle vw., eine Rolle rw. und eine Schraube um die Längsachse aus. Findest du dann den Teller noch, welcher auf dem Boden liegt?	Gelingt dir dieser "Fund" sogar mit geschlossenen Augen bis zum Schluss? (Badekappe über die Augen ziehen!)
552	Mit zwei 5-kg -Ringen, zwei Seilen und einer Anzahl Stäbe wird eine Leiter gebastelt. Die Schüler schwimmen nun auf verschiedene Arten durch die Sprossen, ohne sie zu berühren.	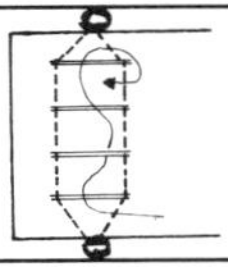 Taucherbrillen!
553	Ein Gegenstand wird über einen im Wasser ausgesteckten Parcours transportiert.	In verschiedenen Bädern wurden mit Erfolg permanente Hindernisparcours eingerichtet: Tummelplätze für Kinder <u>und</u> Erwachsene!

Nr.	Idee / Beschreibung	Hinweise / Organisation
554	Toter Mann: Lege dich auf das Wasser und atme kräftig aus, bis du untertauchst. Wer kommt bis auf den Bassinboden? Weitere Anregungen: - In Bauchlage - In Rückenlage.	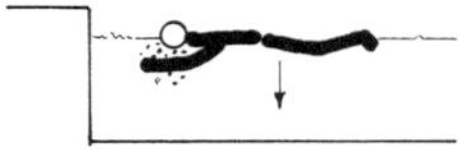
555	Tauchen fusswärts: Stütze dich auf dem Bassinrand auf und versuche, fusswärts bis zum Boden zu tauchen. Wer kann dasselbe, aber ohne Hilfe des Aufstützens im freien Wasser?	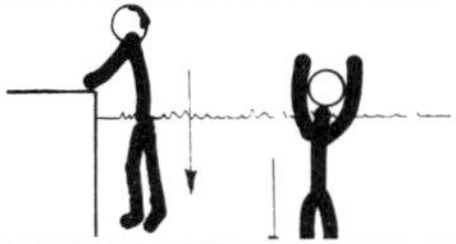
556	Tauchen wie die Ente: Pfeilschiessen - anhocken - tieftauchen. Wer kann abtauchen, ohne Abstoss und ohne Arm- bzw. Beinbewegungen?	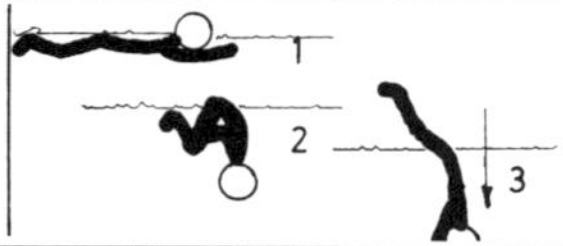
557	Anseilen: Versuche, mit einem Seil oder einer Schnur einen schweren Gegenstand (Tauchring, usw.) anzubinden und anschliessend diesen heraufzuziehen.	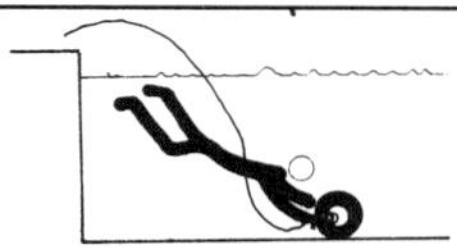
558	Tiefer tauchen: Ein Tauchring wird mit einer 2-3 fachen Schlaufe an einem Seil befestigt. Jeder Schüler versucht, den Ring immer tiefer zu schieben. Wenn er unten angelangt ist, beginnt die Aufgabe umgekehrt.	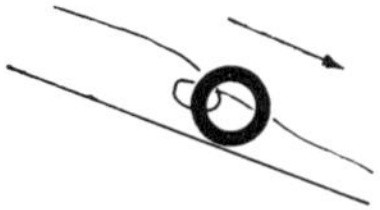
559	Froschmann-Tauchen: An einem Seil (Schnur) sind auf verschiedenen Höhen Schrauben mit Muttern angebracht. Versuche, auf einer ausgewählten Tiefe eine Schraube zu lösen.	 Mehrere Schüler gleichzeitig!
560	Versenken: A versucht, auf B zu stehen, C versucht auf A zu stehen; sobald B den Boden berührt, taucht er weg und versucht auf C zu stehen, usw.	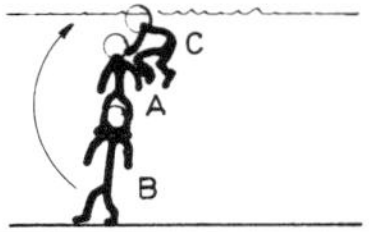

Kapitel 4

Spielerische Übungsformen für das Wasserspringen

4.1 Vorbereitende Übungen im Lehrschwimmbecken 110

4.2 Gruppensprünge vom Bassinrand 111

4.3 Tummelformen als Vorbereitung für Rotationen vorwärts 112

4.4 Tummelformen als Vorbereitung für Rotationen rückwärts 113

4.5 Tummelformen als Vorbereitung für Schraubensprünge 114

4.6 Eintauchen — Durchtauchen 115

4.7 Imitieren / Kreieren 116

4.8 Springen mit der Leine 117

4.9 Springen mit dem Ball 118

4.10 Kombination Wasser / Bassinrand und Matte 119

4.1 Vorbereitende Übungen im Lehrschwimmbecken

Nr.	Idee / Beschreibung	Hinweise / Organisation
561	Hechtschiessen unter den gegrätschten Beinen des Partners durch. Weitere Anregung: - Durch einen Tunnel, welcher von mehreren Schülern gebildet wird.	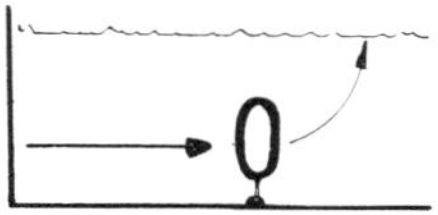
562	Bombe: Grätschstellung. Die Hände fassen die Unterschenkel. Die Schüler lassen sich rückwärts ins Wasser fallen und lassen die Fassung erst im Wasser los. Weitere Anregung: - Auch als Partnersprung möglich.	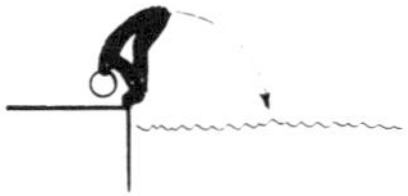 Wt.: 1 m.
563	Päcklisprung vw. und rw., Hände erst bei Wasserkontakt lösen.	
564	Fantasiesprung: Wer springt am lustigsten ins Wasser? Weitere Anregungen: - Partnersprung, 3 Schüler zusammen - 1 Schüler vw., der andere rw. - Seitwärts - Wer kann sich drehen wie eine Schraube...	
565	Delphinspringen zum Handstand.	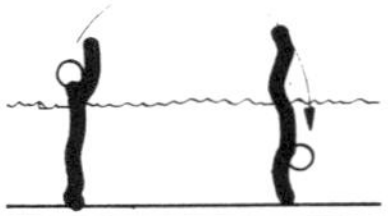 Wt.: Brusttief.
566	Beim Hineinspringen versucht der Schüler, einen Ball, welcher ihm zugeworfen wird, zu fangen.	Wt.: 2 m. Ball wird von der Seite her zugeworfen.
567	Springen mit Aufgabenstellung. Wer springt: - so, dass es spritzt? - so, dass es nicht spritzt? - so, dass die Hand (Fuss, Kopf, usw.) zuerst eintaucht? - am weitesten?	Wt.: den Aufgaben angepasst!

Nr.	Idee / Beschreibung	Hinweise / Organisation
568	Bombe: Die Kinder halten sich gegenseitig an den Beinen fest. Das hinterste lässt sich rückwärts ins Wasser kippen und reisst so alle mit. Die Hände erst im Wasser loslassen.	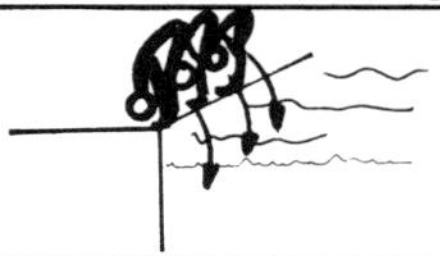 Wt.: 2m.
569	Die rollende Kette: Auf einem Glied mit eingehakten Armen rücklings am Bassinrand sitzen. Der erste rollt sich rückwärts ins Wasser, alle werden nachgezogen. Hände erst im Wasser loslassen.	Wt.: 2 m.
570	Bobfahren: Seitwärts hintereinander am Bassinrand sitzen, um den Bauch fassen, seitwärts ins Wasser fallen lassen. Auch aus der Hockstellung möglich.	Wt.: 2 m.
571	2-6 Schüler springen gleichzeitig vorwärts hoch und versuchen, sich in der Luft die Hände zu geben und so einzutauchen.	Wt.: Brusttief.
572	Welche Gruppe kann, nachdem jeder durch seinen Reifen gesprungen ist, sich unter Wasser treffen und, sich gegenseitig festhaltend, auftauchen?	Auftauchort 2 m vom Eintauchort entfernt!
573	Welche Gruppe kann nach einem Sprung vom Bassinrand vw. bis zum Boden durchtauchen, ohne die Hände loszulassen?	Wt.: Sprungbecken.
574	Welche Gruppe kann am meisten spritzen?	

4.3 Tummelformen als Vorbereitung für Rotationen vorwärts

Nr.	Idee / Beschreibung	Hinweise / Organisation
575	Rolle vorwärts über eine Matte ins Wasser.	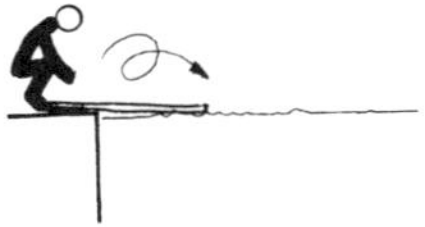
576	Henkelüberschlag: 2 Schüler nebeneinander stützen die inneren Hände in die Hüfte. Ein Schüler greift in die "Henkel" und springt mit Salto ins Wasser.	
577	Zwei Schüler stehen mit gefassten Händen gegeneinander im Wasser. Der dritte Schüler liegt auf ihren Armen und wird hochgeworfen. Wer kann sich in der Luft um die eigene Achse drehen?	Miteinander zählen: "Eins .. zwei... drei!"
578	Schleudersalto vw. mit Partnerhilfe. (Auch rw. möglich) Weitere Anregung: - Mit zwei Helfern. Wer kann mehr als eine Rotation ausführen? - Für Rotationen vw. kann der eine auch auf die Schultern des Partners stehen. Gut miteinander koordinieren!	
579	Zwei Schüler halten einen Ring oder einen Stab etwas vom Bassinrand entfernt über das Wasser. Ein dritter hält sich daran und macht eine Rolle darum ins Wasser. Höhe des Stabes steigern bis zum Salto vom Startblock.	
580	Abstossen vom Bassinboden, hochschnellen, über Wasser Salto vw., wieder abtauchen.	Wt.: Halstief. Enge Hockstellung (Schienbeine gefasst) als Vorbereitung für die gehockten Sprünge verlangen!
581	Bälle im Nichtschwimmerbecken verteilen. Wer kann verschiedene Arten von Rollen mit und um die Bälle machen?	Es sind auch verschiedenste Formen von Sprungrollen möglich!

Nr.	Idee / Beschreibung	Hinweise / Organisation
582	Rolle rückwärts aus dem Stand, aus dem Hechtschiessen.	 Wt.: Brusttief.
583	Schleudersalto rückwärts. (wie bei Nr. 578) (Uebergang zu tiefem Wasser benützen!).	 Pro Gruppe 3 Schüler; Raum aufteilen!
584	Rolle rückwärts um einen von zwei Schülern gehaltenen Stab.	 Pro Gruppe 3 Schüler.
585	Abstossen vom Bassinboden und versuchen, einen Salto rückwärts auszuführen.	 Wt.: Halstief.
586	Zwei Schüler stehen Rücken an Rücken und halten sich gegenseitig mit den Armen in der Hochhalte. Der eine beugt sich vor und zieht den anderen über sich hinweg ins Wasser.	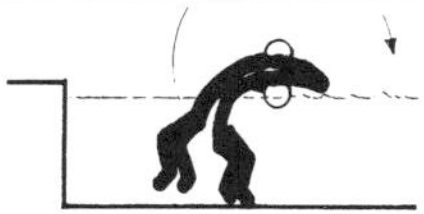 Abmachung, auf welche Seite der Kopf gehalten wird!
587	Rolle rückwärts vom 1 m-Brett ins Wasser. In der Ausgangsstellung liegt der Schüler auf dem Brett, den Kopf über das Brettende hinaus. Auch mit Matte oder ab Schwedenkasten möglich.	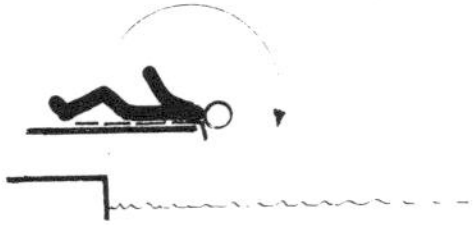
588	Rolle rückwärts auf einer Matte zum Strecksprung.	

4.5 Tummelformen als Vorbereitung für Schraubensprünge

Nr.	Idee / Beschreibung	Hinweise / Organisation
589	Hechtschiessen vorwärts: Die Schüler versuchen, sich um die Lächsachse zu drehen.	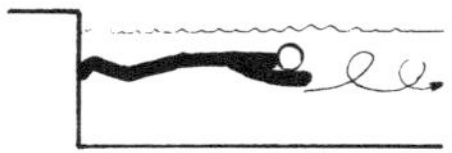
590	Versuche, senkrecht schwimmend, Schrauben auszuführen! Auf welche Seite geht es besser?	 Wt.: 2 m.
591	Abstossen vom Bassinboden und versuchen, während des Auftauchens Schrauben auszuführen.	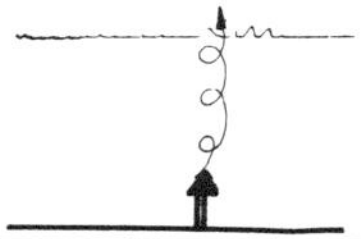 Wt.: Halstief.
592	Der Schüler springt mit einem Ball vw. ins Wasser. Er versucht, den Ball an den Rand zurückzuwerfen, indem er eine halbe Schraube ausführt. Weitere Anregungen: - Auch vom Brett - Nach dem Absprung halbe Schraube, dann wird ein Ball zugeworfen. Wer kann ihn fangen?	
593	Fusssprung vom 1 m-Brett. Der Schüler versucht, ein hochgehaltenes Spielband zu berühren und dann eine Schraube auszuführen.	
594	Fusssprung: Der Schüler versucht, nach einer halben Schraube die Schraubenbewegung zu bremsen. Wie gelingt dies am besten?	
595	Versuche hochzuspringen, die Beine anzuhocken oder anzuhechten, sie wieder auszustrecken und dann eine Schraube auszuführen.	

Nr.	Idee / Beschreibung	Hinweise / Organisation
596	Hechtschiessen unter den gegrätschten Beinen eines Schülers hindurch.	
597	Aus Neigehaltung kopfwärts eintauchen und den am Boden liegenden Tauchteller heraufholen.	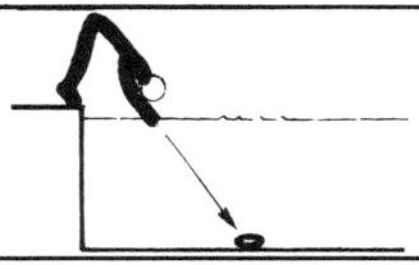 Wt.: Sprungbecken.
598	Ein glattes Brett (Holz, event. lackiert) dient als Rutschbahn. Ein Schüler legt sich darauf, vorwärts oder rückwärts, spannt seine Muskulatur und lässt sich ins Wasser gleiten .	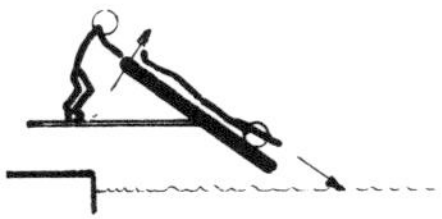 Kopf- und fusswärts. Wt.: Sprungbecken.
599	Eintauchen vorwärts durch einen auf dem Wasser liegenden Reifen. Wer kann durch den Reifen tauchen, ohne ihn zu berühren? Wem gelingt dies sogar nach einem leichten Absprung?	 Wt.: Sprungbecken
600	Teller umdrehen: Gespannt abtauchen, Teller umdrehen, auftauchen und auf die andere Seite schwimmen, abtauchen, Teller umdrehen, usw. Auf beiden Seiten beginnen die Schüler gleichzeitig. Wer hat den Partner zuerst eingeholt?	
601	Ausscheidungswettkampf im Hechtschiessen. 1. Durchgang: Wer an die andere Seite kommt, erreicht die 2. Runde. 2. Durchgang: Die zwei besten jeder Gruppe erreichen die 3. Runde, usw.	In der Bassinbreite.
602	Tauchringe tauchen. Kopfsprung zum Ring, antauchen mit mitgebrachtem Ring. Auf der gegenüberliegenden Seite aussteigen und erneut starten. Der nächste der Gruppe startet, wenn der vorhergehende mit beiden Händen die Startseite berührt.	Wie 599 Jeder Startende hat 1 Ring.

4.7 Imitieren / Kreieren

Nr.	Idee / Beschreibung	Hinweise / Organisation
603	Wer kann wie ein Forsch ins Wasser springen? Weitere Anregung: - Andere Tiere imitieren.	
604	Ein Schüler zeigt einen Fantasiesprung vor; die anderen machen ihn nach.	
605	Der Schüler erhält eine Aufgabe, die er während des Sprungs in der Luft lösen muss: - Klatschen vor und hinter dem Körper - Fuss-Sohlen berühren, usw.	
606	Partnersprünge vom Bassinrand. Es darf nicht nacheinander und nicht übereinander gesprungen werden.	
607	Fusswärts ins Wasser springen. Bei welchem Schüler spritzt es am höchsten, wenn er ein Bein ganz gehockt und ein Bein ganz gestreckt hat beim Eintauchen?	
608	Ein Schüler macht eine Bewegung (Schwimmart) vor. Der andere macht sie nach.	Diese Uebungsformen schulen insbesondere die Bewegungswahrnehmung und beim Umsetzen die persönliche Geschicklichkeit.
609	Wer kann vom Rand so ins Wasser springen, dass er mit dem Kopf nicht untertaucht?	Wer kann sogar vom 1m-Brett auf die Füsse springen, ohne dass der Kopf unter Wasser taucht? (Dies war einmal eine Wette in WETTEN DASS!)

Nr.	Idee / Beschreibung	Hinweise / Organisation	
610	Wer kann aus dem Stand vw. abspringen, 1/2 Drehung in der Luft ausführen und mit den Händen die Schnur berühren?		Wt.: Sprungbecken.
611	Weitsprung: Fusssprung vl. aus dem Stand. Wer kommt an der weitesten Stelle noch über die Schnur, ohne diese zu berühren. Wem gelingt dies mit ganz gespanntem Körper?		Wt.: 2 m. Schnur schräg ins Wasser!
612	Kopfsprung: Wer kann an der engsten Stelle einen Kopfsprung vl. vw. gehockt ausführen und beim Eintauchen mit den Füssen die Schnur berühren (Hinter der Leine eintauchen!)? Wer kann auch vor der Leine eintauchen, ohne diese zu berühren?	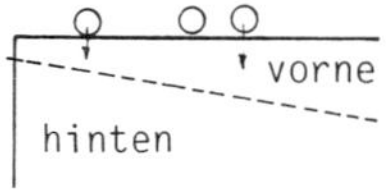	Wt.: Sprungbecken. Schnur schräg ins Wasser!
613	Wer kann mit den Beinen voraus gestreckt ins Wasser springen, unter der Leine durchtauchen und wieder fusswärts auftauchen?	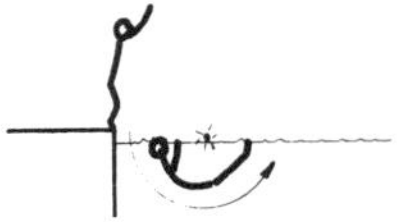	
614	Eintauchübungen mit Berühren eines Seiles mit den Füssen: - Aus Stand - Aus Kauerstand - Kopfsprung vw. gehockt.		Wt.: Sprungbecken.
615	Wer kann mit einem Kopfsprung vw. (gehockt oder gehechtet) zwischen zwei nahe nebeneinander gespannten Leinen eintauchen?	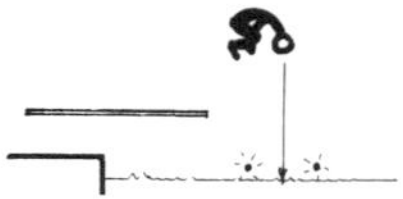	Wt.: Sprungbecken.
616	Wer kann nach dem Absprung (Fusssprung) mit den Händen die Leine berühren, anhocken, wieder strecken und eintauchen?	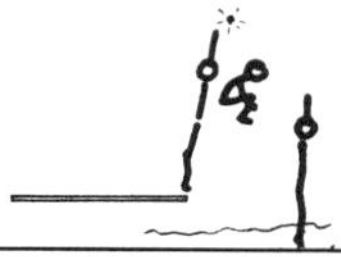	Wt.: Sprungbecken.

4.9 Springen mit dem Ball

Nr.	Idee / Beschreibung	Hinweise / Organisation
617	Fusssprung. Jeder Schüler hat einen Ball; während des Absprunges wirft er den Ball hoch und bleibt durchgestreckt. Weitere Anregungen: - Aus dem Hockstand - Ball hochwerfen, springen, in der Luft fangen und fusswärts eintauchen.	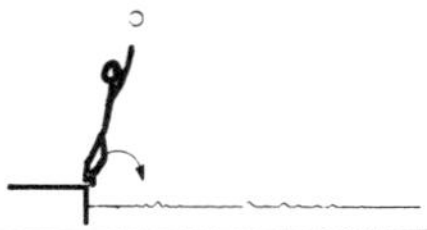
618	Der Schüler wirft den Ball im Sprung vorwärts hoch und versucht, diesen vor dem Eintauchen zu fangen.	
619	Ein Schüler springt. Sein Partner versucht, ihm einen Ball so zuzuwerfen, dass er ihn fangen kann. Weitere Anregungen: - Fangen und zurückwerfen - Auch vom 1 m - Brett.	Pro zwei Schüler 1 Ball. Gegenseitig Rücksicht nehmen!
620	Ein Schüler springt vom 1 m- Brett. Der Ball wird ihm so zugeworfen, dass er ihn in der Luft mit dem Fuss treffen kann.	Wegen Beschädigung der Badeanlage werden aufblasbare Bälle empfohlen!
621	Der Schüler springt mit dem Ball und versucht, in der Luft ins Tor zu schiessen.	 Auf der Gegenseite ein Tor (Ringe, Bretterturm) aufstellen!
622	Torwart: Ein Schüler schwimmt mit dem Ball im Wasser. Sein Partner steht am Bassinrand und "hechtet" nach dem zugeworfenen Ball.	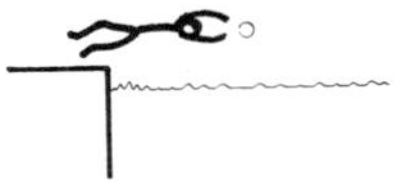 Raum aufteilen!
623	Wer erfindet den lustigsten Sprung? Aufgabe: Es muss mit dem Ball abgesprungen und eingetaucht werden.	1 m - Brett. Es sind nur Fusssprünge gestattet!

Nr.	Idee / Beschreibung	Hinweise / Organisation
624	Start auf einer Bassinseite im Wasser. Jedes Gruppenmitglied macht eine Rolle vw. auf der Matte, dann muss die Matte über eine Breite transportiert werden. Welche Gruppe sitzt als erste auf der anderen Seite auf der Matte?	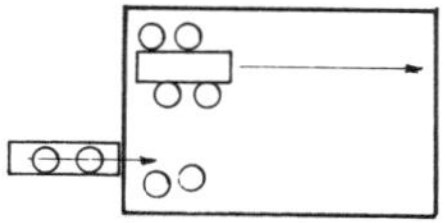 Pro Gruppe 4 Schüler.
625	Auf dem Sprungbrett liegt eine Matte. Verschiedene Eintauchübungen und Vorübungen fürs Wasserspringen, z.B. Rolle vw. zum Eintauchen.	
626	In der Mitte des Bassins liegt eine Matte. Rund ums Bassin sind Schüler mit Bällen. Wer trifft die Matte am häufigsten in 2-3 Minuten? Die eigenen Bälle müssen im Wasser wieder geholt werden.	
627	Welche Gruppe kann eine Matte von Bassinrand zu Bassinrand transportieren, ohne dass sie mit dem Wasser in Berührung kommt?	Wt.: 2 m. Pro Gruppe 4 Schüler.
628	Rolle auf die im Wasser liegende Matte, ausstrecken und mit dem "Boot" gleiten. Wer kommt am weitesten? (= Vorbereitung für eine schnelle Oeffnung beim Salto vorwärts!)	
629	Matte markiert das Sprungbrett: 1 Schritt, Anlauf und Sprung.	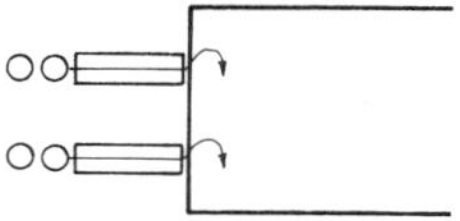 Wt.: Sprungbecken.
630	Eintauchen vw. Die Füsse müssen die leicht über die Bassinkante ragende Matte berühren.	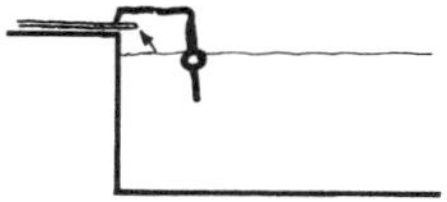 Wt.: Sprungbecken.

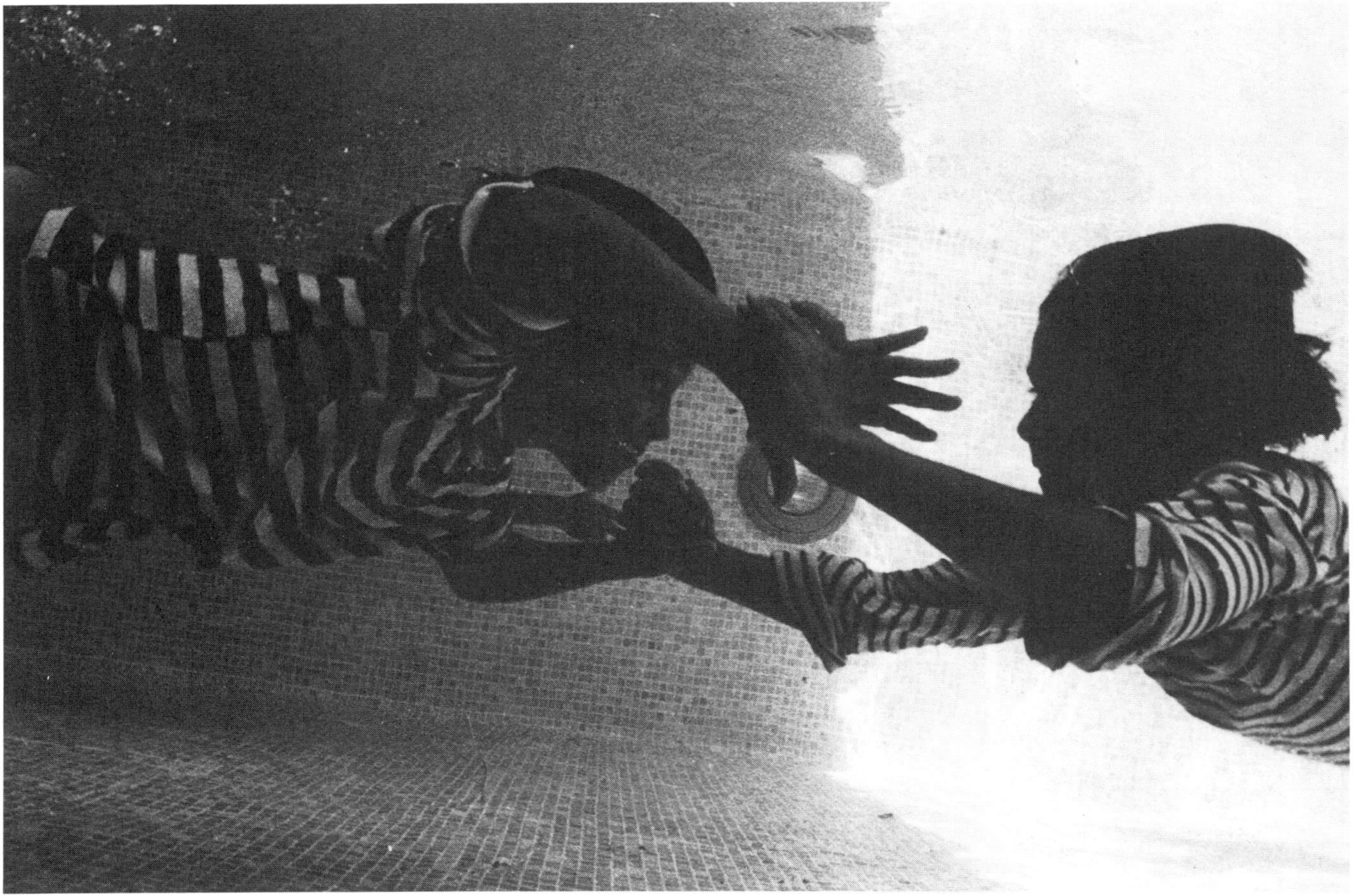

Kapitel 5

Anregungen für Wettbewerbe und Stafetten

5.1 Pendelstafetten 122

5.2 Abhol- und Begegnungsstafetten 123

5.3 Ablöse-Formen (Américaine) 124

5.4 Mit Ball 125

5.5 Mit anderen Hilfsmitteln 126

5.6 Handicaprennen / Handicapformen 127

5.7 Mit Transport eines Gegenstandes 128

5.8 Mit Bewegungsaufgaben, zusätzlich zum Schwimmen . 129

5.9 Ausscheidungsformen 130

5.10 Spiele ohne Grenzen 131

5.1 Pendelstafetten

Nr.	Idee / Beschreibung	Hinweise / Organisation
631	Jeder Schüler schwimmt eine Länge - Delphin - Rückencrawl (Start vom Startblock) - Brust - Crawl	Pro Mannschaft 5 Schüler. Zwei Durchgänge.
632	Jeder Schüler schwimmt in einer Schwimmart eine Länge - Armzug - Ganze Lage - Beinschlag mit Brett (Start im Wasser) - Ganze Lage	Pro Mannschaft 5 Schüler.
633	Lagenstaffel: Eine Mannschaft muss je eine Länge in den vier Schwimmarten zurücklegen. Wer welche Lage schwimmt, wird von der Mannschaft selbst bestimmt. Reihenfolge: Rücken, Brust, Delphin, Crawl.	Pro Mannschaft 4 Schüler.
634	Tauchstafette. In der Mitte des Bassins liegt ein Tauchteller. Der Schüler schwimmt bis zur Mitte, holt den Teller und überreicht ihn seinem Partner auf der Gegenseite. Dieser deponiert ihn in der Mitte, usw.	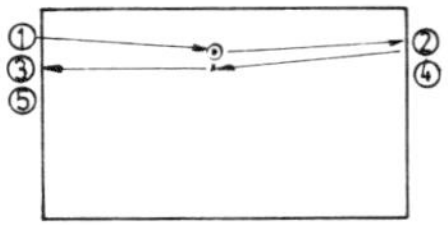 Pro Mannschaft 5 Schüler.
635	Transportschwimmen: Ein Schüler zieht seinen Partner über eine Länge. Der gezogene transportiert nun den nächsten der Mannschaft, usw.	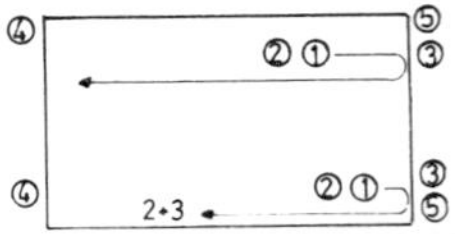 Pro Mannschaft 5 Schüler.
636	Mit Gewichten, Schwimmkörpern und Seilen wird ein Slalom ausgesteckt, der von den einzelnen Mannschaftsmitgliedern durchschwommen werden muss.	
637	Der Lehrer (Trainer) stellt eine Aufgabe, die irgendwann während des Schwimmens gelöst werden muss, z.B. drei Rollen vw., drei Rollen rw., zwei Drehungen um die Längsachse, usw.	

Nr.	Idee / Beschreibung	Hinweise / Organisation
638	Gleichzeitig startet von beiden Bassinseiten je ein Mannschaftsmitglied. Sie treffen sich unterwegs, drehen und schwimmen wieder zurück. Schlagen sie an der Wand an, starten die nächsten.	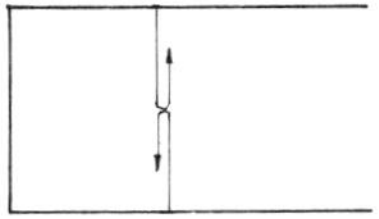 Pro Mannschaft 5 Schüler.
639	Von beiden Bassinseiten startet gleichzeitig je ein Schüler. Einer nimmt einen Ball mit und übergibt diesen seinem Partner. Dann schwimmen beide zum Ausgangsort zurück.	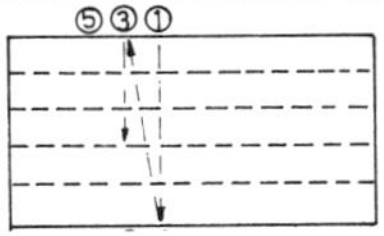 Pro Mannschaft 5 Schüler.
640	Ein Schüler schwimmt mit einem Brett unter den gespannten Leinen durch und übergibt das Brett seinem Partner.	Wie 639 — Pro Mannschaft 5 Schüler. Start von beiden Bassinseiten.
641	Zwei Schüler starten gleichzeitig. Der eine mit einem Brett, der andere mit einem Pullboy. In der Mitte werden die Hilfsmittel getauscht.	Als Handicap können verschieden grosse "Hilfsmittel" verwendet werden (Stangen, Bälle, Eimer usw.)
642	Die Mannschaft steht auf einer Bassinseite. Auf der Gegenseite liegt eine Anzahl Pullboys. Der 1. Schwimmer holt einen Pullboy, bringt ihn zurück und übergibt ihn. Der 2. Schwimmer holt den nächsten und übergibt beide dem 3. Schwimmer, usw. Wer startet zuerst, wer zuletzt? Warum?	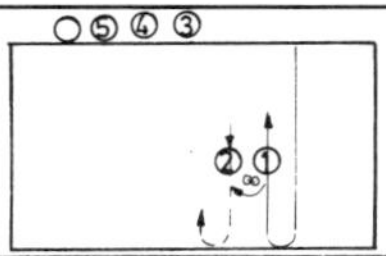
643	Auf beiden Bassinseiten stehen 3 Schüler. Der erste holt seinen Partner. Gemeinsam holen sie den dritten, usw. Bedingung: Die Schwimmer müssen sich immer berühren.	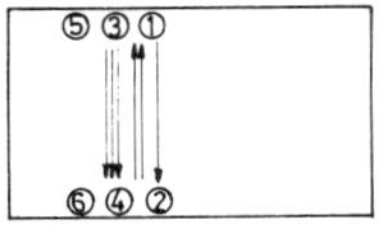 Pro Mannschaft 4-6 Schüler.
644	Je die Hälfte einer Mannschaft steht an einer Breitseite. Start gleichzeitig. Ein Tauchring wird auf dem Kopf getragen und bei der Begegnung dem Partner übergeben. Start des nächsten Schwimmers, wenn sein Mannschaftsmitglied an seinem Rand ankommt.	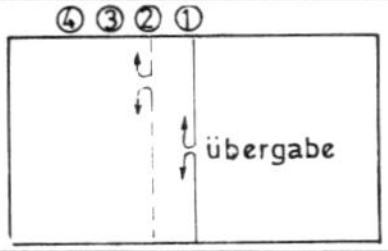

5.3 Ablöse-Formen (Américaine)

Nr.	Idee / Beschreibung	Hinweise / Organisation
645	Américaine in der Bassinbreite. Pro Gruppe lösen sich 3-5 oder 7 Schwimmer nach jeder Breite ab. (Siehe Beschreibung unter 2.3.7. TRAININGSFORMEN, Nr. 474).	
646	Américaine in der Bassinlänge. Nach jedem Durchgang wird eine neue Bewegungsaufgabe gestellt, z.B. Crawl, Rückencrawl, Brustgleichschlag, Delphin.	
647	Tauch-Américaine in der Bassinbreite. Die Schüler müssen mit Tauchzügen die Strecke bewältigen.	
648	Schwimmer eins, zwei und drei haben Flossen. Nr. 1 schwimmt eine Länge und wird durch Nr. 2 abgelöst. Während Nr. 2 schwimmt, bekommt Nr. 4 die Flossen von Nr. 1, sodass er bereit ist, wenn er schwimmen muss.	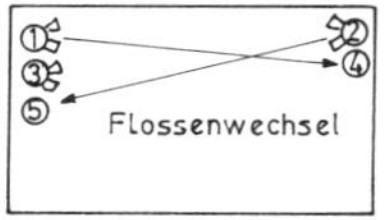 ler.
649	A schwimmt eine Länge, nimmt dann B mit, B nimmt C mit (A steigt aus), C nimmt D mit (B steigt aus), usw.	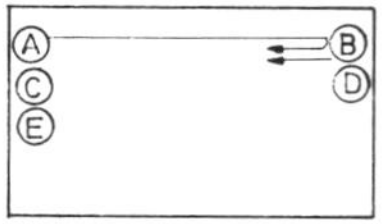
650	Punktewettbewerb. (Einzeln oder in Gruppen) 1 Breite = 1 Punkt 2 Breiten = 2 Punkte 3 Breiten = 3 Punkte 4 Breiten = 4 Punkte Ab 5 Breiten = 1 Pkt.Bonus aber ohne anzuhalten.	Schwimmart vorschreiben.
651	Drei Schüler schwimmen mit Brustgleichschlag weg. A und B schwimmen, C lässt sich ziehen. Nach einer Länge steigt A aus. B lässt sich von C und dem dazukommenden D ziehen. Weitere Anregungen: - Als Uebungsform - Als Wettbewerb.	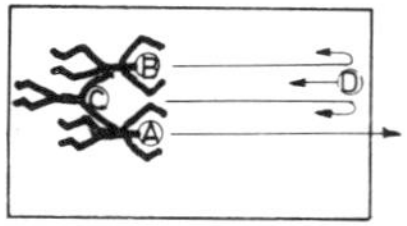

Nr.	Idee / Beschreibung	Hinweise / Organisation
652	Zwei Schüler spielen sich den Ball über die Leine zu. Zuerst mit der starken, dann mit der schwachen Hand. Weitere Anregungen: - Im Schwimmer- (Nichtschwimmer-) Becken - Mit kleinen Bällen (gebrauchte Tennisbälle in der Waschmaschine waschen).	
653	Die Schüler sitzen verteilt am Bassinrand. Ein Ball wird ins Wasser geworfen. Auf Pfiff versuchen die Schüler, den Ball zu erobern. Der jeweilige "Sieger" darf den Ball erneut werfen! Weitere Anregung: - Verschiedene Startpositionen.	
654	Raufball. Der Ball muss auf den gegnerischen Bassinrand gelegt werden. Regeln gemeinsam bestimmen! WIR WOLLEN FAIREN SPORT!	
655	Jägerball. Der Hase schwimmt eine Bassinbreite. Die Jäger dürfen während dieser Zeit den Hasen treffen. Es starten immer zwei Hasen gleichzeitig.	Alle Varianten von Tupfball oder Schnappball sind auch im Wasser möglich.
656	Jägerball. Wer einen Hasen "abtupfen" kann, wechselt das Feld und wird als Hase gejagt. Welcher Hase lebt am längsten?	"Abtupfen": Den Hasen mit dem Ball berühren. Der Ball muss mit beiden Händen gehalten und darf also nicht geworfen werden!
657	Zielwasserball. Auf der Breitseite liegen je zwei Bälle. Ziel ist es, mit dem Spielball einen gegnerischen Ball zu treffen.	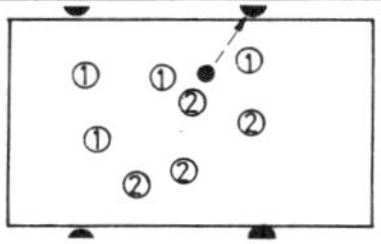
658	Wasserball mit 20 kleinen Bällen. Jede Mannschaft hat einen schwimmenden "Niveaball". Jeder Treffer des gegnerischen Niveaballs gibt einen Punkt. Es wird ohne Unterbrechung gespielt.	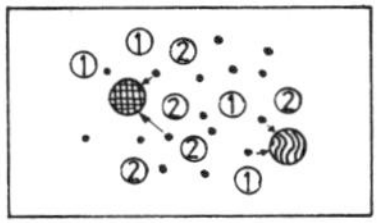 Gegenseitig Rücksicht nehmen!

5.5 Mit anderen Hilfsmitteln

Nr.	Idee / Beschreibung	Hinweise / Organisation
659	Leiternschieben: Eine Gruppe schiebt einen Stab (Luftmatratze) auf die andere Bassinseite. Bedingung: Alle Gruppenmitglieder müssen das Gerät ständig berühren. Weitere Anregung: - Als Stafette.	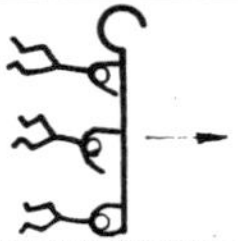 Pro Gruppe 3-5 Schüler.
660	Alle gegen alle: Wer den Ball hat, darf auf die anderen schiessen. Sobald jemand getroffen ist, muss er aussetzen. Wenn der dritte Schüler aussetzt, darf der erste Schüler wieder ins Wasser. Regel: Wer den Ball länger als 3 Sekunden hält, muss aussetzen.	
661	Zwei Schwimmbretter, die nicht übereinander liegen dürfen, sollen nur mittels Armbewegungen transportiert werden. Möglichkeit: Bretter liegen unter dem Körper. Weitere Anregung: - Als Stafette.	
662	Versuche, auf einem Ball sitzend, eine vorgeschriebene Strecke zu "rudern".	 Je grösser der Ball, desto schwieriger ist diese Aufgabe!
663	Zwei Gegner starten gleichzeitig von verschiedenen Bassinseiten. In der Mitte hängen an einem Seil Bänder. Wer zuerst dort ist, löst eines, schlüpft hindurch und befestigt es wieder = 1 Punkt. Der andere kann den Punkt zurückerobern, wenn er schneller zum Start des Gegners geschwommen ist.	Regeln, Länge der Schwimmstrecken usw. dem Könnensstand der Schwimmgruppe anpassen. Regeln wenn möglich gemeinsam erarbeiten.
664	Hindernisstafette: Durch einen im Wasser aufgestellten Hindernisparcours schwimmen. Der Parcours wird von den Schülern selbst erstellt. Gegenstände - nach Rücksprache mit dem Bademeister - von zu Hause mitnehmen.	Pro Mannschaft 4-6 Schüler. Anregung: Permanente Hindernisparcours erstellen (wurde in einigen Hallenbädern mit Erfolg ausprobiert).
665	Materialtransport: Ein Brett, ein Ball, ein Pullboy, drei Tauchringe, Tauchbrillen, Schnorchel, usw. müssen möglichst originell transportiert werden. Wenn alle Gegenstände auf dem Rand liegen, darf der nächste starten.	Pro Gruppe 4 Schüler. Bewertung: 1. Rang: 4 Pkt., 2. Rang: 3 Pkt., usw. Pro Serie 1 Zusatzpunkt für originellste Lösung!

Nr.	Idee / Beschreibung	Hinweise / Organisation
666	Ein Schüler startet. Hat er eine Marke (3-8 Meter vom Rand entfernt) erreicht, startet sein Verfolger. Schwimmtechniken vorher absprechen!	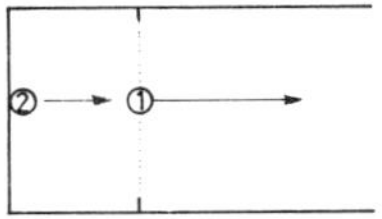 Handicap-Distanz gegenseitig absprechen.
667	Im hüfttiefen Wasser zieht ein Schüler seinen Partner, welcher auf dem Rücken liegt. Welches Paar ist am schnellsten? Oder: Einbeiniges Hüpfen mit Halten des anderen Fusses. Wer ist am schnellsten?	Wt.: Hüfttief. Die Siegergruppe darf die nächste Gang- bzw. Schwimmart festlegen.
668	Transport eines 5-kg-Ringes in Rückenlage. Wer ist der schnellste?	 Nur mir Beinschlag schwimmen.
669	A schwimmt 400 m, B und C müssen, sich abwechselnd, versuchen, A einzuholen, wenn sie mit einem Handicap von 50 m (25 m) starten.	Pro Gruppe 3 Schüler. Sind C und D wesentlich schwächer als A, dann dürfen sie mit Flossen schwimmen. Schaffen sie es so?
670	Wer kann schneller schwimmen? Ein Bein wird mit einer Hand gefasst: - über die Diagonale - rechte Hand zum rechten Fuss.	
671	Zwei - drei Schüler sind mit zwei - drei Gummischläuchen zusammengebunden. Welche Zweier-/Dreiergruppe schwimmt am schnellsten?	
672	Drei Wassereimer müssen gefüllt an der Oberfläche über eine Länge transportiert werden. Du darfst alle schwimmbaren Hilfsmittel einsetzen. Wer findet die originellste Idee?	

5.7 Mit Transport eines Gegenstandes

Nr.	Idee / Beschreibung	Hinweise / Organisation
673	Transport eines Zettels, der trocken bleiben muss. Weitere Anregung: - Esslöffel transportieren.	 Pendelstafette oder bei kleineren Bassins Umkehrstafette!
674	Transport eines Wasserballs nur mit dem Kopf. Weitere Anregungen: - Nur mit den Füssen - Mit 2 Bällen.	Pendel- oder Umkehrstafette.
675	Transport eines Ping-Pong-Balles durch Blasen und Erzeugen von Wellen, ohne den Ball zu berühren. Weitere Anregung: - Zu zweit.	Wt.:Hüfttief. Vorwiegend als Einzelwettkampf, aber auch als Stafette.
676	Transport eines Eimers unter Wasser.	Pendelstafette über nicht allzu lange Strecken.
677	Zu zweit ein Schwimmbrett mit einem Tauchring und einem Ball transportieren. Schwimmbrett muss über dem Wasser sein, deshalb ist zwischen den beiden Schwimmern eine Leine gespannt.	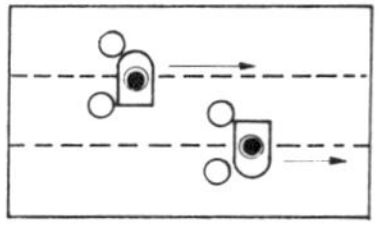 Partnerwettkampf. Sieger bestreiten das Finale.
678	Transport eines Tauchringes. Zwei Schüler starten vom gegenüberliegenden Bassinrand, übergeben, wenn sie sich treffen, die Ringe und schwimmen zurück.	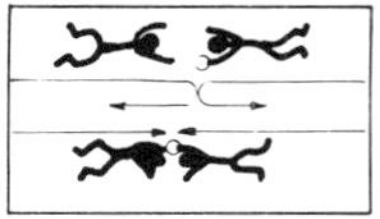 Stafette.
679	Wer kann das Schwimmbrett auf dem Kopf transportieren, ohne es zu halten?	

Nr.	Idee / Beschreibung	Hinweise / Organisation
680	Wendestafette. 2 Schüler müssen, sich immer haltend, um eine Wendemarke (Ring) und zurück schwimmen.	Stafette. 
681	Regatta. Je 5 Schüler liegen auf dem Rücken hintereinander und "hängen" mit den Füssen am Kopf des hinteren ein. Welches Boot ist schneller?	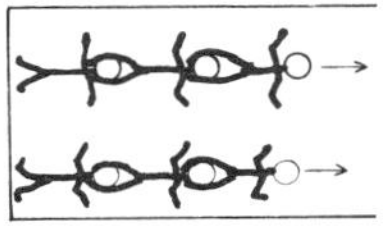 Zuerst üben lassen!
682	Transportschwimmen. Retter zieht Rettling mit einem Rettungsgriff.	Siehe "Lerne Rettungsschwimmen" der SLRG. Wer findet "eigene" Formen von geeigneten Rettungsgriffen?
683	Tag und Nacht. Auf ein entsprechendes Zeichen führt der Verfolgte eine Rolle vw. aus, der Verfolger eine Rolle rw. Dann beginnt die Verfolgung. Weitere Varianten durch die Teilnehmenden vorschlagen lassen!	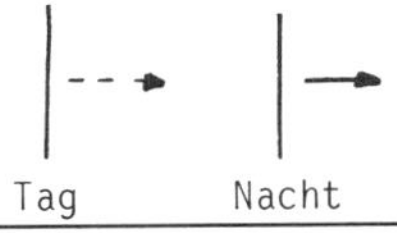 Die Abstände zwischen den Parteien müssen genügend gross sein!
684	Tschechenviereck. Der Ball wird nach links gespielt und sofort zum Platz des Partners gegenüber geschwommen.	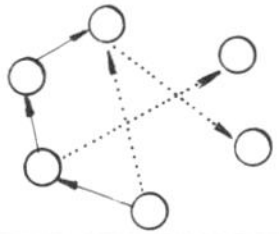 Zuerst an Land üben!
685	Ziehwettkampf. Vier Schüler halten sich an den Händen und bilden einen Kreis um eine Boje. Welcher Schüler kann an die Boje gezogen werden?	 Jeder Schüler hat 5 "Leben". Wer überlebt?
686	Zwei Schüler schwimmen miteinander. Sobald der vordere eine Rolle macht, muss der hintere auch eine ausführen. Anschliessend Schwimmwettbewerb bis zum Bassinrand. Weitere Anregung: - Pfiff gibt Signal für die Rolle für beide Schwimmer.	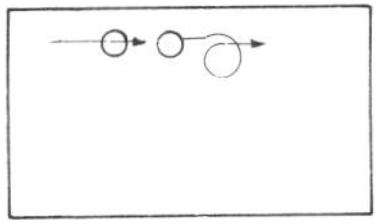 Distanz dem individuellen Können anpassen.

5.9 Ausscheidungsformen

Nr.	Idee / Beschreibung	Hinweise / Organisation
687	Reise nach Jerusalem / "Sesselitanz" (mit Tauchringen). Die Schüler schwimmen frei im Wasser umher. Auf ein Zeichen muss jeder nach einem Ring tauchen. Es sind aber immer 2 Ringe weniger als Schüler auf dem Boden. Wer keinen Ring erwischt, scheidet aus.	Wer ausgeschieden ist, kann sich durch eine vorher bestimmte Zusatzaufgabe wieder unter die Spielenden begeben.
688	Nummernläufe. Die Schüler sind in Reihen und Gliedern aufgestellt und von vorne nach hinten numeriert. Der Lehrer ruft eine Nummer auf und die entsprechenden "spurten" nach vorne, um die ganze Reihe herum und wieder an ihren Platz.	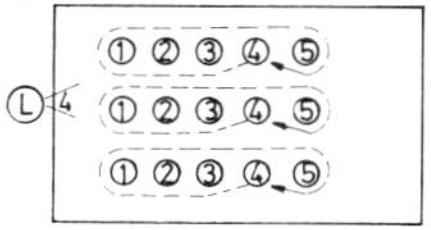
689	Einer gegen alle. Wer vom Ball getroffen wurde, muss Zusatzaufgaben erledigen und darf nachher wieder mitspielen.	
690	Schwimm-Cup. Zwei Schwimmer kämpfen gegeneinander. Die Gewinner paaren sich neu, usw. Die Schwimmart für jeden Cup vorschreiben.	
691	Beinschlag-Stafette. Jeder Schüler darf denjenigen Beinschlag wählen, den er am besten beherrscht. Die Sieger scheiden aus. Der Wettbewerb kann fortgesetzt werden, indem die Sieger unter sich wiederum gegeneinander schwimmen, bis nur noch <u>ein</u> Sieger feststeht.	Pendelstafette.
692	Alle Schüler schwimmen eine Länge (eine Breite). Der langsamste (schnellste) muss aussteigen.	
693	Die Klasse wird in 2 Gruppen aufgeteilt. Gruppe 1 hat eine Anzahl Schüler, Gruppe 2 einen Schüler weniger. Die kleinere Gruppe verteilt sich und spielt "hilfsbereite Bäume". Die anderen laufen um diese Bäume. Auf Pfiff klettern alle auf einen "Baum". Wer keinen "Baum" findet, löst eine Zusatzaufgabe.	

Nr.	Idee / Beschreibung	Hinweise / Organisation
694	Wasserpolo. Als Tore sind Ringe oder Schwimmbretter aufeinandergetürmt. Wieviele Ringe fallen, soviele Punkte zählt ein Treffer.	Spielregeln durch die Gruppe festlegen lassen!
695	Kombi-Wettbewerb:- Mit Ball - Zielwurf. - Wasserspringen vom Bassinrand in die Weite - Tauchen: Schraube und Mutter zusammensetzen - Zeitschwimmen fusswärts.	Der Unterschied zwischen dem geschätzten und dem tatsächlichen Ergebnis wird ausgewertet.
696	Fusswasserball. Die gegnerische Wand ist das Tor. Der Ball darf nur mit mit den Füssen fortbewegt werden.	
697	Linkshänder Wasserball. Der Ball darf nur mit der schwachen Hand geworfen werden. Weitere Spielregeln vorgängig oder im Verlauf des Spiels festlegen.	
698	Fangspiel. Zwei Spieler bilden einen Kreis. Ein dritter Spieler versucht, einen der beiden zu fangen, wobei nur der Spieler, der am weitesten vom Fänger entfernt ist, geschlagen werden kann.	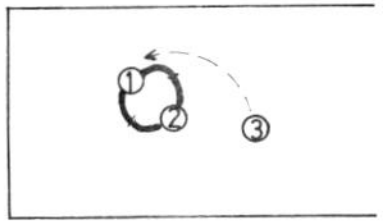 Nach einiger Zeit oder nach Berührung wechseln.
699	Spinne. Ein Schwimmer legt sich auf den Rücken, die anderen (Fliegen) schwimmen um ihn herum. Auf ein Kommando kehrt sich die Spinne auf den Bauch und darf die Fliegen fangen. Wer aus dem Wasser fliehen kann, ist gerettet.	 Die Spinne darf auch selbst reagieren, wann sie will.
700	Als Gruppenwettkampf. Klasse aufgeteilt in 4-6 Gruppen. Jede Gruppe "erfindet" ein eigenes Spiel, das sie zugleich vorbereitet, organisiert und auch bewertet. Die Gruppe darf beim "eigenen" Spiel nicht mitspielen!	Der Leiter beobachtet, stellt Material bereit, setzt bestimmte Rahmenbedingungen fest usw.

Es ist schön, leisten zu können
ohne leisten zu müssen

J. Recla

apitel 6
ach speziellen Grundfähigkeiten und -fertigkeiten ausgewählt

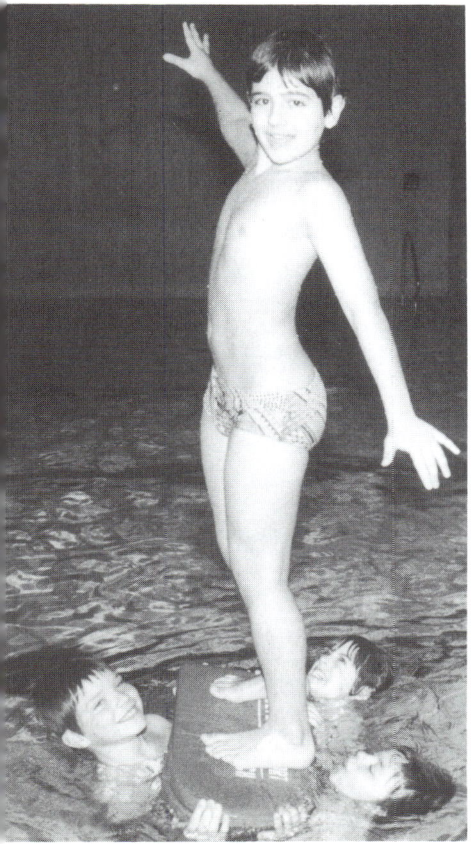

6.1 Ein wenig „nasse" Theorie über die Konditionsfaktoren

FITNESS, KONDITION! Schlagwörter, die von vielen immer wieder so hoch gepriesen werden. Was heisst denn eigentlich: Eine gute Kondition haben, fit sein?

Kondition (oder Leistungsfähigkeit) ist ein komplexer Sammelbegriff. Die Leistungsfähigkeit hängt von verschiedenen Organen und Organsystemen ab. Das Zusammenspiel dieser verschiedenen Systeme wird durch Training optimiert. Für unsere Betrachtung sollen folgende Konditionsfaktoren verständlich gemacht werden:

Ausdauer

Kraft und Kraftausdauer

Gewandtheit und Geschicklichkeit

Beweglichkeit

Ausdauer

Die Ausdauer (auch Dauerleistungsvermögen) kann als Grundstein, als Fundament der Kondition verstanden werden. Ausdauer ist die Widerstandsfähigkeit des Organismus gegen Ermüdung bei langandauernden Belastungen. Wenn der Körper diese Eigenschaft hat, dann sind während einer gewissen Zeit die Sauerstoffaufnahme und der Sauerstoffverbrauch im Gleichgewicht. Dieses Gleichgewicht wird bei niedrigen Belastungen (z.B. Wandern, Radfahren usw.) schnell gefunden.

Durch regelmässiges Trainieren kann die Belastung langsam gesteigert werden. Somit wird auch der Organismus höher belastet. Jeder länger andauernden Belastung durch einen Trainingsreiz antwortet der Körper mit einem positiven Trainingseffekt. So wird durch das regelmässige Dauerleistungstraining (2–3x pro Woche 10'–15') die Leistungsfähigkeit von Herz, Lunge und Kreislauf erhöht (z.B. tieferer Ruhepuls, grösseres Schlagvolumen).
Schwimmen eignet sich ausgezeichnet für die Verbesserung des allgemeinen Dauerlsietungsvermögens. Fast könnte man behaupten, wer eine gute Ausdauer habe, sei fit. Doch ein gutes Dauerleistungsvermögen ist, wie wir eingangs gesehen haben, lediglich das Fundament!

Eine gute Ausdauer ohne die nötige

Kraft

wäre wenig sinnvoll. Was ist denn Kraft?
Kraft entsteht, wenn sich ein Muskel zusammenzieht. Ist der Muskel dicker (grösserer Querschnitt), dann ist er auch kräftiger. Kräftiger wird der Muskel aber nur, wenn er belastet wird, denn «von nichts kommt nichts.»

Beim Schwimmen ist rohe Kraft nicht sehr gefragt. Vielmehr geht es darum, so viel Kraft einzusetzen, dass man «gerade noch mag». Bei einem Sprint spricht man auch von Kraft-Ausdauer (oder Stehvermögen). Kraft und Ausdauer stehen also in unmittelbarem Zusammenhang:
Viel Krafteinsatz (rohe Kraft) ist nicht lange möglich (2"–3").
Ziemlich viel Krafteinsatz (Kraftausdauer) ist nur kurze Zeit möglich (1'–2')
Wenig Krafteinsatz (Dauerleistungsvermögen) ist über lange Zeit möglich (bis zu Std.)

Zur Ausdauer und zur Kraft paart sich nun aber noch die nöt

Gewandtheit

Wann und wo, in welchem Muskel soll wie stark kontrahi werden? Dieses feine Zusammenspiel ist das Resultat eines l gandauernden Trainings. Wenn ein Anfänger Crawl schwimr dann macht er viele unnötige Bewegungen. Dadurch wird sehr schnell müde. Ein geübter Schwimmer gleitet daneb wie ein Fisch: Mühelos und mit dem geringsten Aufwand Kraft. Er schwimmt ökonomisch und zweckmässig.

Eng mit der Gewandtheit verbunden ist die

Geschicklichkeit

Diese Fähigkeit zeigt sich besonders im Umgang mit Geräte so z.B. beim Wasserball oder beim Wasserspringen, aber au bei der Wende im Schwimmen.

e gute Wende auszuführen ist aber kaum denkbar, wenn ht die nötige

eweglichkeit (oder Gelenkigkeit)

handen ist. Darunter wird die Fähigkeit verstanden, die ver- iedenen Knochenverbindungen leicht und in möglichst gros- n Umfang gegeneinander zu bewegen. Dies hängt vor allem vom Bau der jeweiligen Knochenverbindungen. So ist ein hultergelenk viel beweglicher als ein Fuss- oder ein Kniege- k.

Schwimmsport ist die Beweglichkeit im Schulter-, Hüft- und ssgelenk sehr wichtig. Dadurch wird nämlich ein dynami- ner, elastischer Antrieb möglich, der für schnelles und mühe- es Schwimmen nötig ist.

Dieser allgemeinen Beschreibung folgt nun ein Bezugsraster der konditionellen Voraussetzungen zu den einzelnen Wassersportarten. Dabei soll verdeutlicht werden, in welcher Wassersportart welcher Konditionsfaktor besonders wichtig bzw. gut trainiert werden kann.

Will sich der Leser besonders in der Ausdauer verbessern, dann sucht er sich erst seine Lieblingssportart aus (vielleicht entdeckt er plötzlich eine neue?) Will er aber z.B. wegen Rückenbeschwerden vor allem Krafttraining unter günstigen Voraussetzungen betreiben (denn im Wasser ist die Wirbelsäule grösstenteils entlastet), dann findet er sicher «seine» Sportart.

Wassersportarten?! oder: Was ist im Wasser alles möglich?

Unter Schwimmen wird (leider) oft nur das übliche «Hin und Her» verstanden. Noch nicht alle Schwimmlehrer haben entdeckt, dass das Wasser viele andere Möglichkeiten anbietet. Die vorliegende kleine Schwimmfibel soll geradezu anregen, neue (oder noch nicht bekannte) Wassersportarten kennen zu lernen. So werden nicht nur Wasserspringen und Schwimmen vorgestellt, sondern auch RETTUNGSSCHWIMMEN, WASSERBALL, KUNSTSCHWIMMEN und sogar Anregungen für das Schwimmen und TAUCHEN mit Flossen, Brille und Schnorchel.

Der folgende WASSERSPORTBAUM soll diese Idee verdeutlichen: Erst werden die Voraussetzungen, die für das Schwimmen unerlässlich sind (Wassergewöhnung, Angst verlieren, Freude gewinnen, Wasser als Partner und Hilfe erfahren usw.) geschaffen. Wenn diese ALLGEMEINE WASSERGEWÖHNUNG abgeschlossen ist, dann werden im Bereich der SPEZIELLEN WASSERGEWÖHNUNG zuerst die Grobformen der einzelnen Schwimmarten gelernt. An dieser Stelle hört(e) für viele der Schwimmunterricht auf. Hier, wo sich erst Tore öffnen, das Element Wasser in vollem Umfange erleben zu können. Jetzt erst geht es so richtig los! Es wachsen neue Äste! Jetzt erst macht «Schwimmen» so richtig Spass!

Als Orientierungshilfe findet der Leser auf den folgenden Seiten
- Einen Versuch einer Gruppenzuteilung, damit die entsprechenden Übungen für das eigene Können gefunden werden. Sicher macht es auch Spass, Übungen aus den anderen Gruppen auszuprobieren!
- Eine systematische Zuteilung der einzelnen Konditionsfaktoren, deren Bedeutung wir jetzt etwas besser kennen, zu den einzelnen Wassersportarten.

Welcher Schwimmgruppe gehöre ich an: Schwach . . . Mittel . . . Gut?

Versuch einer Gruppeneinteilung:

Bin ich ein schwacher Schwimmer?

Ich kann zwar 1 bis 2 Schwimmarten, aber besonders ge und besonders gut schwimme ich wirklich nicht. Ich weiss, sollte wieder mal gehen. Also?

Bin ich ein mittlerer Schwimmer?

Angst habe ich überhaupt keine vor dem Wasser, doch leic gehe ich auch viel zu wenig zum Schwimmen. Wenn ich sch mal gehe, dann aus gesundheitlichen Gründen. Warum nic mal wieder zum Plausch? Vielleicht kommt ein Freund sog mit?

Bin ich ein guter Schwimmer?

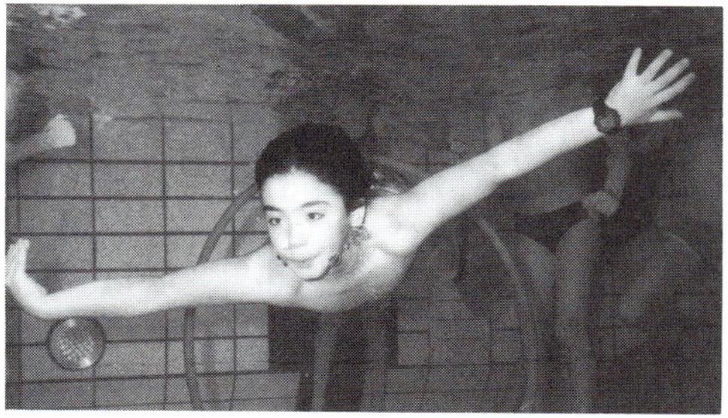

Ich kenne im Wasser keine Probleme, kann alle Schwim arten, einige Sprünge, weiss mit einem Ball umzugehen. I will etwas leisten, aber nur, wenn es Spass macht.

er Wassersportbaum

Von der Wassergewöhnung zu den verschiedenen Wassersportarten

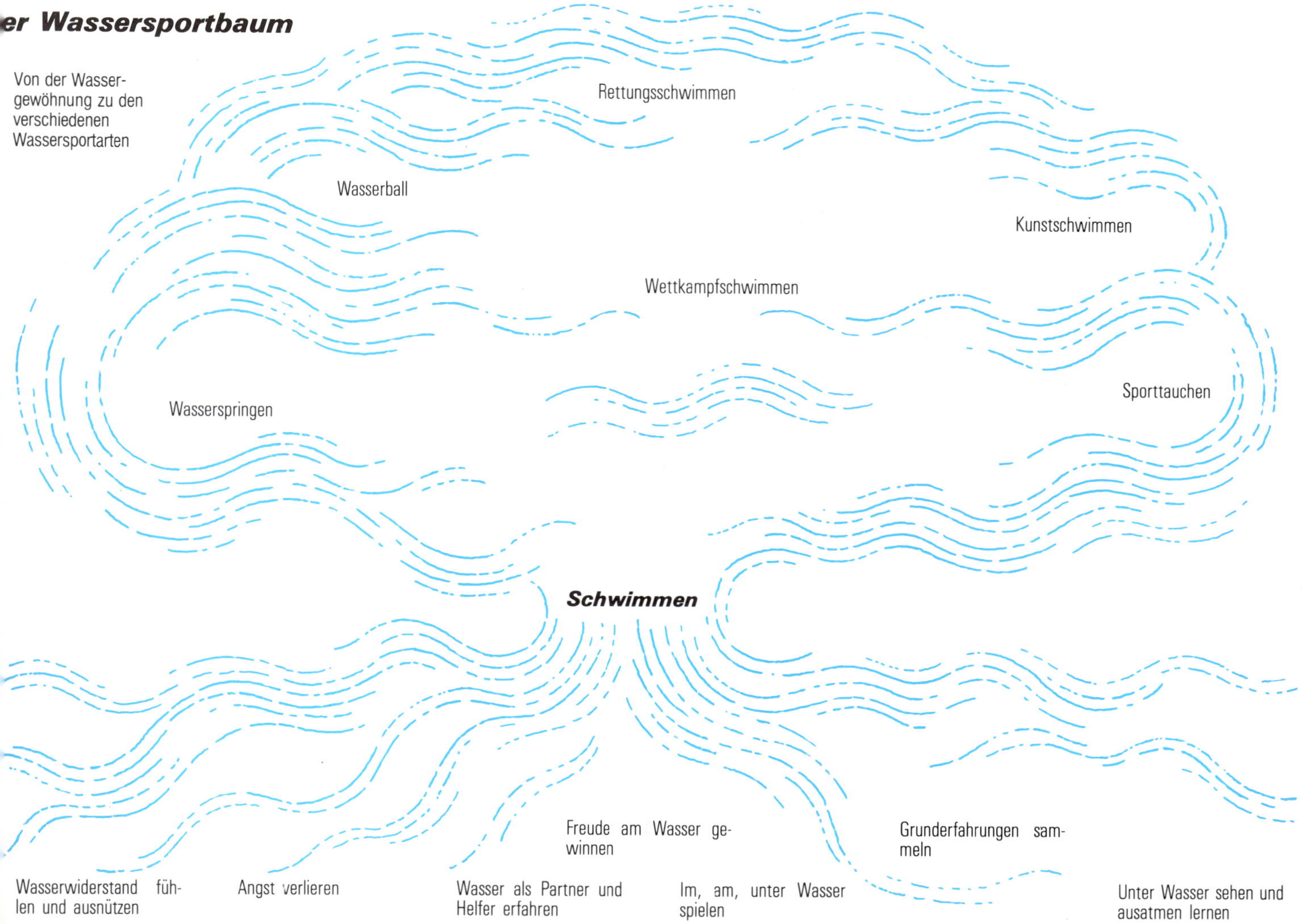

6.2 Zur Trainierbarkeit dieser Konditionsfaktoren (Fähigkeits- und Fertigkeitserwerb) in den einzelnen Schwimmsportarten

Schwimmen

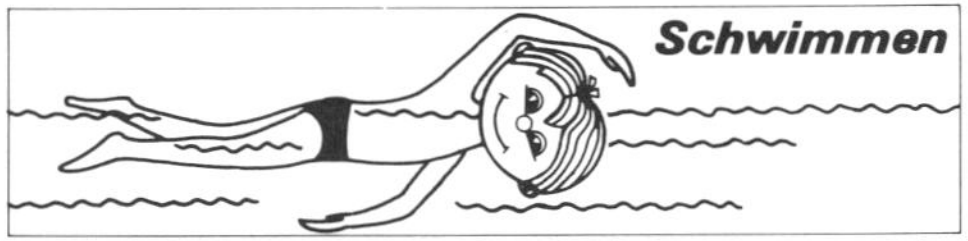

Um die Ausdauer zu verbessern, muss 2–3 mal wöchentlich mindestens 10–12' geschwommen werden. Die Technik spielt keine Rolle, wichtig ist die Belastung, die immer ein wenig gesteigert werden soll.
Faustregel für die Pulsbelastung:
180 – Alter in Jahren während 10–15 Minuten.
2–3 x wöchentlich.

Es ist nur möglich, über kurze Strecken sehr viel Kraft einzusetzen.

Durch diese kurzzeitige hohe Belastung (= Stehvermögen) wird der Kreislauf sehr stark angeregt. Der Herzmuskel muss hart arbeiten. Er macht das gerne . . . und ihm tut es besonders gut.

Gewandtheits- und Geschicklichkeitsfortschritte sind mit entsprechenden Übungen wie sie in diesem Feld vorgeschlagen werden, sehr schnell möglich. Die Gelenkigkeit kann mit ganz gezielten Gymnastikübungen im Wasser gut verbessert werden.

Weitere Auskünfte erteilt gerne:
IVSCH, Postfach, CH-8904 Aesch
www.ivsch.ch

Retten

Rettungsschwimmen ist eine Sportart, die auf der Ausdauer aufbaut. Alle Formen des gegenseitigen Stossens und Ziehens fördern die Ausdauer . . . machen zudem noch Spass . . . und können einem anderen Menschen das Leben retten!

Wenn man retten muss, dann muss alles schnell gehen . . . und doch überlegt.

Viele Übungen, die in diesem Feld vorgestellt werden, trainieren diese spezielle Fähigkeit, nämlich kurzzeitig hohen Belastungen ausgesetzt zu sein . . . falls es einmal ernst gilt!

Nur wer geschickt und gewandt ist, kann im Wasser auch einem andern Menschen helfen. Die Ausbildung im Rettungsschwimmen zielt ganz stark in diese Richtung. Geschicktes Verhalten im Wasser, nicht nur im Ernstfall, kann gut geschult werden . . . und macht zudem Spass!

Die „Schweizerischen Tests im Schwimmsport," und verschiedene Leiterausbildungen gehören zum Angebot.

Wasserba

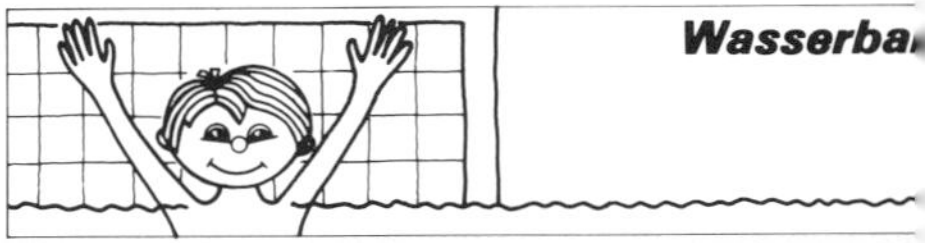

Ohne Ausdauer ist kein Wasserballspiel möglich. Mit dem E kann man die Ausdauer ausgezeichnet trainieren. In der Fo sind einige Beispiele vorgestellt.

Viel Spass!

Wasserball . . . die Sportart der Kraftausdauer: Hin und h stoppen, schiessen.

Viele spielerische Übungen dieser Spalte sind für diese Eig schaft ausgedacht.

Puls rauf . . . Puls wieder runter!

Mit dem Ball macht's noch mehr Spss

Nur schon der Umgang mit einem Ball . . . und dann noch Wasser: Hier spielen Geschicklichkeit und Gewandtheit g eng zusammen. Durch üben kann dieses Zusammenspiel g wesentlich optimiert werden. Üben mit einem Ball macht dem noch Spass.

Der Interverband für Schwimmen ist der Dachverband aller Schwimmsport interessierten Verbände und Institutionen Schweiz.

Wasserspringen

r das Wasserspringen ist die Ausdauer nicht so bedeutend. Wasserspringer ist jedoch meist auch ein guter Schwimmer.

enn aber gewisse Übungen, wie sie in dieser Sammlung anregt werden, intensiv ausgeführt werden, dann ist bestimmt iges für die Ausdauer getan.

Vasserspringen ist gefährlich!» hört man häufig! Sicher nur nn, wenn es falsch betrieben wird. Gerade Wasserspringen, ide aufgebaut, kann einen wesentlichen Beitrag zur Verbesrung der Haltemuskulatur leisten.

annung ohne Kraft ist nicht möglich; Springen ohne Spanng ist gefährlich!

ırch Rollen und enge Körperstellungen wird vor allem die Beeglichkeit der Wirbelsäule vorwärts geschult. Bereits einfache ıungen verlangen ein hohes Mass an Gewandtheit und Gehicklichkeit. Wasserspringen, auch auf tiefster Stufe, ist ein tes Übungsfeld zur Körperbeherrschung.

Kunstschwimmen

Im Kunstschwimmen werden mehrere Figuren und Übungen hintereinander gezeigt; ohne Grundausdauer ist dies nicht möglich.

Schon mit den einfachsten Übungen, wie sie nun folgen, kann diese Ausdauer bestens trainiert und verbessert werden.

Eine ausgezeichnete Möglichkeit, schon mit den einfachsten Übungen die Bauch- und Rückenmuskulatur zu stärken. Hinter einer Übung, die spielend leicht aussieht, steckt sehr viel Kraft.

Nur was gefordert wird, wird gefördert, also:
Spannen / Spannen!

Ohne genügende Beweglichkeit sind auch einfache Elemente nicht auszuführen.

Mit zunehmender Schwierigkeit wird von der eigenen Gewandtheit immer mehr gefordert.

Ein optimales Übungsfeld, den eigenen Körper beherrschen zu lernen. Vor allem für Mädchen.

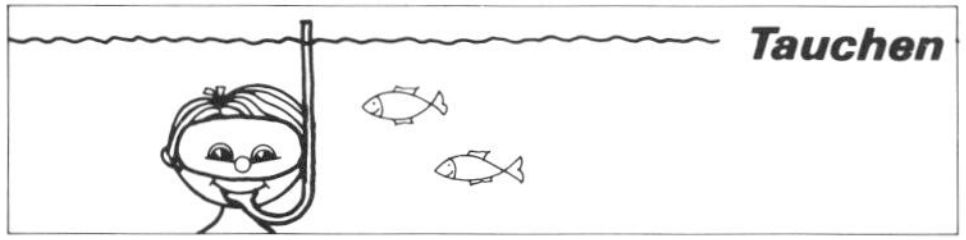

Tauchen

Tauchen soll nur, wer sich wohl und fit fühlt. Die Grundlage der Fitness ist die Ausdauer. Diese kann mit und ohne Flossen bestens trainiert werden.

Wichtig: Mehrmals in der Woche, mindestens 10–12′ eine mittlere Belastung, dann wird das Dauerleistungsvermögen verbessert!

Die Kraft spielt beim Tauchen eine etwas untergeordnete Rolle. Doch der trainierte Körper reagiert auch in psychischen Belastungen, wie sie im Tauchen auftreten können, ruhiger.

Auch mit Tauchübungen kann die Kraftausdauer sehr gut trainiert werden!

Während die Beweglichkeit beim Tauchen nicht von zentraler Bedeutung ist, zeigt sich hier, wer geschickt ist (z.B. im Umgang mit Flossen, Brille und Schnorchel), aber auch die Gewandtheit (z.B. bei Orientierungsübungen unter Wasser) kommt voll zum Zug. All diese Eigenschaften lassen sich mit entsprechenden Übungen gut verbessern!

6.3 162 praktische Beispiele, nach Konditionsfaktoren geordnet

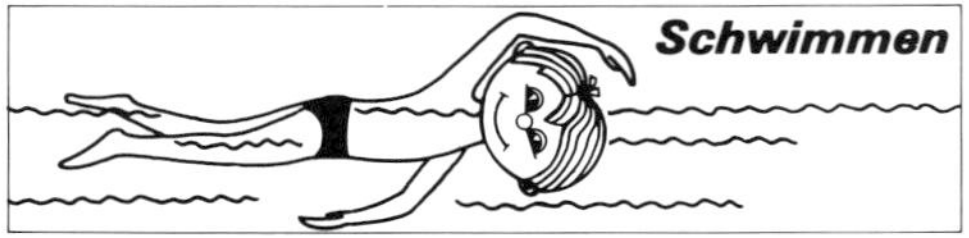

Gelingt es 6, 8, 10 Minuten langsam in gleichmässigem Tempo hin und her zu schwimmen?

Beim nächsten Training eine Minute länger!

701

Motorboot:
Mit den Händen wird ein Schwimmbrett gehalten. Mit den Beinen nur Beinschlag ausführen.

Welche Möglichkeiten des Beinschlages gibt es?

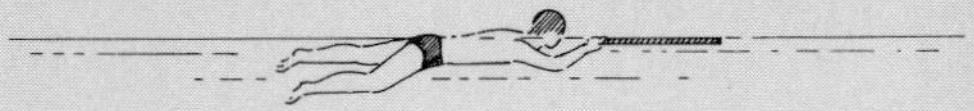

702

Krebsgang:
Gelingt es in brust- oder schultertiefem Wasser auf den Fingerspitzen zu laufen? Die Finger berühren den Boden kaum!

703

12,5 km ... in einem Jahr? Das wäre sicher möglich!
Ein echter Ausweis für einen Ausdauer-Schwimmer.

Möglichst lange Rückengleichschlag schwimmen, denn dies ist für das Rettungsschwimmen die wichtigste Technik.

Gelingt es auch ohne Hilfe der Arme?

704

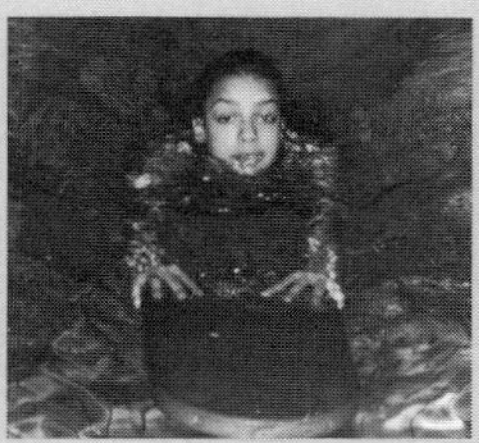

Wieviele Beinschläge sind nötig, um 25 m zurückzulegen?

Die Hände halten ein Schwimmbrett. Geht es ohne gleich gut?

705

Nach jedem Tauchversuch werden die Tauchringe weiter verteilt.

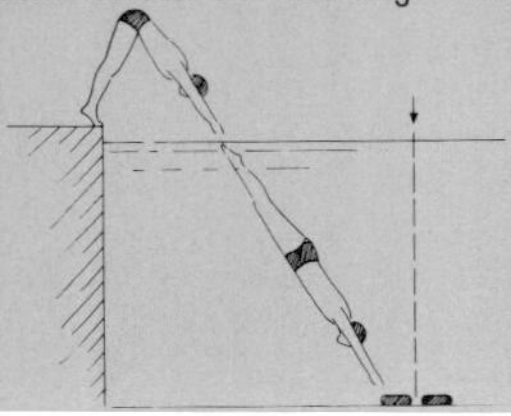

706

Es ist nie zu früh und selten zu spät, um Rettungsschwimmer zu werden!
z. B. Rettungsschwimmtest 1?

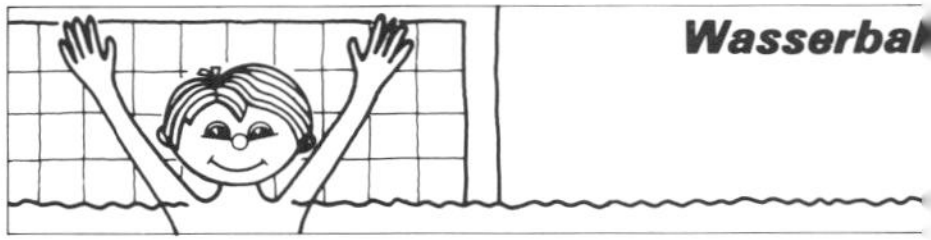

25 m Seitenschwimmen, links und/oder rechts
25 m Brustschwimmen

Wieviele Längen sind mit diesen beiden Schwimmarten, die i mer abwechseln, möglich?

7

Ist es möglich, mit dem Ball zu schwimmen, ohne ihn mit d Händen zu halten?

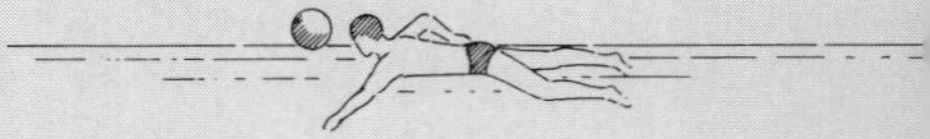

7

Einen Ball von unten aufschöpfen, nach hinten hochnehm leicht nach vorne werfen und schnell nachschwimmen.

7

Der Wasserballtest, ein tolles Abzeichen!

Wasserspringen

:swärts ins Wasser springen, unter Wasser alle Luft ausbla-
. Gelingt es sogar, auf dem Boden zu sitzen?

710

lingt diese Übung, ohne dass die Beine ins hohle Kreuz schla-
n?

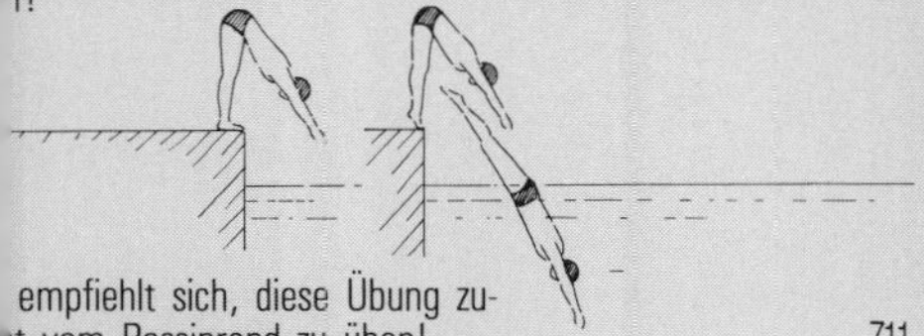

empfiehlt sich, diese Übung zu-
:t vom Bassinrand zu üben!

711

schultertiefem Wasser einen Salto vorwärts drehen . . . ein
:htes Spiel, oder?

712

Der Kombitest 1 ist ein guter Start!

Kunstschwimmen

Ein(e) Kunstschwimmer(in) muss vielseitig sein. So sollte es möglich sein, folgende 3 Schwimmarten hintereinander schwimmen zu können

- 25 m Crawl
- 25 m Brustschwimmen
- 25 m Rückencrawl

. . . und wenn es noch nicht am Stück geht, dann sicher mit kleinen Pausen, oder?

713

Wer kann in dieser gestreckten Haltung einige Sekunden verweilen?
Tip: Luft einatmen und anhalten; dadurch hat der Körper einen grösseren Auftrieb!

714

Ist es möglich, aus der Schwimmlage abzutauchen, einen Teller in ca. 2 m Tiefe zu holen, wieder aufzutauchen . . . aber so, dass es überhaupt nicht spritzt?

Beim Kunstschwimmen geht alles langsam und ruhig!

715

Ist der Synchronschwimmtest schon bekannt?
Testbedingungen anfordern!

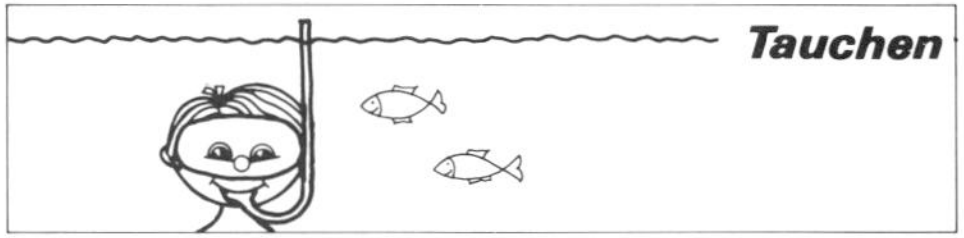

Tauchen

Die Flossen sind für das Tauchen ein wichtiges Hilfsmittel.
Welche Strecke kann ohne Unterbruch zurückgelegt werden?
(Am besten mit Crawl)

Es sollte nicht spritzen.

716

Wie schnell schwimmt man ohne Flossen, wie schnell mit Flossen über 25 m?

Wieviele Beinschläge sind nötig mit, bzw. ohne Flossen über 25 m?

Schnell und langsam!

717

Gelingt es, abzutauchen, ohne dass es auch nur ein bisschen spritzt.

Das ist für die Taucher Ehrensache!

718

Beim Anziehen der Flossen:
Immer zuerst Füße und Flossen naß machen!
so halten sie länger . . . und es tut nicht weh beim Anziehen!

Schwache Schwimmer: Spiel- und Übungsformen zu zweit

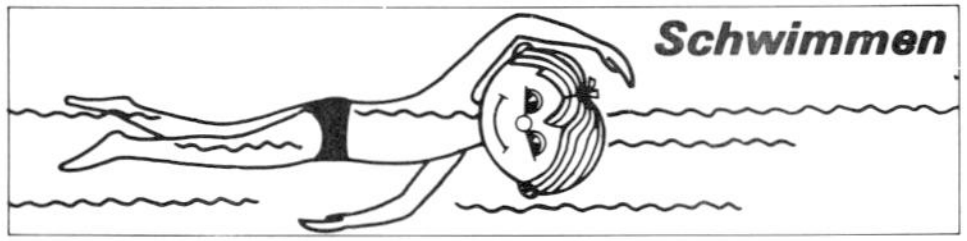

Treppenschwimmen

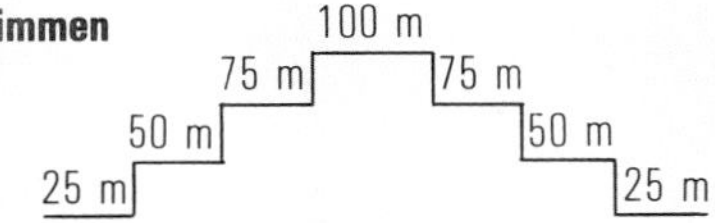

Versucht, diese Treppe zu schwimmen. Nach 25 m eine kleine Pause, dann nach den nächsten 50 m, dann 75 m ohne anzuhalten, dann sogar 100 m!
Wieviele Meter seid Ihr so geschwommen?

719

Ball-Presse

Wie lange könnt Ihr einen Ball zwischen 2 Schwimmbrettern so zusammendrücken, dass dieser nicht wegschwimmt?

720

Wer kann diese Wende so ausführen?

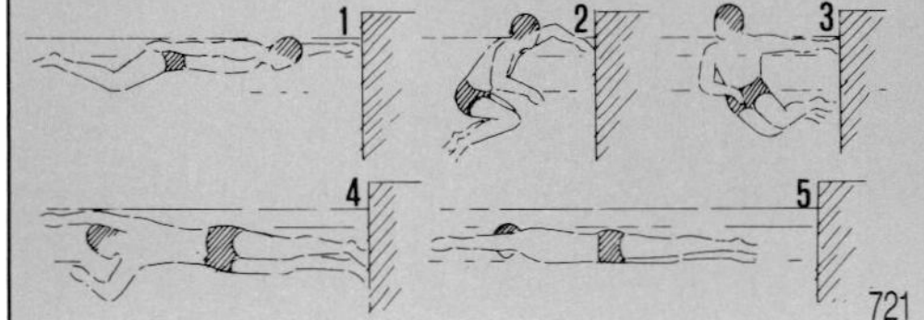

721

Der Wal . . . ein gefährlicher Fisch . . . aber ein einfacher Test!

A schwimmt in Brustlage
B stützt sich in Rückenlage (gespreizte Beine) mit gestreckten Armen auf den Schultern von B
Wenn A müde ist, dann schwimmt B. Welche Strecke könnt Ihr so gemeinsam zurücklegen?

722

Serviertochter
Wie lange kann ein Schwimmbrett (= Tablett) gehalten werden, ohne dass es nass wird?
Wer kann darauf einen Ball oder Becher balancieren?

723

Reiterkampf
Wer kann den andern vom Schwimmbrett stossen? (Auf dem Schwimmbrett sitzen, knien oder sogar stehen!)

724

Wasserratten schaffen den Kombitest 2 spielend!

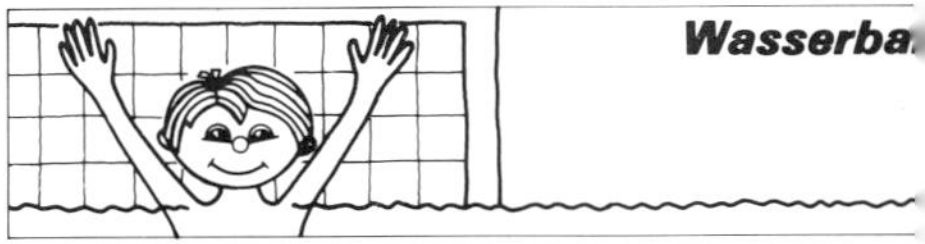

Könnt Ihr an Ort schwimmen und zusätzlich einen Ball hin u
her werfen, diesen sogar noch fangen?
Wer kann mit einer Hand fangen?

Gelingt es, 25 m Crawl zu schwimmen, aber der Kopf m
trocken bleiben!

Wer findet eine gute Wendetechnik heraus?
Schnell in eine Richtung schwimmen, stoppen, umdrehen
wieder in die andere Richtung schwimmen.

Fordert doch die Testbedingungen des W
serballtests an. Diese sind gratis!

Wasserspringen

Wer von Euch kann in den Reif eintauchen, ohne diesen zu berühren?

728

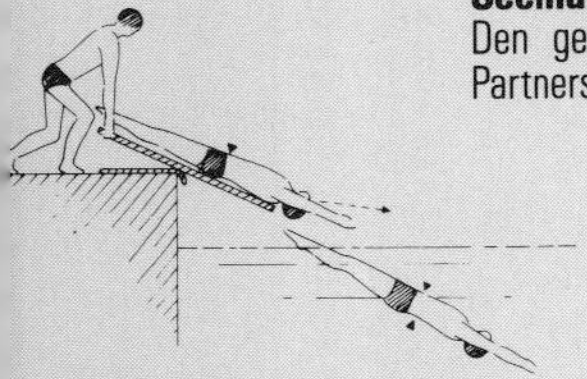

Seemannsgrab:
Den gespannten Körper des Partners ins Wasser stossen!

729

A springt vom 1 m-Brett auf die Füsse.
B wirft im richtigen Moment (das ist schwierig) A einen Ball zu. A versucht, diesen Ball in der Luft aufzufangen ... und wieder zurückzuwerfen!

730

Kunstschwimmen

Wie weit könnt Ihr in dieser Stellung fusswärts schwimmen?

Gelingt es auch kopfwärts?

731

Ball-Artist
Könnt Ihr einen Ball mit den Füssen einige Sekunden ruhig halten (der Ball liegt auf den Schienbeinen!)

732

Könnt Ihr Euch von der Bauchlage ohne viele Bewegungen ...

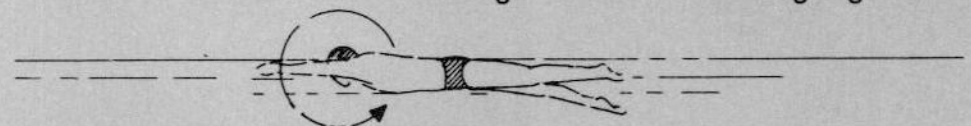

auf die Rückenlage drehen ...

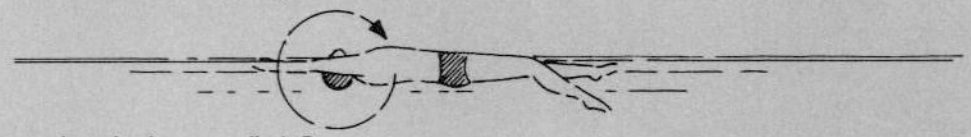

und wieder zurück?

733

Synchronschwimmen eine beliebte Sportart vor allem bei Mädchen.
Es gibt Testunterlagen!

Tauchen

A schwimmt 5' mit Flossen,
B schwimmt 5' ohne Flossen.
Jeder zählt seine Längen.
Rollenwechsel. Wer schwimmt total mehr Längen?

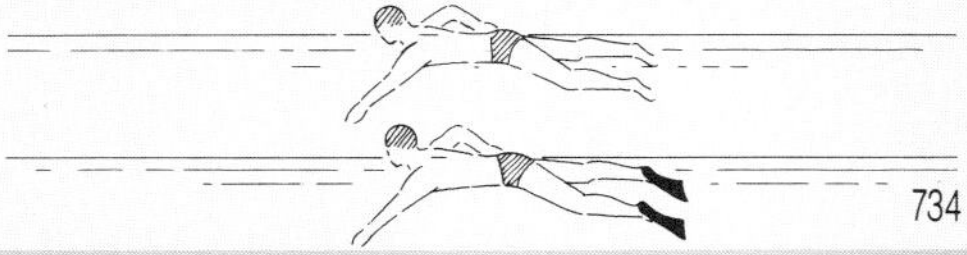

734

Der eine lässt sich von seinem Partner ziehen.
Wie geht es am besten?
Derjenige, der gezogen wird, trägt keine Flossen, der «Retter» aber schon!

735

Ihr taucht beide gleichzeitig ab. Nun versucht der eine, dem andern mit Handzeichen unter Wasser etwas «zu sagen».
Könnt Ihr Euch so verständigen?
(Mit Tauchbrillen geht es besser!)

736

Die Zeichensprache unter Wasser ist wichtig!

Schwache Schwimmer: Spiel- und Übungsformen in der Gruppe

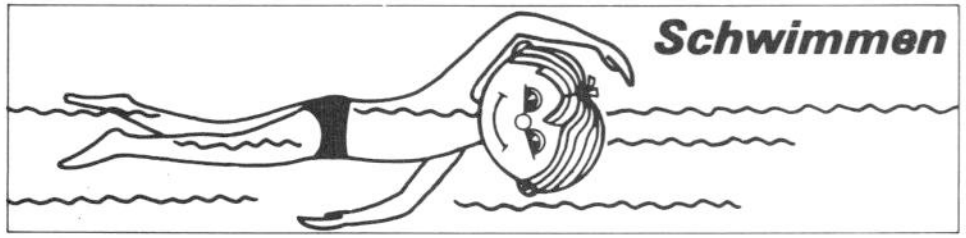

2er-Gruppen gegeneinander:
Beide schwimmen während 5' (. . . 10').
Jeder zählt seine Längen (oder Breiten)

Welche Gruppe hat nach der vorher bestimmten Zeit mehr Längen oder Breiten?

737

Holz-Schieben:
Einer der Gruppe wird als Holzstück gestossen, geworfen, gezogen . . . bis das Holzstück bricht, d.h. der Schwimmer kann sich nicht mehr spannen.

Wer ist aus dem besten Holz geschnitzt?

738

Wer kann am schnellsten
- auf das Schwimmbrett sitzen
- auf das Schwimmbrett stehen
- auf das Schwimmbrett knien?

Wer findet weitere Kunststücklein mit, auf, unter dem Schwimmbrett?

739

Erschwimm dir den 12,5 km-Robbi-Bronze Ausdauertest. Kontrollkarte bei www.ivsch.ch erhältlich.

2er Stafette:
A und B hintereinander. B hält A am Kopf; A schwimmt nur mit den Füssen.
Welches ist das schnellste Paar? Nach je 25 m (oder in der Mitte) werden die Rollen gewechselt.

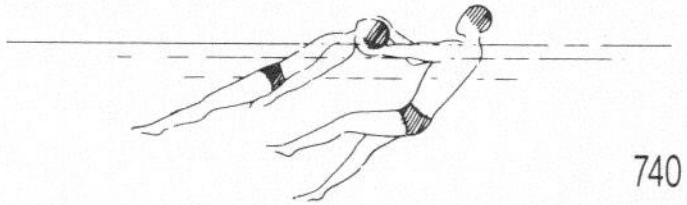

740

Abschleppboot:

Jeder darf sich an einem Seil ziehen lassen.

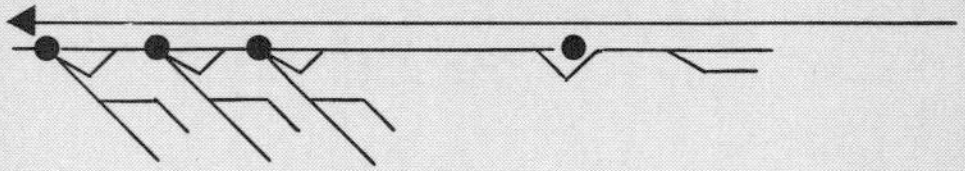

741

Rettungsfloss:
Ein Gruppenmitglied versucht, unter Mithilfe der andern, auf 2 (3, 4 . . .?) Schwimmbretter zu sitzen.
Alle stossen nun dieses Floss fort.

742

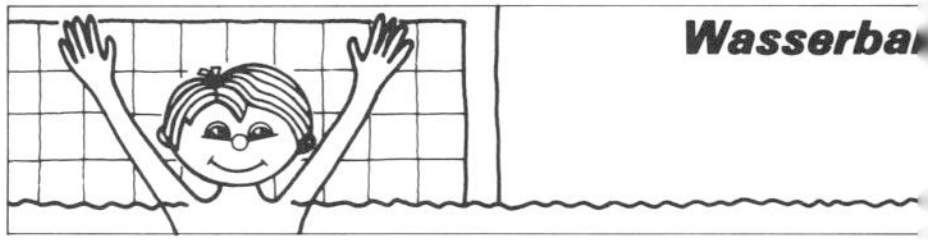

Ein Brett oder ein Ball liegt im «Kreis». Alle ziehen und jede versucht, dass er den Ball (Brett) nicht berührt!

7

Alle Formen von «Ball üb die Schnur» mit angepasst Spielregeln!
(Ballone, aufblasbare Wasse bälle)

7

Wasser-Volleyball in brustt fem Wasser mit vielen Bal nen!

7

Der Ball, ein attraktives Spiel- und Trainingsgerät.
Aufblasbare Bälle werden oft in Drogerien (Werbung) gratis a gegeben! Fragen Sie doch mal!

Wasserspringen

Schleudersalto

Gegenseitig acht geben!

746

Wir rollen den ganz gespannten Körper ins Wasser!

747

Wasser-Bombe:
Möglichst viele stehen nebeneinander und hängen sich ein. Wer fällt zuerst?

748

Testbedingungen, auch für Wasserspringanfänger, sind tis und unverbindlich zu beziehen.

Kunstschwimmen

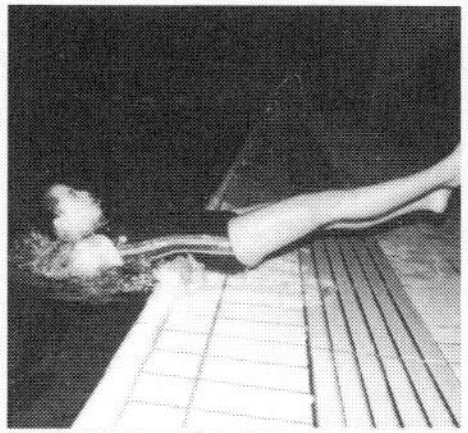

Wer kann seine Füsse (Beine) auf den Bassinrand legen, nur mit Hilfe der Hände?

Wer kann sogar auf diese Weise aus dem Wasser steigen?

749

Der Rettungs-Stern

Versucht, alle Füsse in einen Rettungsring zu legen. Dazwischen stehen Helfer und halten die Liegenden.

750

Bitte absitzen!
Jeder sitzt auf den Knien des nächsten!

751

Grundlagen und viele weitere Tipps im „Lehrmittel Schwimmen"

Tauchen

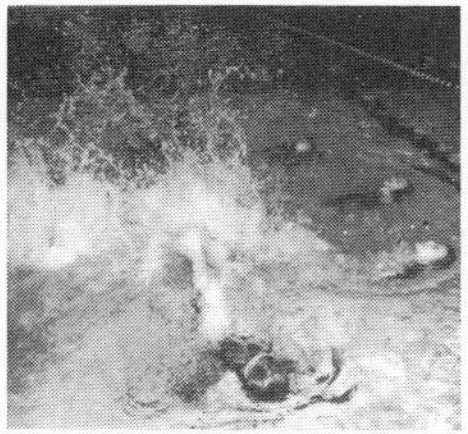

Sprudelbad mit Flossen

Alle fassen sich an den Händen, legen sich auf den Rükken . . . und los geht's. Plötzlich lassen alle die Handfassung los.

752

Alle tauchen gemeinsam ab . . . und bleiben einige Zeit unten!

753

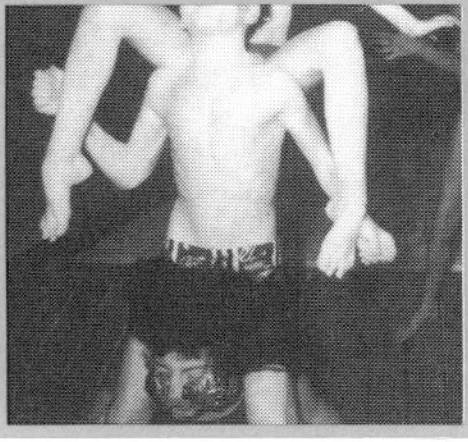

Verkehrte Welt:
Wir bauen Unterwasserpyramiden!

754

In der Testreihe: „Flossenschwimmen" findest Du noch weitere Anregungen.

Mittlere Schwimmer: Wenn man alleine spielen, üben oder trainieren will

Schwimmen

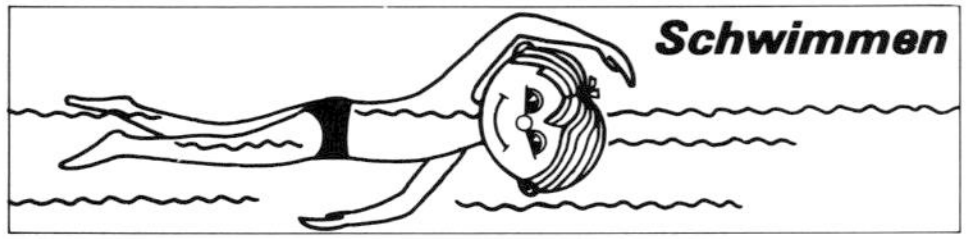

Gelingt es, 12 Minuten ohne Halt zu schwimmen?
Bei jedem Training 1 Minute länger!

755

Es soll versucht werden, nur mit den Händen zu schwimmen; die Beine werden angezogen.
Das ist schwierig!

756

Technik-Salat:
Die Arme schwimmen Crawl, die Beine Brustbeinschlag
oder
Die Arme schwimmen Rückencrawl, die Beine Rückengleichschlag, oder
. . . . ??

757

Schwimmen tut gut; Trainieren nützt der Gesundheit
oder
von nichts kommt nichts!

Retten

Der Rückengleichschlag ist beim Rettungsschwimmen sehr wichtig.
Warum nicht einmal 100/200 oder sogar 300 m Rückengleichschlag schwimmen, ohne die Arme zu gebrauchen?

758

In fast allen Hallenbäder gibt es 5 kg-Tauchringe.
Wie weit kann mit dieser zusätzlichen Last geschwommen werden, ohne dass der Kopf unter Wasser kommt?
(Am einfachsten mit Rückengleichschlag)

759

Teller-Tauchen:
Die Teller (oder Tauchringe) werden anfänglich eng, dann immer weiter auseinander geworfen.
Gelingt es, alle in einem Tauchgang zu holen?
Lasse Dich aber beobachten, denn alleine tauchen ist gefährlich!

760

Jeder Schwimmer, ein Rettungsschwimmer!
Die örtlichen Sektionen führen jährlich Rettungsschwimmkurse durch!

Wasserba

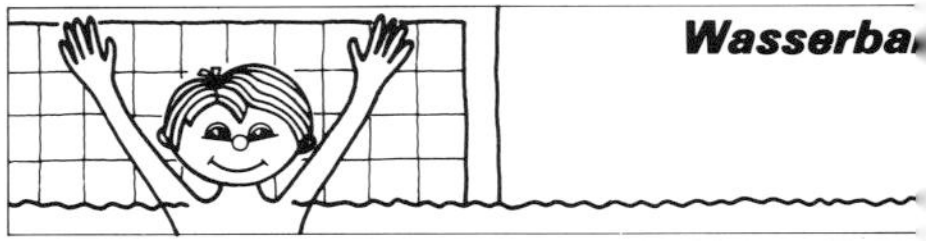

Im Gegensatz zum Wettkampfschwimmen wird beim Wass
ball darauf geachtet, dass der Kopf möglichst immer aus d
Wasser schaut, damit das Spiel verfolgt werden kann.
Wasserballcrawl: Kopf immer über W
ser. Wie lange ist es möglich, so
schwimmen?

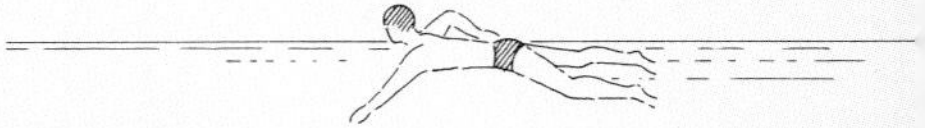

Schwimmen an Ort (Wassertreten) ist im Wasserball sehr wi
tig!
Die Beine führen abwechslungsweise Brustbeinschläge (Krei
aus.

Wer kann es ohne Unterstützung der Arme?

7

Gelingt es, den Ball mit den
eigenen Füssen so hoch zu
spielen, dass er mit der Ha
gefasst werden kann?

Wie oft ohne Fehler?

7

Schaffst Du den Wasserballtest 2?

Wasserspringen

:e Wasserspringer üben immer wieder die Grundübungen, so
. auch die Fußsprünge.
ingt es, Fußsprünge vorwärts und rückwärts auszuführen,
is der Körper gestreckt bis auf den Boden (3,5 m Tiefe)
'chtaucht?

764

springen aus Stand vom 1 m-Brett. Beine anhocken und
eder ausstrecken vor dem Eintauchen.

r kann 2x anhocken?

765

Wieviele halbe Schrauben sind möglich mit Absprung aus Stand oder mit Anlauf vom Bassinrand oder vom 1 m-Brett?
Es geht besser, wenn der Körper ganz gespannt bleibt!

766

schöner, gestreckter Fußsprung ist schwieriger als ein
hlechter) Kopfsprung; vor allem aber ungefährlich!

Kunstschwimmen

Ist das so einfach, wie es aussieht?
Wie lange kann diese (ruhige) Stellung gehalten werden?
30 Sekunden ist schon sehr gut.

767

Wie lange können die Hände oder sogar die Arme aus dem Wasser gehoben werden?

768

Aus dieser Hockstellung einen spritzerlosen Salto rückwärts drehen ist gar nicht so einfach!
Wer probiert's?

769

Sind die neuen Synchronschwimmtests vom Anfänger bis zu Könner schon bekannt?

Tauchen

Die gleiche Strecke soll zuerst ohne, dann mit Flossen geschwommen werden
oder
6 Minuten ohne Flossen, 6 Minuten mit Flossen.
Wieviele Meter sind mit den Flossen mehr möglich als ohne Flossen?

770

Ist es möglich mit Flossen, Brille und Schnorchel wie ein Delphin an der Wasseroberfläche zu schwimmen? Die Arme sind am Körper angelegt oder in Vorhalte.

771

Ist es möglich, ohne abzustehen die beiden Flossen auszuziehen und Seitenverkehrt wieder anzuziehen?

772

Versuche doch ob du den Flossenschwimmtest 2 bestehen würdest!

Mittlere Schwimmer: Spiel- und Übungsformen zu zweit

Schwimmen

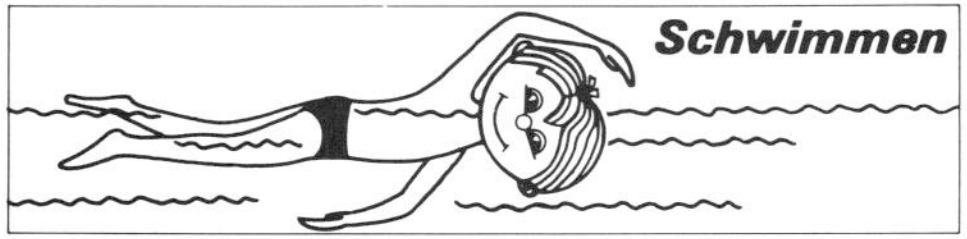

20' ohne Halt schwimmen in 25 m-Intervallen:

A startet und schwimmt 25 m. Dann startet B und schwimmt 25 m, dann wieder A usw.

Schwimmart und Tempo selber bestimmen.

773

Wem gelingt es, auf einem Schwimmbrett stehend, eine Länge nur mit den Armen zu schwimmen?

– Wer kann den andern vom Schwimmbrett stossen?

774

Tandem-Schwimmen

A schwimmt nur mit den Armen
B fasst A an den Füssen und schwimmt nur Beinschlag. Rollenwechsel.

Wie schnell schwimmt Ihr so 25/50/100 m? 775

Diesen Test würdet Ihr bestimmt bestehen!

Retten

Wie oft könnt ihr 25 m Transportschwimmen?

A schwimmt in Brustlage
B stützt sich in Rückenlage (gespreizte Beine) mit gestreckten Armen auf den Schultern von B

776

Welcher der beiden Partner kann den andern länger ziehen?

Zum Beispiel:
Nacken-Stirn-Griff, Gesicht immer über Wasseroberfläche

777

Sucht gemeinsam möglichst viele Arten, wie Ihr einander bequem über je 25 m ziehen könnt, ohne dass das Gesicht des Rettlings ins Wasser kommt.

778

Wie wär's mit einem Rettungsschwimmkurs?

Wasserba

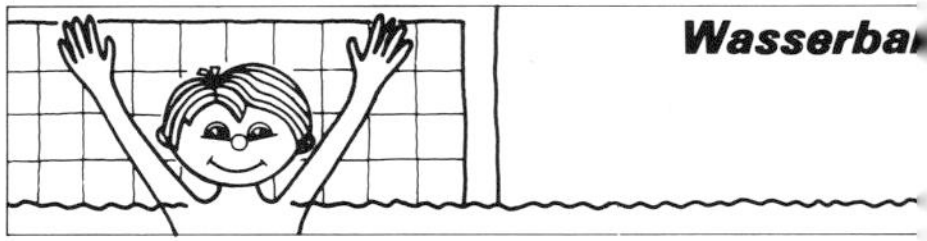

Schwimmt miteinander eine lange Strecke und spielt Euch
nen Ball immer hin und her.
Vor jedem erneuten Wurf zum Partner versucht jeder, 5–10
zu schwimmen, ohne den Ball mit den Händen zu berühre

7

Schwimmbrett mit korrektem Wassertreten während 15"
dem Kopf balancieren (Arme im Wasser, die Hände dürfen n
helfen).

Wer kann es länger als der Partner?

7

Mit 3 Versuchen aus dem Stand ein 4 m entferntes Ziel zw
mal treffen.

Stellt z.B. einen Holzstab oder ein Schwimmbrett an der Wa
auf. Wer braucht weniger Würfe? Wer hat nach 10 Wür
mehr Treffer? Sucht weitere Regeln!

7

Der Wasserballtest 2 wäre für Euch gera
richtig!

Wasserspringen

…er von beiden kann während 1′ (2′) öfter durch einen Reifen …ringen, ohne diesen zu berühren?

Fusswärts (= einfach)
Kopfwärts (= schwierig)

782

…er kann die Bauchmuskulatur so gut spannen?

783

…s ist ganz einfach, probiert doch mal!

784

Wisst Ihr, dass es eine Wasserspring-Testreihe gibt?

Kunstschwimmen

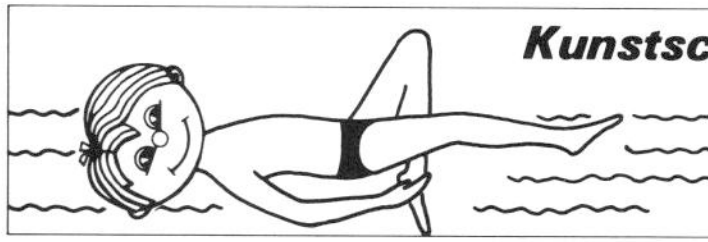

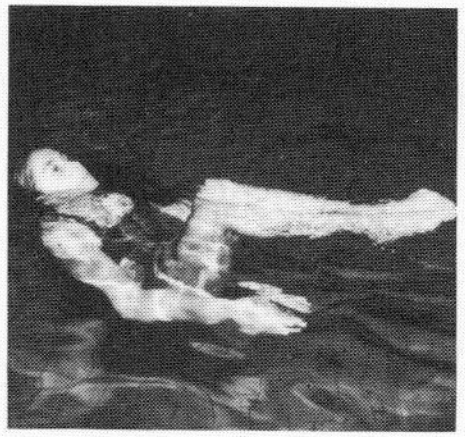

Wer ist schneller über 25 m:

— in dieser «Zuber-Haltung»?

— Könnt Ihr 100 m Rückencrawl spritzerlos schwimmen?

785

Wer von Euch beiden hat in dieser gespannten Stellung zuerst 25 m zurückgelegt?

— Antrieb nur mit den Händen
— Fuss und Hüften sind an der Wasseroberfläche

786

Könnt Ihr dieses Kunststücklein?

1. Gestreckte Rückenlage an Ort
2. Anhechten der Beine und gleichzeitig die Hände zu den Fussgelenken bringen; Hände fassen Fussgelenke über der Wasseroberfläche
3. In gebückter Haltung abtauchen und erst unter Wasser öffnen

787

Im Kombitest des IVSCH wird nebst Schwimmen, Tauchen, Retten, Springen auch SYNCHRONSCHWIMMEN verlangt!

Tauchen

Schwimmt 500 m mit Flossen, Brille und Schnorchel nebeneinander schön ruhig und beobachtet Euch gegenseitig.

788

Schwimmt unter Wasser nur mit den Flossen wie ein Delphin

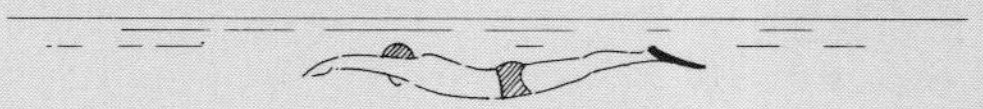

Geht es auch seitwärts?

789

— Könnt Ihr unter Wasser die Flossen an- oder ausziehen?
— Könnt Ihr nur mit dem Schnorchel schwimmen?
— Könnt Ihr nach dem Abstoss von der Wand eine Schraube / eine Rolle usw. unter Wasser ausführen?

790

Tauche nie alleine!

Mittlere Schwimmer: Spiel- und Übungsformen in der Gruppe

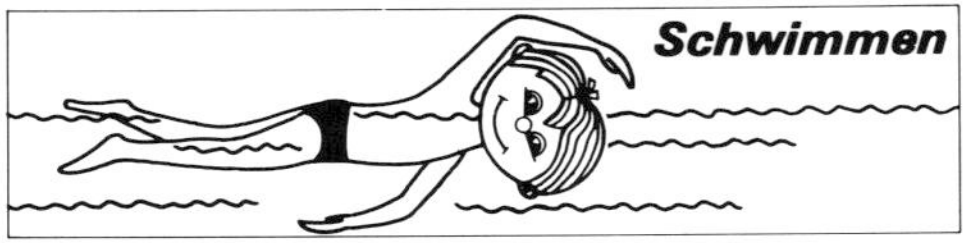

Schwimmen mit dem Trainingswürfel:

Ein Halma-Spielwürfel wird von einem Gruppenmitglied geworfen

— die gewürfelte Zahl muss von allen geschwommen werden
— gerade ist Gleichschlag
— ungerade ist Wechselschlag
— eigene Regeln . . .

791

Seilziehen:

2 Mannschaften ziehen an einem Tau gegeneinander. Welcher Partei gelingt es, die andere über eine vorher bestimmte Marke zu ziehen?
— andere Formen!

792

Tandem in der Gruppe:

Alle schwimmen hintereinander, die Hände auf den Schultern des «Vordermannes» aufgestützt. Könnt Ihr so als Schlange (Brustschwimmtechnik) schwimmen?

793

Wie wärs mit einer Seetraversierung? Die Broschüre „Schweizer Schwimmkalender" kann beim IVSCH bezogen werden.
www.ivsch.ch

2 kleine Gruppen kämpfen gegeneinander: Einer der Gruppe sitzt in einem Rettungsring (Autoschlauch o.ä.) Dieser wird von seinen Kameraden gestossen. Nach jeder Länge wird der «Rettling» ausgewechselt, bis jeder der Gruppe 1x im Ring gesessen ist. Welche Gruppe ist zuerst fertig?

794

Welche Gruppe transportiert die Rettungsstange am schnellsten über eine Bassinlänge?
Variante:
1 Teilnehmer sitzt auf der Stange.
Gelingt es immer noch?

795

Wieviele Gruppenmitglieder braucht es, um einen Rettungsball, Rettungsring o.ä. auf den Boden zu drücken?

796

Wer von Euch ist noch nicht Rettungsschwimmer?

Meldet Euch bei der örtlichen Sektion zu einem Kurs an.

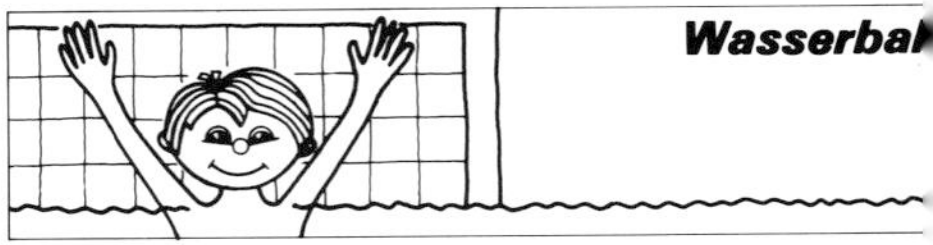

Schnappball:
Gruppe A ist im Bassin verteilt und spielt sich den Ball zu. Gruppe B versucht, den Ball wegzuschnappen. Gruppe A erh für jeden Pass einen Punkt, Gruppe B für jeden geschnappt Ball einen Punkt.
Nach 3' Rollenwechsel.
Wer gewinnt?

Wasservolleyball:

Spiel mit einem grossen, aufblasbaren Ball.
— Der Ball darf nie auf das Wasser fallen
— Der Ball muss über eine Schnur gespielt werden
— Eigene Regeln erfinden
In schulter- oder schwimmtiefem Wasser.

Ballkampf:
2 Mannschaften stehen sich auf einer Breitseite gegenüber, Ball liegt in der Mitte. Auf Pfiff versucht jede Gruppe, den zu erobern. Der Sieger bestimmt die folgende Startposit (z.B. sitzen, liegen, knien, nach einer Rolle usw.). Sieger ist ne Partei, welche zuerst 10 Punkte erzielt hat!

Wasserspringen

·r-Gruppen:
ss- oder Kopfsprünge hintereinander, so dass immer einer r Gruppe unter Wasser ist (vom Bassinrand).

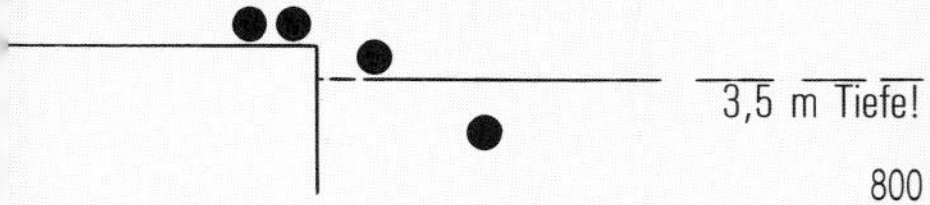

800

ch in grösseren Gruppen möglich, aber gegenseitig acht ge-n!

·ppeldecker-Sprung:

·r springen zu zweit (im Huckepack) auf die Füsse (nicht auf n Kopf) 801

·vei Gruppen kämpfen gegeneinander:
der der Gruppe hat 2 Versuche. Es geht darum, nach einem ·lauf und Absprung vom 1 m-Brett so oft wie möglich anzu-cken.
·eger ist jene Partei, welche mehr korrekte Hochstellungen ·gt. Schiedsrichter ist die andere Partei!

802

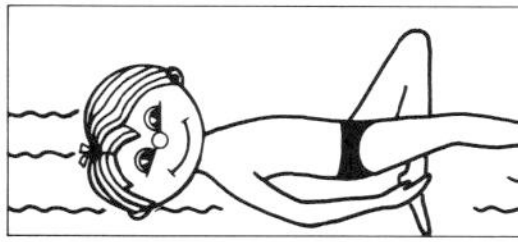

Kunstschwimmen

Wer kann in dieser Zuber-Haltung den Ball am längsten halten, ohne dass dieser weg-schwimmt. Versucht auch in gestreckter Lage!

803

Könnt Ihr, alle in gespannter Rückenlage, einen Stern le-gen?

Die Füsse sind gegen das Zen-trum gerichtet.

804

Beginnt wie oben (Stern), dann zusammen schwimmen, alle in die Zuber-Haltung.

die Zehen berühren sich, dann wieder langsam auseinander zum Stern. Vorführreif?
Nein! Also nochmals! 805

Vielleicht interessiert sich einer (eine) der Gruppe für diese Sportart. Beispiele fürs Figurenlegen in Gruppen: „Lehrmittel Schwimmen", Broschüre 3, S. 36–37

Tauchen

Die Gruppe schwimmt. Der hinterste taucht unter allen durch und ruft, wenn er vorne aufgetaucht ist.

Auch mit Flossen, Brille und Schnorchel möglich!

806

Huckepack-Tauchen
Wer kann noch schwimmen und atmen, obwohl ein Partner auf dem Rücken liegt oder sogar auf den Schultern sitzt?

807

Auch ohne Flossen möglich!

Welche Gruppe hat zuerst einen Eimer, der an einem 5 kg-Ring befestigt ist, mit so viel Luft gefüllt, dass dieser hochsteigt?

808

Die örtlichen SLRG-/DLRG-Sektionen führen bestimmt in nächster Zeit einen „Jugend-Freitauchkurs" durch. Meldet Euch doch an!

Gute Schwimmer: Wenn man alleine üben, spielen oder trainieren will

Schwimmen

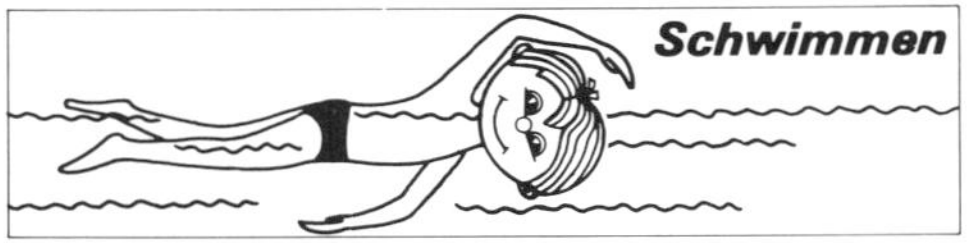

1-km-«Jogging» im Wasser.
Es soll versucht werden, gleichmässig in derselben Technik zu schwimmen.
Nach jedem Training die Zeit kontrollieren.
Unter 30' ist gut!

809

Teilbewegungstraining:
25 m nur Armzug
25 m nur Beinschlag
oder
die Arme ziehen und die Beine bremsen
oder
??

810

– Gelingt es, Crawl oder sogar Delphin unter Wasser zu schwimmen?
– Gelingt es, rückwärts Brustcrawl zu schwimmen?

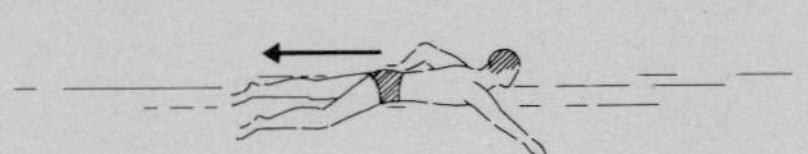

811

Erschwimm dir den 25 km-Robbi-Silber-Ausdauertest. Kontrollkarte bei www.ivsch.ch erhältlich.

Retten

300 m Rückengleichschlag ohne Hilfe der Hände ist sicher kein Problem. Gelingt es auch, wenn die Hände aus dem Wasser gehalten werden?
(Einen Gegenstand mit beiden Händen halten!)

812

Wieviele Züge braucht man, um 20 m zu tauchen?
oder
wie weit kommt man mit 6 kräftigen Tauchzügen?

813

Gelingt es, unter Wasser beide Füsse mit einer Schnur zusammenzubinden, und diese Schnur anschliessend wieder zu lösen ohne abzustehen oder sich zu halten?

814

Was ist zu tun, wenn einer um Hilfe ruft?
Jeder Schwimmer, ein Rettungsschwimmer!
«Lerne Rettungsschwimmen»

Wasserbal

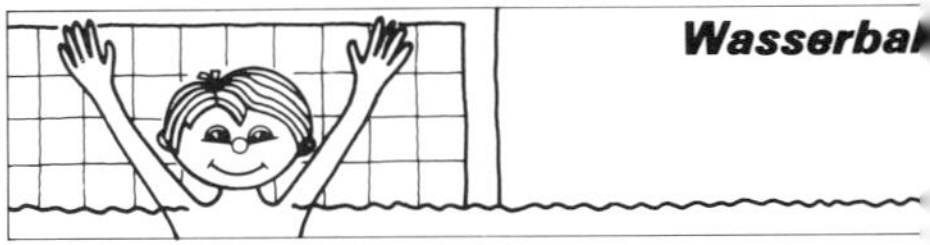

400 m (oder mehr) schwi
men mit einem Ball; der B
wird immer wieder auf
nommen, nach vorne gew
fen, wieder aufgenomm
usw.
Der Ball darf nie unter Was
gedrückt werden.

Wie lange ist es möglich,
nen Eimer, z.T. mit Was
gefüllt, über Wasser zu h
ten? (Mit Wasserstampfen

Den Ball gegen eine Wa
werfen und wieder (nur
einer Hand) auffangen.
Wie oft gelingt dies ohne F
ler?

Für einen guten Schwimmer sollte der Wasserballtest 4 m
lich sein!

Wasserspringen

ꞏeviele gut gelungene, gleiche Sprünge sind möglich, z.B.

818

ıtauchen kopfwärts aus dem Handstand

htung: Keine Hohlkreuzhaltung!

819

ꞏlle vorwärts zum Kauerstand, leichter Kopfsprung vom Basꞏ
ꞏrand oder vom 1 m-Brett

rsicht: Kein Hohlkreuz

820

e wär's mit dem Wasserspringtest 3 oder 4? Unterlagen
ꞏd gratis erhältlich beim
SCH

Kunstschwimmen

Kunstschwimmen verlangt gute, konditionelle Voraussetzungen.
Als Testvorschlag:

— 50 m Crawlbeinschlag am Schwimmbrett
— 100 m Crawl
— 50 m Rückencrawlbeinschlag, Hände über den Kopf gestreckt
— 100 m Rückencrawl

. . . und dies alles ohne anzuhalten!

821

Tauchen:
Aus freiem Wasser «leise» abtauchen, ca. 10 m tauchen und wieder ganz langsam auftauchen.

822

Wie lange ist es möglich, diese Ballettbeinhaltung zu halten? Die Beine sind ganz gestreckt!

823

Jetzt wäre der Test 3 oder 4 Synchronschwimmen gerade richtig!

Tauchen

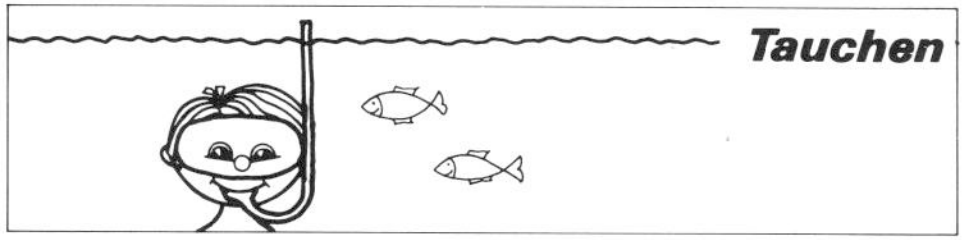

Dauerschwimmen mit Flossen, Brille und Schnorchel über 1000 Meter
oder Intervallformen:
50 m langsam
50 m schnell

824

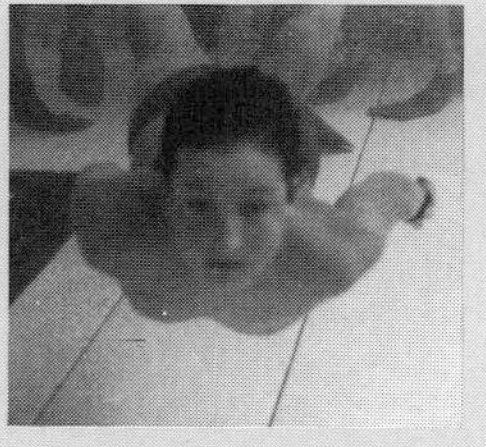

Mit den Flossen Delphin schwimmen oder unter Wasser, mit Flossen, Crawl schwimmen!

825

Unter Wasser eine Acht schwimmen,

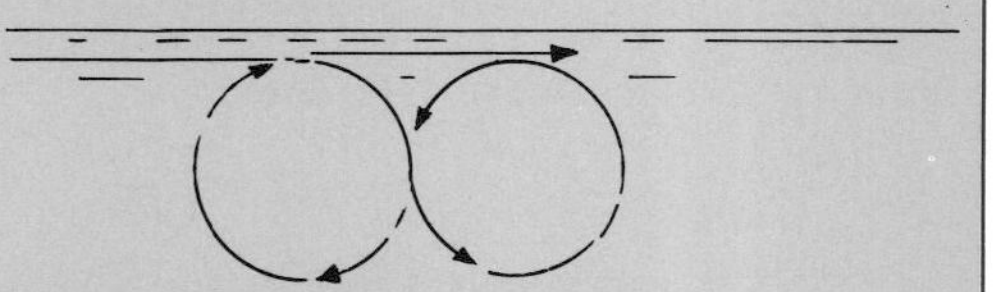

aber lasse Dich von jemandem beobachten.

826

Wer schafft den Flossenschwimmtest 3 oder 4? Versucht es doch!

Gute Schwimmer: Spiel- und Übungsformen zu zweit

Schwimmen

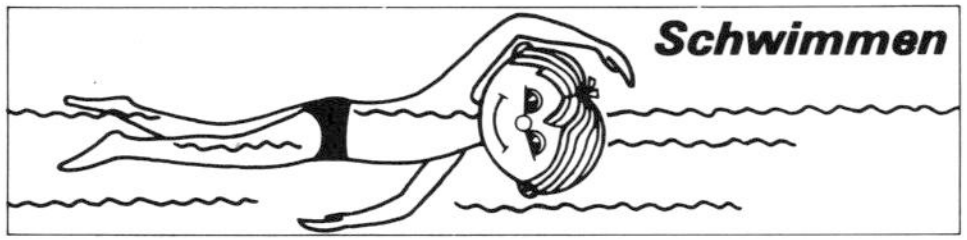

Schwimmt gemeinsam 10–15 Minuten.
Nach 25/50 oder 100 m bestimmt der Partner die Schwimmtechnik, welche für die nächste Teilstrecke auszuführen ist. Rollen immer wechseln!

827

Brust-Start

Wer kommt mit einem Tauchzug weiter?

828

A schwimmt irgendeine unorthodoxe Schwimmtechnik vor; B versucht, die gleiche «Technik» zu schwimmen.
Rollen wechseln.
Wer findet eine neue ,schnelle Technik heraus?

829

Wer von Euch schafft diesen Test zuerst?

Retten

Zieht Euch gegenseitig in einem Rettungsgriff. Sobald der Retter müde ist, lässt er sich wieder ziehen. Welche Strecke schafft Ihr so zusammen?

830

Rettungsübung:
- Mit Startsprung Freistilschwimmen (25 m)
- Mit Übernahme des Rettlings im Wasser
- Und Rettungsschwimmen in irgendeinem üblichen Rettungsgriff 25 m

Unter 1'40" ist gut! Wer schafft es?

831

Versucht, Euch gegenseitig zu umklammern, bzw. gegenseitig zu befreien.
Findet Ihr gute Befreiungsgriffe? Kennt Ihr solche?
Ein Rettungsschwimmer kennt sie gut!

832

Ein Rettungsschwimmer kann alles im Wasser.
Kombitest 4, der universelle Ausweis!
Der «All-Rounder»

Wasserba

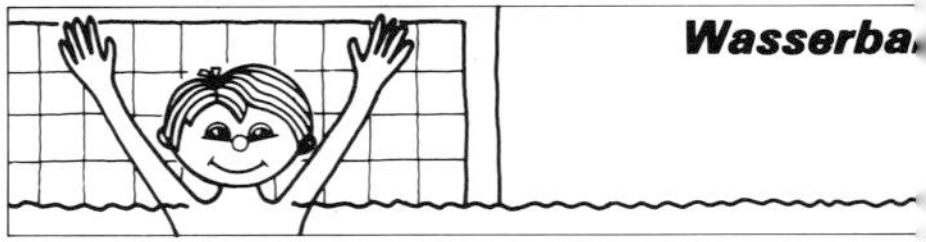

«Technik-Salat»
400 m schwimmen ohne anzuhalten, wobei nach je 10 m Technik gewechselt wird. Während 0–200 m bestimmt A; 200–400 m B
- Brustcrawl
- Wasserballcrawl
- Rückencrawl
- Brustgleichschlag
- Seitengleichschlag
  frei wählbar!

Wer von uns beiden kann her und länger aus dem W ser «steigen» (mit Wass stampfen wie beim Ku schwimmen)?

Wirft Euch den Ball in ein hohen Bogen zu (der Ball s te hinter dem Kopf auf Wasser fallen). Versucht, den Ball mit einer Hand fangen.
Wer macht weniger Fehle

Schafft ihr den Wasserballtest 3 oder 4?

Wasserspringen

obachtet Euch gegenseitig genau!
Hocksitz, Schienbeine gefasst, 2/3 Drehen und Öffnen, 4 kor-
ktes Eintauchen, Hohlkreuzhaltung unbedingt vermeiden.

836

unterstützt B; B springt ganz gespannt ab.

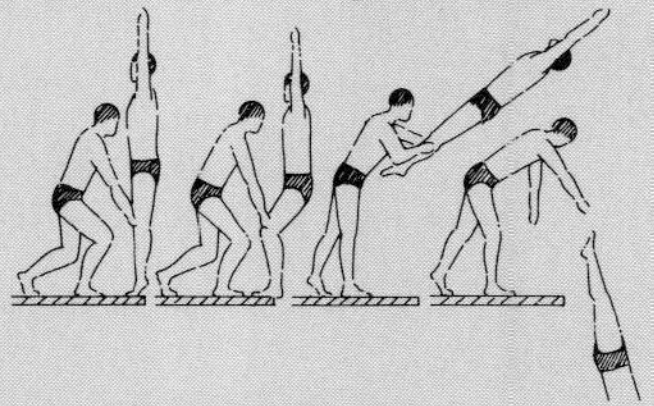

837

r eine zeigt irgendeine komplexe Bewegung vom 1 m-Brett
r.
r Partner versucht, diese Bewegung möglichst genau nach-
vollziehen.
chmachen ist schwierig!

838

r Kombitest 4 des IVSCH . . . ein Ausweis, nicht nur für
asserspringer!

Kunstschwimmen

5′ wasserstampfen und miteinander plaudern . . . . .

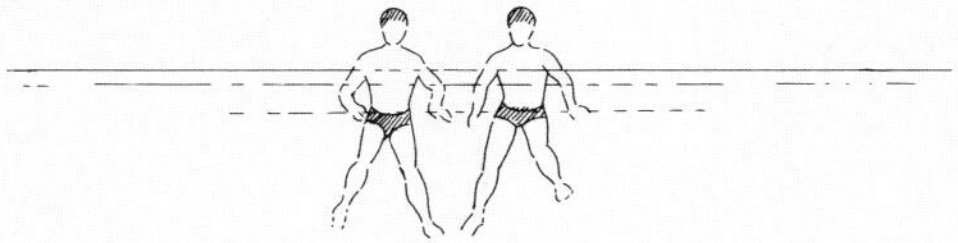

839

Gelingt es Euch, fusswärts zu paddeln, wenn die Hände über den Kopf gehalten werden?
25 m Torpedopaddeln, so nennt man diese Technik, ist schon sehr gut!

840

Ist es möglich, mit gestreckten, angehechteten Beinen einen spritzerlosen «Hechtsalto rückwärts» auszuführen?
Viel Glück!

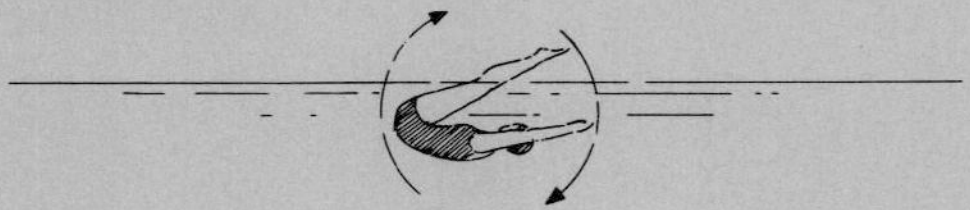

841

Synchronschwimmen, eine faszinierende Sportart.
Der örtliche Schwimmklub führt vielleicht sogar eine Synchronschwimmgruppe?
Synchronschwimmtest 3 . . .
Schaffst Du ihn?

Tauchen

300 m schwimmen mit der ABC-Ausrüstung, nebeneinander schwimmen:
- 50 m Delphinbeinschlag
- 50 m Rückencrawlbeinschlag
- 50 m Crawlbeinschlag
- 50 m Crawl
- 100 m nach freier Wahl

. . . aber die ganze Strecke ohne anzuhalten!

842

6 x 50 m Rettungsschwimmen.
A zieht B in einem Rettungsgriff 50 m;
B zieht A 50 m in einem Rettungsgriff
Beide in der ABC-Ausrüstung. Der Rettling zieht lediglich die Maske ab.

843

Könnt Ihr eine Rollwende mit den Flossen ausführen?

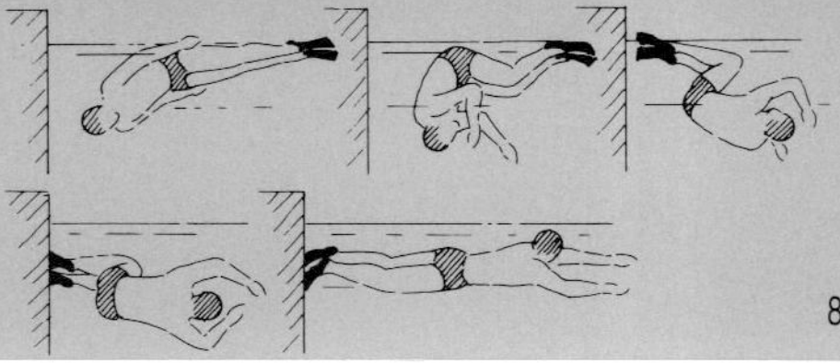

844

Jeder Taucher, ein guter (Dauer-)Schwimmer. Erschwimm dir den 50 km-Robbi-Gold-Ausdauertest. Kontrollkarte bei www.ivsch.ch erhältlich.

Gute Schwimmer: Spiel- und Übungsformen in der Gruppe

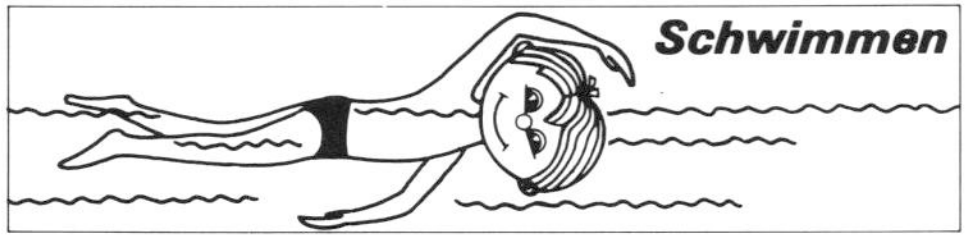

Punkteschwimmen als Gruppenwettbewerb:
5 P = Delphin
3 P = Crawl und Rücken
2 P = Brust
4 P = Tauchen 25 m
je 25 m; laufend die Punkte zusammenzählen. Wer hat zuerst 50 (100) Punkte?

845

Der Schwimmer startet bei A in einer frei gewählten Technik. Einer der Gruppe B muss in derselben Technik zurückschwimmen. Die A-Seite gibt also immer die Anweisung, wie geschwommen werden muss.

846

Unterwasser-Pyramide
(3,5 m Tiefe)
Wieviele könnt Ihr auf- und nebeneinander stellen?

847

Ballon-Volley-Schwimmen:
Eine Gruppe versucht, eine möglichst grosse Strecke zu schwimmen. Während dieser Zeit muss ein Ballon immer nach oben gespielt werden. Der gleiche Schwimmer darf den Ball nur 1x berühren, dann muss ein anderer usw. Wie lange geht es, bis der Ballon auf das Wasser fällt?

848

Holz-Klotz-Treiben
Ein Gruppenmitglied macht sich ganz steif. Die andern stossen den Körper. Der Bauch darf nie nass werden!!

849

Teller-Tauchen
2 Gruppen treten gegeneinander an:
In ein begrenztes Feld werden beliebig viele Teller oder Ringe geworfen. Pro Tauchgang darf nur 1 Ring (Teller) geholt werden.
Welche Gruppe braucht weniger Zeit?

850

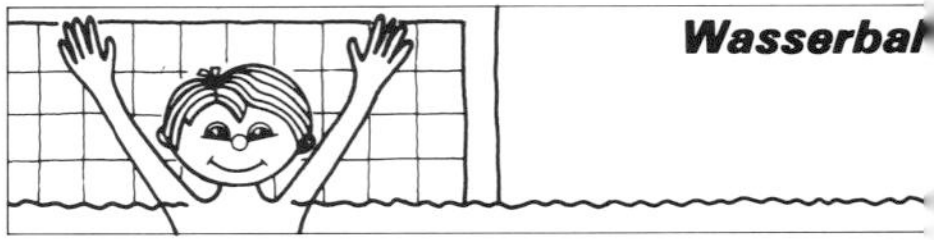

Die menschliche Uhr:
Trainingsgruppe in 2 Hälften: Von Gruppe A schwimmt nur e ner mit einem Wasserball eine Breite, dann der Nächste usv hin und her, bis Gruppe A 30 Breiten mit dem Ball geschwor men hat.
In dieser Zeit schwimmen alle von B möglichst viele Breite Nach 30 Breiten von A werden alle Breiten von B zusamme gezählt. Wechsel der Aufgabe. Welche Gruppe schwimr mehr?

8

Huckepack-Wasserba Crawl
Wer kann Wasserball-Cra schwimmen (Kopf hoch), o wohl der Partner sanften Druck auf die Schultern au übt? Nach 25 m wechseln! Je nach Können drücke bzw. nur an den Schultern a hängen.

8

Wasserballspiel:
Als Tore gelten aufgestellte Schwimmbretter

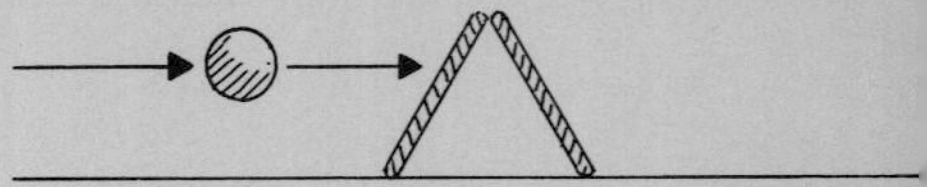

Auf jeder Breitseite werden 3–6 solche Tore aufgestellt. R geln selbst bestimmen! Wer kennt einige?

8

Schwimmen in Etappen = Ehrensache!
Info unter www.ivsch.ch

Im Buch „Spielend leisten, leistend spielen" (Band 164, Hofmann-Verlag) sind 144 weitere Trainingsbeispiele aufgeführt.
Siehe Literatur S. 258.

Können Wasserballer auch Wasserspringen, Rettungsschwimm oder sogar Synchronschwimmen?
Der Kombitest 3 oder 4 wäre der Beweis!

Wasserspringen

er kann vom 3 m-Brett vom Sitz in den Reif «springen», ohne esen zu berühren? Vorsicht: Kein Hohlkreuz!

854

er wagt den Handstand-Durchschub?
n Partner kann anfänglich die Beine des Springers als Sicheng halten.

855

Wem gelingt es, durch einen Reifen aus der Neigehalte einzutauchen, ohne diesen zu berühren, mit den Händen vom Boden abzustossen, und mit den Füssen wieder durch den Reifen zurückzuschwimmen?

856

er Wasserspringer hat gute Voraussetzungen für das Synchronhwimmen. Wer würde den Synchronschwimmtest 2 oder 3 bestehn?

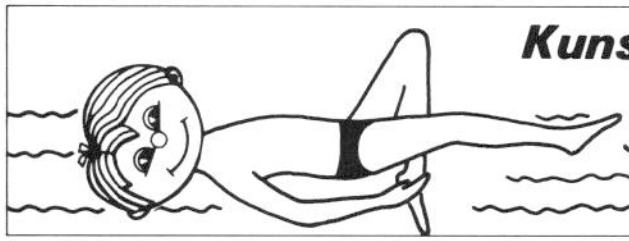

Kunstschwimmen

Mehrere kleine Gruppen «kämpfen» gegeneinander: Mindestens ein Gruppenmitglied muss immer in dieser Flamingohaltung sein. Welche Gruppe lebt so am längsten? (Evtl. andere Haltung, wie Ballettbein, Doppelballettbein . . .)

857

Die Wasserballettgruppe:
Jeder der Gruppe macht einen Vorschlag, welche Figur gelegt werden könnte wie z.B.

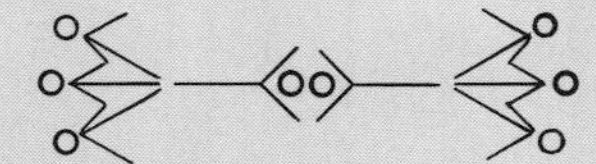

Die Möglichkeiten sind durch die Anzahl der Gruppenmitglieder etwas eingeschränkt!

858

Fangis: 1–2 Fänger versuchen, die andern durch Berührung ihrerseits zum Fänger zu verwandeln. Die Verfolgten können sich retten, indem sie eine vorher bestimmte Haltung, z.B. Ballettbein, einnehmen und halten.

859

Synchronschwimmer(innen) können ihre Fähigkeiten auch im Wasserspringen demonstrieren: z. B. im Wasserspringtest 4!

Tauchen

Tauch-Marathon:
Von der Gruppe ist immer ein Mitglied unter Wasser. Wie weit kommt Ihr so in 20 Minuten?

860

100 m Sprint
Wer braucht für 100 m Freistil (Start im Wasser) wenn möglich mit Rollwenden, am wenigsten Zeit . . . Selbstverständlich mit Flossen, Brille und Schnorchel
Wem gelingt es, unter 1 Minute zu schwimmen?

861

Unterwasserzeichnung:
Die einzelnen Gruppenmitglieder tauchen ab und zeichnen mit einem Neocolor-Stift auf ein plastifiziertes Papier. Am Schluss wird ausgelost, wer das Gemälde behalten darf!

862

Tauche (gar) nie alleine!

Aus der Geschichte des Schwimmens
1977
Nach dem Original gezeichnet von Wolf Pfiesser •
(Artikel 13)
Posterversand Barbara Pfiesser • Voorder Winkel 7 • 2302 Flintbek / bei Kiel •
TROCKENSCHWIMM – APPARAT
ANNO 1906
(aus "Jahrbuch der Turnkunst" von 1907
E. Stock Verlag Leipzig)
DIA Nr. 13

Kapitel 7

Lernhilfen im Schwimmsport

7.1 Einführung ... 160

7.2 Schwimmen: Schwimmarten, Starts und Wenden ... 161

7.3 Wasserspringen ... 185

7.4 Synchronschwimmen (Kunstschwimmen) ... 189

7.5 Wasserball ... 193

7.6 Sporttauchen ... 197

7.1 Einführung

Das Erlernen eines neuen Bewegungsablaufes und die Korrektur einer automatisierten, „falschen" Bewegung sind sich gewissermaßen ähnlich. Während beim Erlernen einer neuen Bewegung die üblichen Lehr- und Lern-Schwierigkeiten sehr oft in kurzer Zeit gemeistert werden, tauchen beim Umlernen viel größere Probleme auf. Erst müssen die „falschen" Bewegungsmuster „vergessen" und dann die neuen eingeschliffen werden. Der Lehrende versucht, dem Schüler durch Zeigen, Erklären, Vormachen, usw. zu helfen. Diese Anweisungen genügen in vielen Fällen. Was ist aber zu tun, wenn sie nichts nützen?
Die Erfahrung hat gezeigt, daß der Einsatz von „zwingenden Lernhilfen" dem Lernenden in vielen Situationen helfen. Diese Methode soll an einem typischen Beispiel aus dem Wasserspringen, dem Eintauchen vorwärts, verdeutlicht werden. Jeder Kenner dieser Bewegung weiß: das Hauptproblem besteht darin, daß der Körper im Moment des Eintauchens völlig gespannt ist. Dieses „Wissen" kann als zentrale Information durch den Lehrer einfach verbal (und so wird es meistens gemacht) dem Schüler weitergegeben werden: „. . . Du mußt beim Eintauchen den Körper spannen . . .". Eine andere Möglichkeit besteht darin, dem Lernenden Aufgaben zu stellen, die mit großer Wahrscheinlichkeit jenes Handeln herausfordern, die zwingend verlangen, was der Lehrer wünscht. Es wird also ein Ziel angestrebt. Will der Lernende dieses Ziel unter Einhaltung der durch den Lehrer bestimmten „Spielregeln" erreichen, muß die Aufgabe **richtig** gelöst werden (siehe Beispiel).
Nun führt er die entsprechende Bewegung aus. Ist die Aufgabe bzw. die Zielsetzung geschickt gestellt, dann merkt der Lernende unmittelbar nach der Ausführung, ob er richtig gehandelt hat oder nicht (Rückmeldung).
Die folgenden Beispiele für alle Schwimmsportarten sollen dazu verhelfen, den Unterricht noch lernwirksamer zu gestalten. Gleichzeitig soll diese Denk- und Lehrweise als Beitrag zu selbständigem Lernen und Üben im Sportunterricht anleiten.

Aufgabe:
Kannst du kopfwärts durch den Reifen eintauchen, ohne diesen zu berühren?
Nicht berührt = Richtig
Berührt = Falsch

Kapitel 7

Lernhilfen im Schwimmsport

7.2 Schwimmen: Schwimmarten, Starts und Wenden
(Gunther Frank)

7.2.1 Delphin 162

7.2.2 Rücken 165

7.2.3 Brust 168

7.2.4 Crawl 171

7.2.5 Rückenstart 174

7.2.6 Crawl- und Brust-Start 176

7.2.7 Tauchzug 178

7.2.8 Rollwende 180

7.2.9 Kipp-Dreh-Wende 182

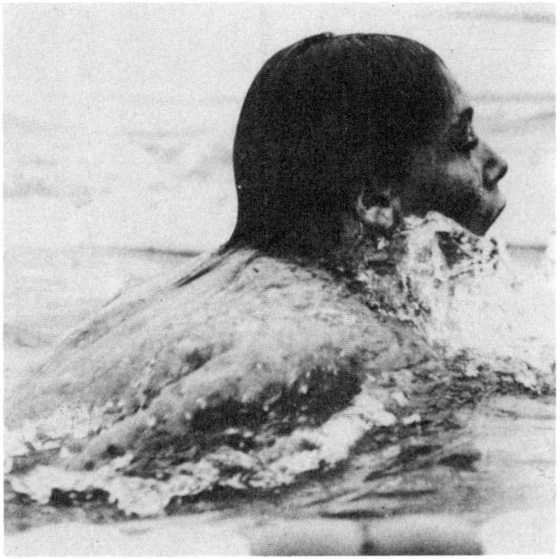

7.2.1 Schwimmen — Delphin

Nr.	Fehler des Schülers / Ziel des Lehrers	Information an den Schüler	Hilfsmittel / Material / Hinweise	Wie erfolgt die Rückmeldung?
863	Zu frühes Einatmen	Versuche, am Ende der Druckphase eine kurze Pause zu machen (Rollen).	Ueberprüfe den Zeitpunkt der Ausatmung. 	Partner- oder Selbstkontrolle: Spürbar längerer Zug.
	Einatmen, wenn die Arme am Ende der Druckphase sind.	Atme erst ein, wenn die Hände das Wasser verlassen.		
864	Arme zu flach über dem Wasser	Schwinge immer einen Arm über die Schwimmleine nach vorne.	Schwimmleine oder zwei Schnüre spannen (schulterbreit). 	Leine (n) nicht berührt: **Richtig** Leine (n) berührt: Falsch
	Höhere Schwungphase			
865	Zu kurze Druckphase	Die Daumen berühren die Oberschenkel . Schwimme Delphinbeinschlag mit Brust-Tauchzug (Arme unter Wasser nach vorne bringen).	Paddles (wird die Druckphase nicht beendet, gelangen die Paddles nur mit Mühe aus dem Wasser). 	Daumen berühren vor dem Verlassen des Wassers die Oberschenkel.
	Langer, ökonomischer Zug			
866	Pause nach dem Armzug	Schwimme Delphin-Armzug mit Crawlbeinschlag, event. auch mit Brustbeinschlag (Butterfly).	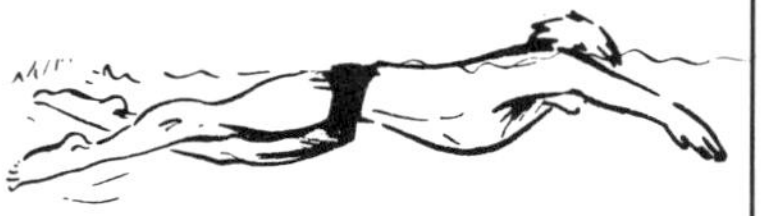	Ohne Pause = Oben bleiben (richtig) Mit Pause = Absinken (falsch)
	Ununterbrochener Bewegungsablauf			
867	Arme ziehen gestreckt	Schwimme Brust-Tauchzüge mit Delphinbeinschlag.	Pullboy zwischen den Oberschenkeln und nur Armzug schwimmen. Tauchbrille anziehen und Armzug beobachten! 	Weniger Armzüge über eine Breite.
	Armzug: Schlüssellochform			

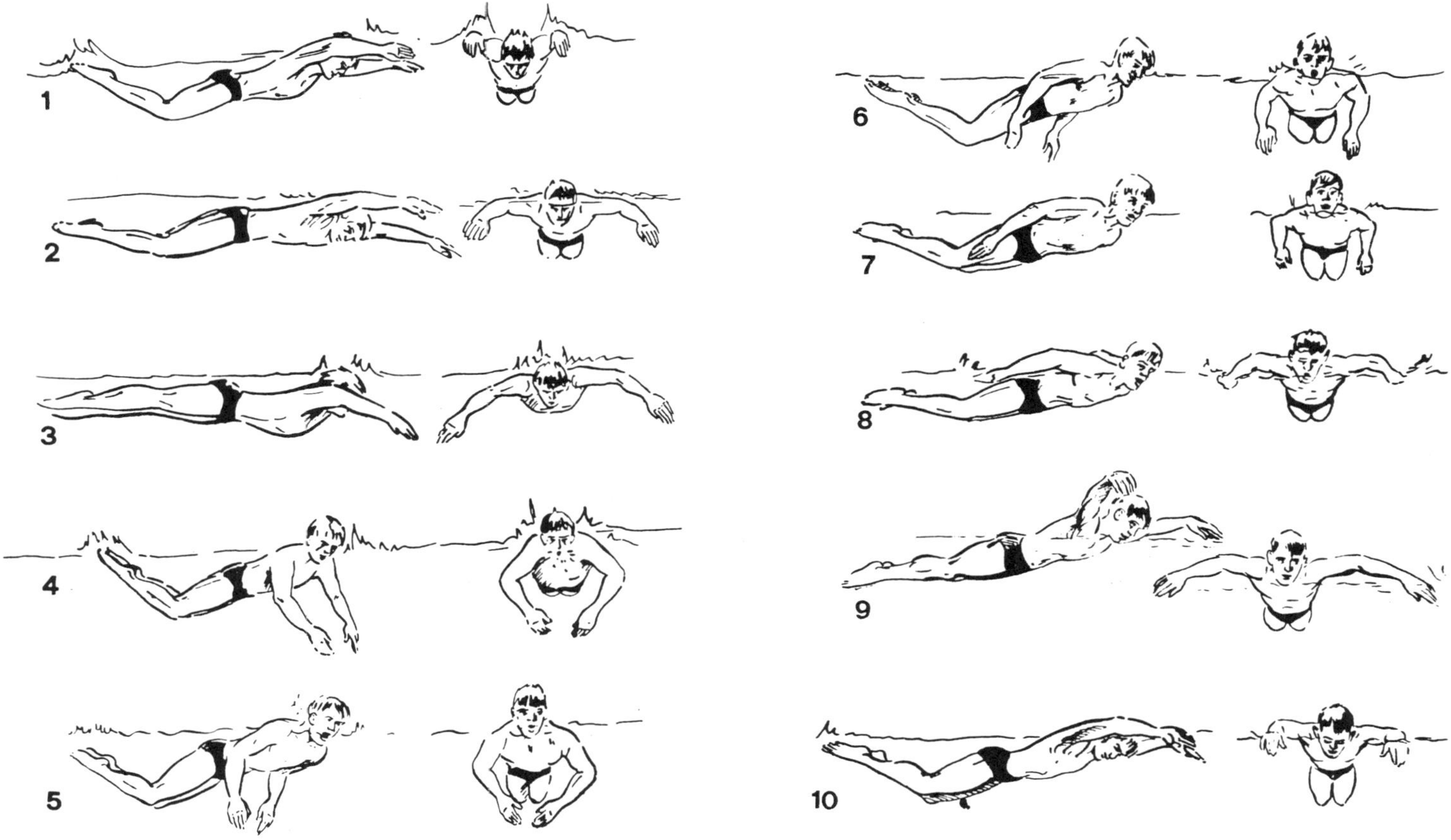
1
2
3
4
5
6
7
8
9
10

7.2.1 Schwimmen — Delphin

Nr.	Fehler des Schülers / Ziel des Lehrers	Information an den Schüler	Hilfsmittel / Material / Hinweise	Wie erfolgt die Rückmeldung?
868	Blockierte Fussgegelenke; Schlag nur aus den Knien	Schwimme in Rückenlage Delphinbeinschlag, kicke (imaginären) Ball gegen die Decke.	Flossen: Bauch-Seiten-Rückenlage; Wellenbewegung (ristwärts) verstärken. 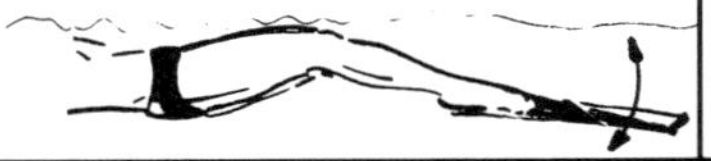	Richtige Ausführung ergibt schnellere Fortbewegung, weniger Kraftaufwand nötig.
	Beinschlag aus der Hüfte			
869	Nur ein Beinschlag	Schwimme mit einem Arm Crawl-Armzug mit einem Delphinbeinschlag vorne und hinten oder Brust-Tauchzüge mit Delphinbeinschlägen	Flossen: Schwimme Delphin und versuche, den fehlenden Beinschlag (während der Druckphase des Armzuges) zu betonen.	Die Arme kommen so leichter aus dem Wasser.
	Korrekter Zwei-Schlag-Rhythmus			
870	Zwei Beinschläge vorne	Versuche, die Pause der Arme (vorne) zu verkürzen, sodass keine Zeit für zwei Schläge bleibt.	Durch akustische Signale (z.B. Zurufen) oder visuell (z.B. Markierung am Bassinboden, Tauchteller). 	Partnerkontrolle.
	Ein Beinschlag vorne, ein Beinschlag hinten			
871	Körper ist zu gestreckt (nicht locker genug)	Delphin-Sprünge in den Reifen und durch gegrätschte Beine des Partners. Die Delphinbewegung beginnt in den Fingerspitzen und durch den ganzen Körper bis zu den Fussspitzen!	Reifen/Partner: Schwimme in Seitenlage um Partner oder Malstäbe herum (Slalom).	Gesteigertes Delphingefühl.
	Körper-/Delphin-Welle			
872	Stirn taucht nicht ins Wasser	Bockspringen über den Partner mit anschliessender Rolle. Delphinsprung mit Abtauchen bis zum Bassinboden.	Schwimmleine: Delphinsprünge bis auf den Boden. Dasselbe in Reifen. 	Gesicht schlägt nicht mehr aufs Wasser. Leichteres Abtauchen.
	Kopfsteuerung verbessern			

Nr.	Fehler des Schülers / Ziel des Lehrers	Information an den Schüler	Hilfsmittel / Material / Hinweise	Wie erfolgt die Rückmeldung?
873	Zu schnelles Atmen (Hecheln)	Atme während der Druckphase des rechten oder linken Armes aus und während der zweiten Hälfte der Ueberwasserphase ein.	Doppelarmzug mit Rückencrawlbeinschlag. Beobachte den Atemvorgang!	Atmung wird tiefer und ruhiger.
	Rhythmische Atmung			
874	Ueberkreuzen der Arme	Schwimme neben der Leine und tauche die Hand neben ihr ins Wasser ein. Tandem: Schwimme knapp hinter deinem Partner.	Halte das Schwimmbrett mit einer Hand quer hinter dem Kopf und schwimme mit dem anderen Arm so, dass er neben dem Brett eintaucht. Tandem mit Partner.	Wenn ich es richtig mache, berühre ich das Brett bzw. die Oberschenkel des Partners nicht.
	Schulterbreites Eintauchen der Fingerspitzen			
875	Handrücken schlagen auf das Wasser	Bewusstes Abdrehen des Handgelenkes, so dass der kleine Finger zuerst ins Wasser eintaucht. Doppel-Armzug und gut beobachten.	Schwimme mit Paddles. Erlebe den Gegensatz: Aufschlag mit Handrücken - Eintauchen mit den Fingerspitzen!	Die Hände tauchen leicht und widerstandslos ein, ohne auf das Wasser zu drücken.
	Kleinfinger tauchen zuerst ins Wasser ein			
876	Die Arme ziehen ganz gestreckt	Führe den Armzug an Land aus. Schwimme nur mit einem Arm und betone die Zug- und Druckphase.	Schwimme mit Paddles. 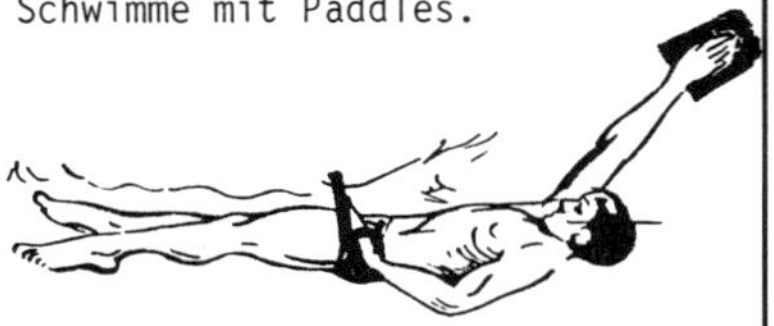	Der Ellbogen schmerzt nicht mehr! Bessere Gleitphase, längerer Unterwasserweg.
	Armzug als liegendes "S" ausführen			
877	Keine/schlechte Druckphase	Die Daumen sollen in der Druckphase die Oberschenkel berühren. Am Schluss der Druckphase zeigt die Handfläche zum Bassinboden.	Schwimme mit Paddles. Schwimme einige Züge Crawl, dann Rückencrawl, suche dasselbe "S"-Armzugmuster.	Längerer Zug, geringere Kadenz.
	Oekonomischer Armzug			

7.2.2 Schwimmen — Rücken

1

2

3

4

5

6

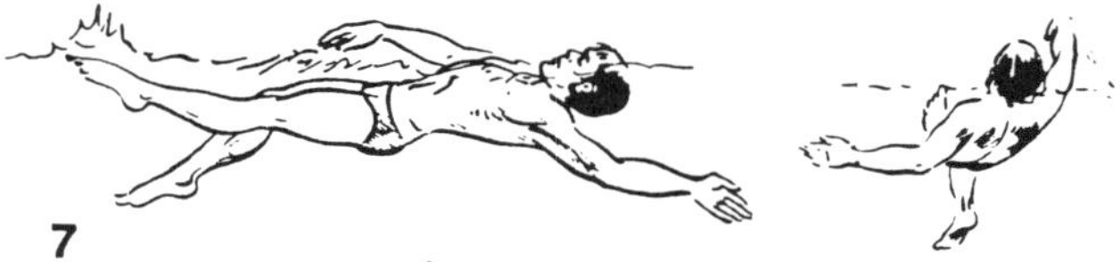
7

8

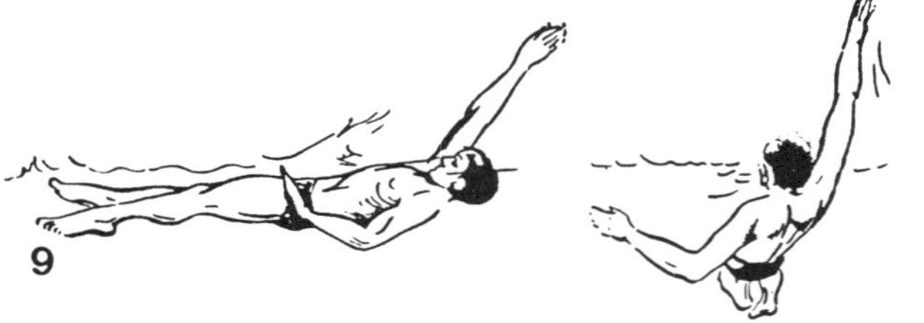
9

10

Nr.	Fehler des Schülers / Ziel des Lehrers	Information an den Schüler	Hilfsmittel / Material / Hinweise	Wie erfolgt die Rückmeldung?
878	Armzug, Pause vor der Ueberwasserphase	Abschlagschwimmen (die über dem Kopf liegende Hand einholen, abschlagen). Einarmig Rückencrawl schwimmen.	Pullboy zwischen den Beinen und nur Armzug schwimmen. 	Partnerkontrolle. Handberührung über dem Kopf.
	Gleichmässiger Bewegungsablauf			
879	Wasserlage: Sitzen im Wasser	Schwimme so, dass die Badehose an der Wasseroberfläche auftaucht. Ziehe mit dem Bauch einen Pullboy mit Dir! (Ueberkorrektur).	Boden des Lehrschwimmbeckens: Schwimme in 30-40 cm Wassertiefe. Pullboy 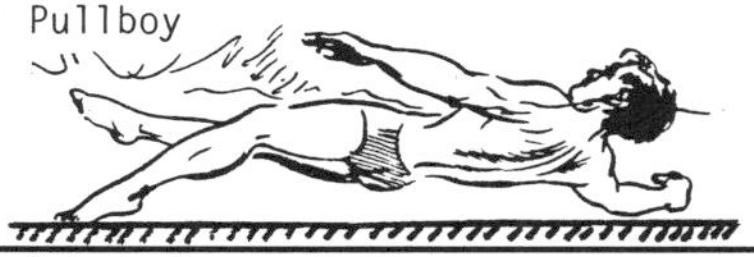	Das Gesäss berührt den Boden (nicht). Der Pullboy bleibt auf dem Bauch liegen.
	Gute Wasserlage			
880	Beinschlag: Knie schlagen aus dem Wasser	Halte ein Schwimmbrett über die Knie. Schwimme Beinschlag mit Flossen.	Schwimmbrett / Flossen. 	Knie schlagen gegen das Schwimmbrett.
	Korrekter Beinschlag			
881	Unruhige Körperlage; Körper wippt auf und ab	Armzugmuster verbessern,indem der Krafteinsatz nicht am Anfang des Zuges, sondern erst in der Druckphase erfolgt. Armzug horizontaler und nicht so tief im Wasser ausführen. Armzug ohne Unterbrechung!	Mit Paddles spürst du den Widerstand besser und auch wenn eine Pause während des Zuges entsteht.	Selbstkontrolle/Partnerkontrolle.
	Ruhige Wasserlage			
882	Zu flacher Armzug. Blasenbildung m.d. Hand	Lege dich beim Ziehen auf deinen Zugarm. Du kannst so, bei gebeugtem Ellbogen, viel mehr Kraft einsetzen.	Schwimmleine: Tauche die Hand neben der Leine ein und ziehe unter ihr nach hinten. 	Verlangsamung des Armzuges, verstärkter Widerstand im Wasser wird spürbar.
	Effektvollerer Zug, Widerstand suchen			

7.2.3 Schwimmen — Brust

Nr.	Fehler des Schülers / Ziel des Lehrers	Information an den Schüler	Hilfsmittel / Material / Hinweise	Wie erfolgt die Rückmeldung?
883	Zu frühes Einatmen	Schwimme Brustbeinschlag (Arme vorne oder hinten gestreckt). Beim Anziehen der Beine den Kopf anheben und einatmen. Beim Zusammenschlagen Kopf ins Wasser und ausatmen, gleiten. Wiederholen.	Brille: Beobachte deine Arme bis sie in der Zug-Druckphase fast zusammen sind, dann erst einatmen. 	Wenn ich noch beide Hände unter dem Gesicht sehen kann ist es richtig!
	Einatmen am Ende der Druckphase			
884	Ausatmen über Wasser	"Sprudele" deine Arme nach vorne und brumme dazu wie ein Bär!	Spiegel am Boden: Schwimme Brust mit zwei Beinschlägen (lange Zeit zum Ausatmen). Lange Gleitphasen und zugleich ruhig ausatmen.	Luftblasen verhindern eine klare Sicht.
	Korrekte Ausatmung			
885	Armzug: Pause nach der Druckphase	Versuche, die Hände nach dem Armzug ganz schnell <u>über</u> Wasser nach vorne zu stossen.	Ein Gummiband hält die Beine geschlossen; nur Armzug schwimmen. 	Sinken die Beine ab, dann mache ich eine Pause = falsch!
	Rationeller Armzug			
886	Zu breiter Armzug	Schwimme Brust mit normalem, mittlerem und kleinem Armzug, so wie wenn du mit der Kleinfingerseite deiner Hände eine Schüssel auskratzen würdest!	Schnur um die Handgelenke binden. 	Zug am Handgelenk. Die "kleine" Ausführung ist richtig.
	Enge Zugphase			
887	Zu grosser Beinschlag	Führe im Wechsel einen grossen, mittleren und kleinen Beinschlag aus. Wenn deine Beine gestreckt sind, müssen sie auch geschlossen sein.	Gummiband knapp oberhalb der Knie umbinden. 	Begrenzung durch Band.
	Schlag mehr nach hinten ausführen			

1

2

3

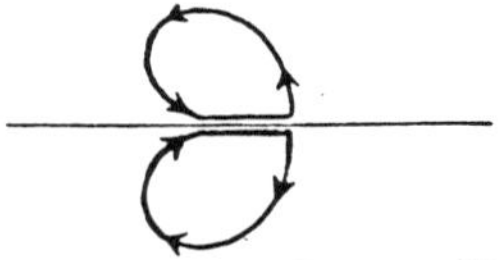

4

5

6

7

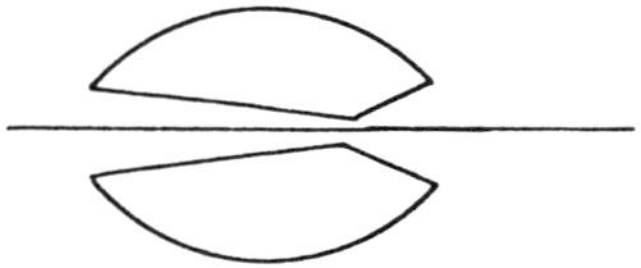

8

9

10

7.2.3 Schwimmen — Brust

Nr.	Fehler des Schülers / Ziel des Lehrers	Information an den Schüler	Hilfsmittel / Material / Hinweise	Wie erfolgt die Rückmeldung?
888	Die Beine werden zu wenig angezogen Wirkungsvoller Beinschlag	Schwimme Brustbeinschlag mit den Händen auf dem Rücken; berühre jeweils mit den Händen die Fersen. Versuche dies auch in Rückenlage.	Die eigenen Hände! 	Die Fersen berühren die Hände.
889	Ungleichmässiger Beinschlag Symmetrischer Beinschlag	Schwimme Beinschlag in Rückenlage und beobachte die Beine. Mache jeweils eine Pause (Schwimmbrett auf dem Bauch) nach dem Anziehen. Dann Füsse ausdrehen und zusammenschlagen.	Wenn in Bauchlage: Spiegel am Boden. Brille: Kopf unter Wasser, beobachte deine Beine! Schwimmbrett zwischen den Oberschenkeln.	Selbstbeobachtung!
890	"Spitzfuss" Fussohlenschlag	Springe mehrmals in etwa 1 m tiefem Wasser hoch und ziehe dann deine Beine etwas an und schlage wie beim Beinschlag bevor du landest.	Partner führt die Füsse, indem er bei gebeugten Knien die Füsse nach aussen dreht. Flossen: Brustbeinschlag.	Beim Schliessen der Beine lande ich mit angezogenen Füssen auf Boden. Partner dreht die Füsse nach aussen.
891	Schräge Beckenlage Regelkonforme Wasserlage	Sitze am Beckenrand. Die Beine schlagen im Wasser. Hebe die tiefer liegende Seite verstärkt hoch (Ueberkorrektur), wenn du Beinschlag schwimmst.	Brille: Beobachte die Lage deines Beckens (Bewusstmachung). Dein Partner beobachtet dich mit der Brille von hinten oder von vorne.	Partner- / Selbstkontrolle.
892	Beinschlag und Beckenlage zu tief Flache Wasserlage	Zeige deine Badehose! Ziehe deine Fersen jedes 3. Mal an der Wasseroberfläche zum Gesäss.	Pullboy zwischen den Oberschenkeln und Brustbeinschlag schwimmen. Schwimme extrem flach, extrem steil (als Gegensatzerfahrung)!	Beim Anziehen der Beine spürst du den geringeren Widerstand. Geräuschentwicklung.

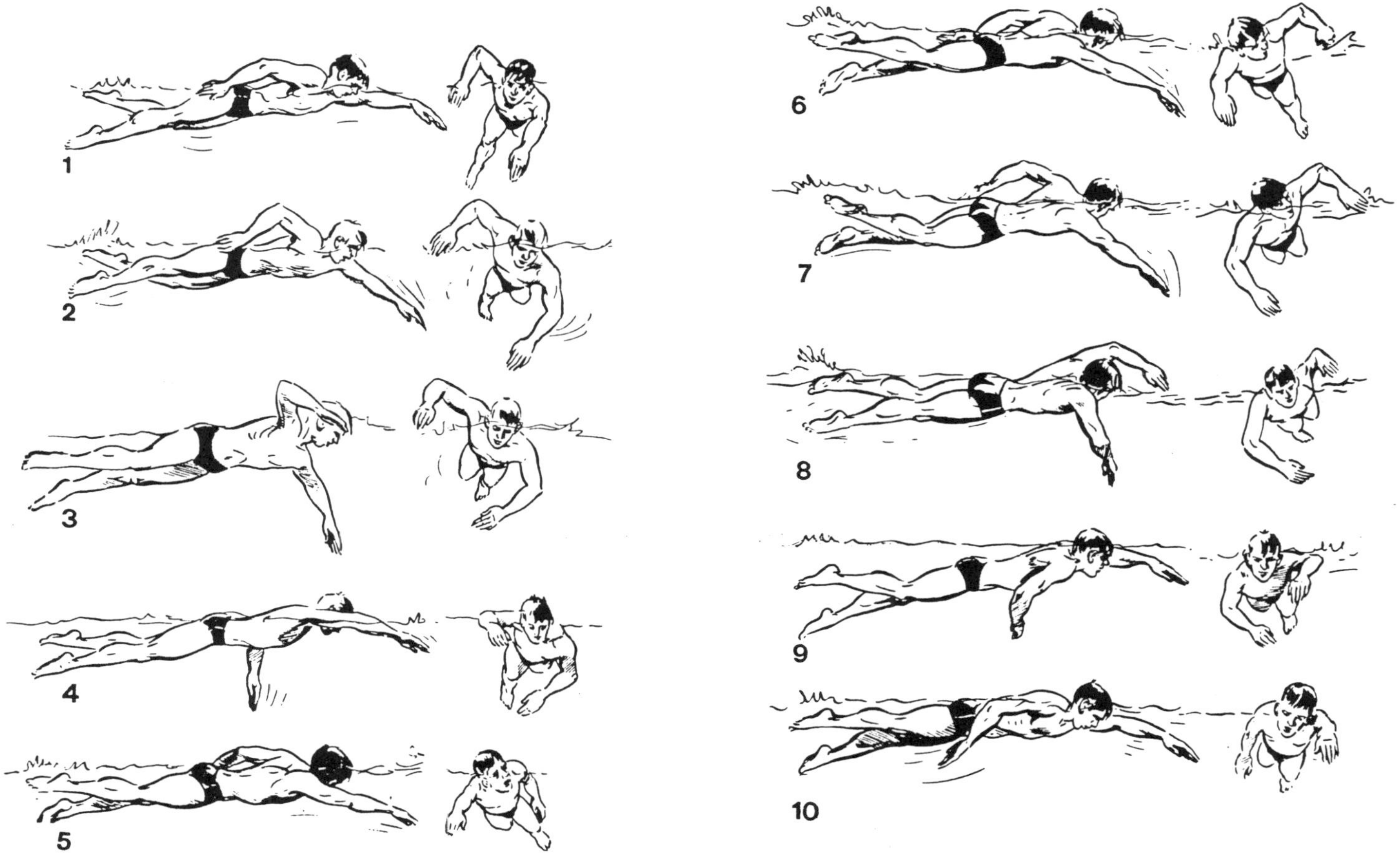
1
2
3
4
5
6
7
8
9
10

7.2.4 Schwimmen — Crawl

Nr.	Fehler des Schülers / Ziel des Lehrers	Information an den Schüler	Hilfsmittel / Material / Hinweise	Wie erfolgt die Rückmeldung?
893	Zu frühes Einatmen	Versuche, nach jedem Zug (hinten) eine Pause zu machen. Das nennt man Rollen; dabei zeigt das Gesicht Richtung Beckenboden.	Du darfst erst dann einatmen, wenn deine "Atemhand" das Wasser verlässt! 	Das Einatmen läuft synchron mit dem Verlassen der Hand aus Wasser. Lasse dich von deinem Partner beobachten!
	Erst einatmen, wenn die Hand das Wasser verlässt			
894	Ausatmen über Wasser	Atme erst beim Uebergang in die Druckphase durch Mund und Nase aus.	Brumme dabei wie ein Bär oder wie ein Motor kräftig ins Wasser. 	Genügend Zeit zum Einatmen.
	Ausatmen ins Wasser			
895	Ueberkreuzen der Arme beim Eintauchen	Schwimme wie ein Wasserballer mit erhobenem Kopf. Ueberkorrektur: Tauche ausserhalb der Schultern ins Wasser.	Spiegel aufgehängt am Beckenrand: Schwimme darauf zu und beobachte dich. Tandem-Schwimmen mit dem Partner.	Mit erhobenem Kopf sieht man die Eintauchstelle und kann dann unter Beibehaltung 2-3 Züge normal schwimmen. Beine des Partners beim Tauchen nicht berührt = richtig!
	Fingerspitzen tauchen auf Schulterhöhe ein			
896	Ellbogen sinkt ab, zieht vor der Hand durchs Wasser	Mehrmaliges Aussteigen aus dem Wasser am Beckenrand (Ellbogen sind oben).	Wie du aussteigst, so musst du auch schwimmen. Schwimme auch mit Paddles und beobachte deinen Armzug mit der Brille.	Verbesserter Widerstand, besserer Vortrieb. Partnerkontrolle.
	Armzug mit hohem Ellbogen			
897	Keine Druckphase	Berühre mit den Daumen immer die Oberschenkel. Rolle und trainiere deine Unterarmstreckung.	Paddles: Zähle auch deine Züge: a) mit Daumen am Oberschenkel b) normal	Je weniger Züge, umso längere Zug- Druckphase.
	Rationeller Armzug, lange Zug-Druckphase	Suche einen weiten, langen Weg unter Wasser.		

Nr.	Fehler des Schülers / Ziel des Lehrers	Information an den Schüler	Hilfsmittel / Material / Hinweise	Wie erfolgt die Rückmeldung?
898	Armzug: Gestreckte flache Ueberwasserphase	Berühre in der Vorführphase mit den Daumen die Achselhöhlen. Schleife mit den Fingerrücken über das Wasser nach vorne.	Beckenrand/Mauer: Schwimme ganz dicht daneben. Dabei soll der Ellbogen hoch, Unterarm und Hand hingegen unten sein. 	Die Berührung des Daumens in der Achselhöhle und der Kontakt der Fingerrücken am Wasser wird deutlich wahrgenommen.
	Mit hohem Ellbogen schwimmen			
899	Armzug ist zu gradlinig und zu gestreckt	Ziehe mit deiner Hand unter dem Körper und beuge dabei deinen Ellbogen. Schwimme einarmig Crawl.	Brille: Beobachte den Weg deiner Hand. Ist es nicht fast ein richtiges "S", das deine Hand beschreibt? Ziehen... Drücken! 	Gleichmässiger Druck auf der Hand während des ganzen Armzuges. Ich brauche nun mehr Zeit für einen Armzug.
	Korrekter, "S"-förmiger Armzug			
900	Die Hand taucht zu früh ins Wasser ein	Ueber imaginären Baumstamm greifen. Schwimme wie ein Wasserballer.	Berühre mit den Fingerspitzen vor und neben dem Kopf das Wasser und tauche erst danach ein.	Vergleich der "alten" Gewohnheit mit der neuen.
	Eintauchen ca. 10-20 cm vor dem Kopf			
901	Knick im Körper beim Atmen	Du musst in der Hüfte gestreckt bleiben. Dafür darfst du um deine Längsachse drehen. Schaue beim Einatmen nach vorne.	Schultergymnastik. Atme im "3er-Zug" oder auf die "falsche" Seite. Du darfst auch "hinten" keine Pause machen.	Ein Mitschüler beobachtet vom Rand aus, ob der Körper gestreckt bleibt. Event. auch mit Tauchbrille beobachten.
	Körper darf nur um die Lächsachse drehen			
902	Körper wippt auf und ab	Beuge deine Ellbogen. Schwimme mit Fäusten und Abschlag. Unterwasserarbeit kontrollieren.	Brille: Beobachte, ob der Zug ohne Pause durchgeführt wird. 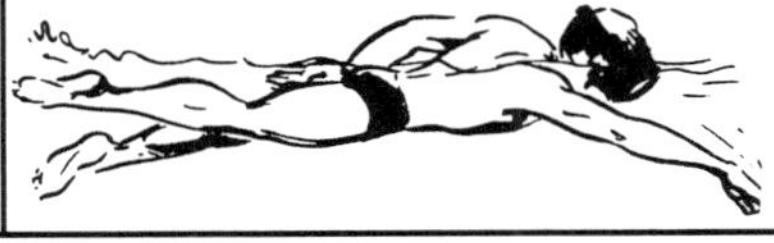	Man hat das Gefühl, wie ein Brett im Wasser zu gleiten.
	Ruhige Wasserlage			

7.2.5 Schwimmen — Rückenstart

Nr.	Fehler des Schülers / Ziel des Lehrers	Information an den Schüler	Hilfsmittel / Material / Hinweise	Wie erfolgt die Rückmeldung?
903	Die Beine schleifen durchs Wasser	Setze deine Füsse versetzt, mit den Zehen leicht nach aussen, an die Mauer. So rutschst du weniger leicht weg.	Seil, Brett, Partner (das/der quer im Wasser liegt) überspringen. Fusstellung: 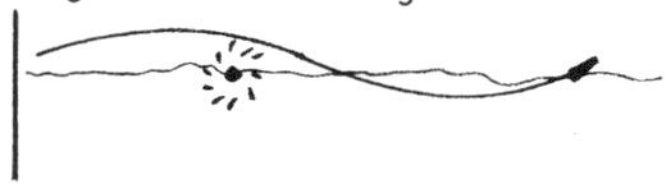	Gegenstände berührt = Falsch Nicht berührt = Richtig
	Abstoss verbessern Abrutschen verhindern			
904	Fehlende "Bogenspannung"	Versuche, aus dem Hechtschiessen rückwärts, mit den Armen voraus, einen Ueberschlag rückwärts auszuführen. Dasselbe mit den Armen über dem Wasser.	Stosse zum Erlernen der Flugphase von der Ueberlaufrinne ab. Benütze die Treppe mit den Halterohren (Höhe kann beliebig gewählt und verändert werden).	Spürbar besseres und widerstandsärmeres Eintauchen.
	Richtige "Flugphase"			
905	Kinn bleibt angezogen	Führe den Kopf mit den Armen gleichzeitig nach hinten und klemme ihn zwischen deinen Oberarmen ein.	Partner macht Zeichen oder zeigt Gegenstände, welche vom Uebenden während des Sprunges realisiert werden müssen.	Zeichen erkannt = Richtig Nicht erkannt = Falsch
	Kopf zwischen den Armen			
906	Arme schwingen aufwärts und rückwärts abwärts	Versuche, mit deinen Händen - auf dem Weg rückwärts - kurz auf's Wasser zu schlagen, um dann die Arme über dem Kopf einzutauchen.	Startvorrichtung von aussen fassen (Handflächen nach innen).	Schnelleres und einfacheres Auftauchen. Kannst du beim Rückwärtsführen schnell das Wasser mit den Handrücken berühren?
	Mehr seitliche, flache Armführung			
907	Du tauchst zu tief ein	Ziehe direkt nach dem Eintauchen dein Kinn an. Dadurch steuerst du schneller gegen die Wasseroberfläche. Fange zuerst mit einem Arm an zu ziehen, dann erst folgt der andere.	Leine, Stab, Arm, ca. 40-50 cm unter dem Wasser: Versuche ganz flach darüber zu tauchen. 	Partnerkontrolle
	Korrekter Eintauchwinkel			

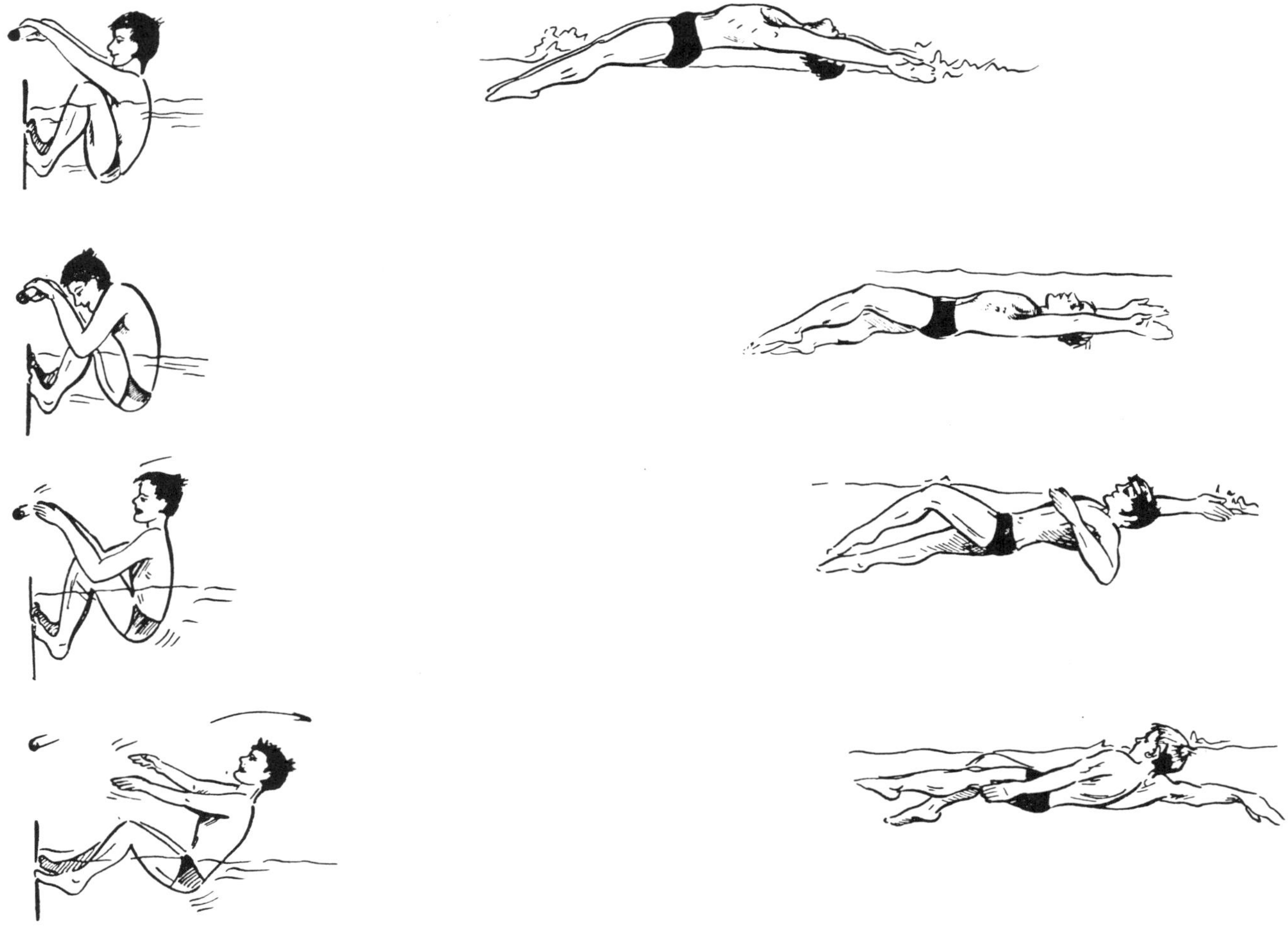

7.2.6 Schwimmen — Crawl- und Brust-Start

Nr.	Fehler des Schülers Ziel des Lehrers	Information an den Schüler	Hilfsmittel / Material / Hinweise	Wie erfolgt die Rückmeldung?
908	Die Beine schlagen zuerst aufs Wasser Richtiger Eintauchwinkel	Hocke nach dem etwas steileren Absprung deine Beine kurz an und strecke sie wieder kurz vor dem Eintauchen.	2 Leinen: a) ca. 1,50 m hoch b) auf dem Wasser liegend. 	Schmerzloses Eintauchen. Leine berührt = Falsch Nicht berührt = Richtig
909	Der Bauch schlägt aufs Wasser Unterstützender Armschwung	Versuche, deine Hände in ihrem Schwung nach oben zu blockieren, bevor sie die Körperlängsachse erreichen.	Beckenrand: Zwei Partner stehen sich gegenüber und springen mit Armschwung ab. In der Luft schlagen ihre Handflächen gegeneinander.	Schmerzloses Eintauchen. Längere Gleitphase nach dem Eintauchen. Partnerkontrolle.
910	Zu kurze Flugphase Absprung verbessern	Mit einem energischen Armkreisen rückwärts kannst du deinen Absprung wirkungsvoll unterstützen. Hebe dazu deinen Kopf und schaue nach vorne.	Jump-and-Reach-Test, mit und ohne Armschwung am Land. Was gibt der Partner für ein Zeichen am gegenüberliegenden Beckenrand (Kopf hoch nach dem Absprung!).	Mit Armschwung komme ich viel weiter. Ich sah das Zeichen (nicht)!
911	Zu langsame Startreaktion Bessere Startposition	Halte dich seitlich am Startblock fest und neige dich weit nach vorne. Schwinge mit dem Kommando die Arme, ohne Ausholbewegung, sofort nach vorne.	Startblock: Lege deine Hände bis zur Hälfte (Finger) an den Startblock und drücke dich zuerst mit ihnen ab. Uebe Reaktionsschnelligkeit auch an Land.	Partnerkontrolle. Stoppen der Reaktionszeit. Vergleich mit und ohne Armschwung. Wie bist du schneller?
912	Du tauchst zu tief (flach) ein Der Schwimmart angepasster Eintauchwinkel	Nimm deinen Kopf zum Eintauchen weniger stark (stärker) nach unten und steuere mit ihm weniger früh (früher) gegen die Wasseroberfläche.	Wenn zu flach, dann versuche in die Nähe des 1. Tauchtellers zu springen. Wenn zu steil, dann zum zweiten.	Welche Form musst <u>Du</u> üben? 1. oder 2. Teller?

7.2.7 Schwimmen — Tauchzug

Nr.	Fehler des Schülers / Ziel des Lehrers	Information an den Schüler	Hilfsmittel / Material / Hinweise	Wie erfolgt die Rückmeldung?
913	Ueberhastetes Vorbringen der Arme	Führe einen Tauchzug so aus, dass du mit angelegten Armen durch den Reifen gleitest, ohne diesen zu berühren.	Den Reifen so plazieren, dass der Schüler vor ihm den Tauchzug ausführen kann. 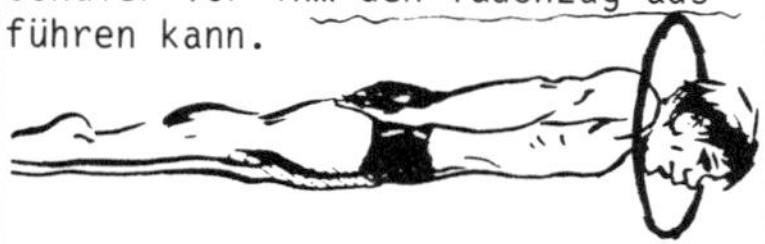	Selbstkontrolle. Reifen passiert = Richtig
	Gleitphase nach dem Armzug			
914	Du tauchst zu spät auf	Du musst deinen Kopf anheben, sobald du die Arme nach vorne bringst.	Beobachte mit Hilfe der Brille das Durchbrechen der Wasseroberfläche. 	Partnerkontrolle.
	Regelkonformes Umsetzen			
915	Beinschlag und Armzug zu dicht aufeinanderfolgend	Stosse dich vom Beckenrand ab, gleite durch 1. Reifen und beginne den Tauchzug, gleite durch 2. Reifen und bringe die Arme vor mit gleichzeitigem Schlagen der Beine.	Drei Reifen werden von drei Partnern hintereinander gehalten. 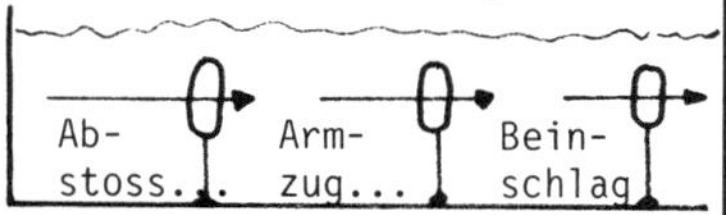	Kein Reifen berührt = Richtig Berührt = Falsch
	Gleitphase vor und nach dem Zug			
916	Arme ziehen gerade und gestreckt	Versuche, einen halben grossen Brustamrzug übergangslos mit einem symmetrischen Crawl-Armzug zu verbinden: Sanduhr - Schlüsselloch-Muster.	Paddles - Tauchzug. Pullboy - Nur Armzüge. Brille - Zugmuster beobachten. Spiegel - dito.	Zähle die Anzahl der Tauchzüge. Je weniger, desto bessere Tauchzüge.
	Raumgewinnender, effizienter Armzug			
917	Bremsen beim Vorbringen der Arme	Bringe deine Arme dicht am Körper (mit den Fingerspitzen voraus) nach vorne oben.	Spiegel / Brille 	Selbstkontrolle. Grössere Wirkung des Beinschlages.
	Koordinierte Arm-Beinbewegung			

7.2.7 Schwimmen — Tauchzug

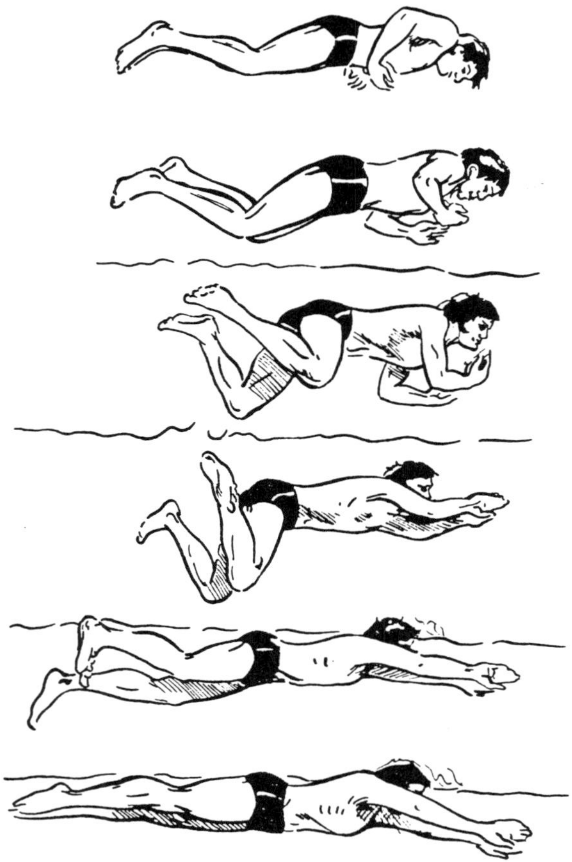

7.2.8 Schwimmen — Rollwende

Nr.	Fehler des Schülers / Ziel des Lehrers	Information an den Schüler	Hilfsmittel / Material / Hinweise	Wie erfolgt die Rückmeldung?
918	Zu frühes (spätes) Drehen	Schwimme an die Mauer. Bei Ertönen des Pfiffes leitest du die Drehung ein. Leite die Drehung ein, wenn du auf der Höhe des Tauchringes bist.	Pfeife (oder anderes akustisches Signal. Tauchring. 	Selbstkontrolle. Gute Abstossposition zur Mauer. Richtige Distanz zur Mauer.
	Richtiger Abstand zur Mauer			
919	Absinken während und nach der Rolle	Du drehst zu langsam. Setze betont Kopf, beide Hände und Füsse zur Unterstützung der Rolle ein. Versuche, mit dem Kopf zwischen deine Beine zu gelangen.	Schwimmleine: Fasse sie mit ausgestreckten Armen im Kammgriff, ziehe dich darüber und rolle in die Rücken-Seitenlage.	Nach dem Abstossen komme ich gleich an die Wasseroberfläche. Merklich schnellere Rotation.
	Schnellere Drehung			
920	Während der Drehung ist ein Arm seitwärts	Setze , mit den Handflächen nach unten , deine Hände kräftig ein. Kreuze sie unter der Brust. Stosse nun ab und strecke die Arme.	Schwimmleine: Wie obere Uebung, aber kreuze nun während der Rolle deine Arme. 	Arme sind vor dem Abstossen vorne.
	Rationelle, schnelle Drehung			
921	Wasser in der Nase infolge der Drehung	Beim Einleiten der Drehung musst du kräftig durch die Nase ausatmen.	Nasenklammer (verhindert das Eindringen von Wasser in die Nase). 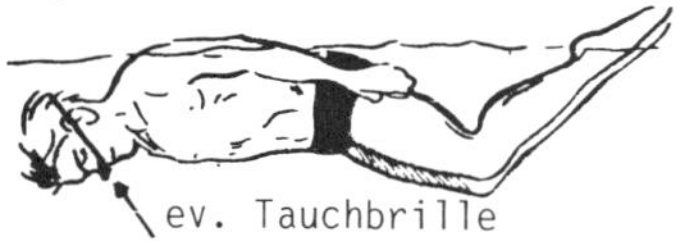	Kein Nies- und Juckreiz und keine unangenehme Empfindung.
	Unangenehmes Gefühl vermeiden			
922	Schiefes Abstossen, schräge Lage	Versuche, zuerst um deine Breitenachse zu drehen, dann erst um die Längsachse.	Anschwimmen, rollen und abstossen in Rückenlage. Dann in Seitenlage. 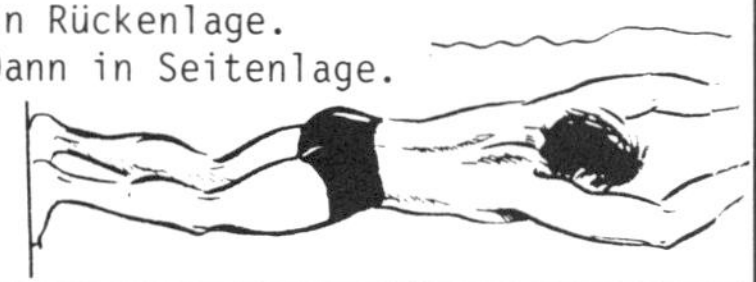	Partner- und Selbstkontrolle.
	Drehung um 180 °			

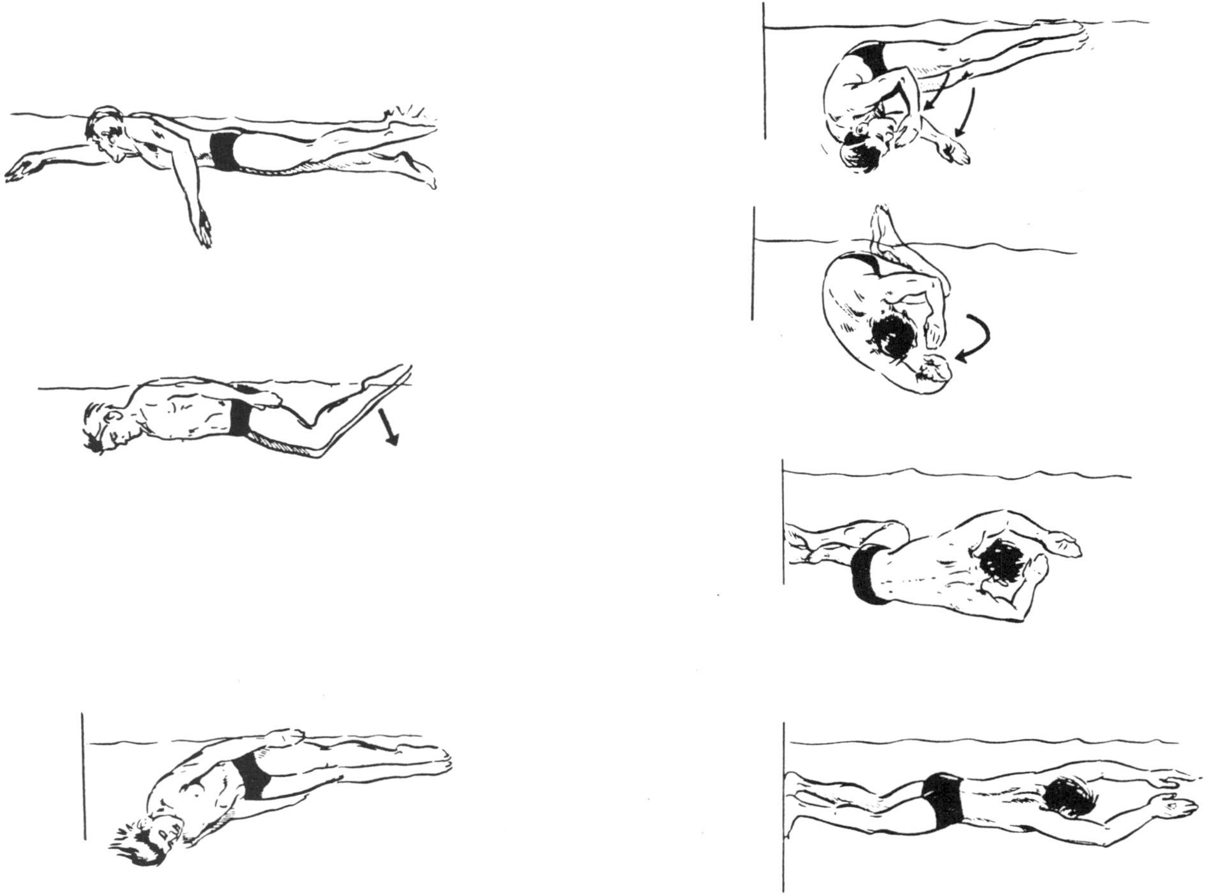

7.2.9 Schwimmen — Kipp-Dreh-Wende

Nr.	Fehler des Schülers / Ziel des Lehrers	Information an den Schüler	Hilfsmittel / Material / Hinweise	Wie erfolgt die Rückmeldung?
923	Zu nah (weit) an der Mauer	Lasse beim Ertönen des Pfiffes deine Hand hinten auf dem Wasser liegen und schaue über Wasser kurz an die Mauer.	5 m Leine über Wasser gespannt. Zähle deine Züge bis zur Mauer. Uebe nur das Anschwimmen, bis der Abstand für deinen "guten" Arm stimmt.	Drehung gelingt leichter. Uebergang vom Anschwimmen zum Rollen gelingt fliessend.
	Richtiger Abstand			
924	Füsse schleifen im Wasser zur Mauer	Schwinge deine Füsse so an die Mauer, dass du den Pullboy auf den Beckenrand werfen kannst. Hebe im Moment der Drehung die Unterschenkel leicht an.	Pullboy zwischen den Unterschenkeln. 	Pullboy landet auf dem Beckenrand. Unterschenkel werden "trocken" an die Wand geschleudert.
	Füsse in der Luft an die Mauer			
925	Das Becken ist zu tief	Drücke deine Hüfte, kurz bevor du die Mauer berührst, kräftig nach oben.	Partner unterstützt mit einer Hand unter dem Gesäss. 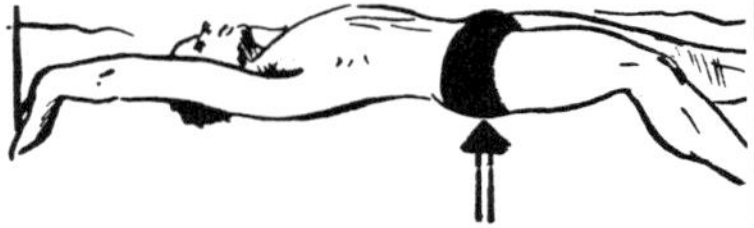	Nach dem Abstossen gelange ich gleich in die Schwimmlage.
	Leicht überstreckte flache Wasserlage			
926	Schiefes Abstossen, schräge Lage	Schaue, wie deine Hand an die Mauer greift. Dadurch bekommst du eine bessere Vorspannung.	Wie oben. 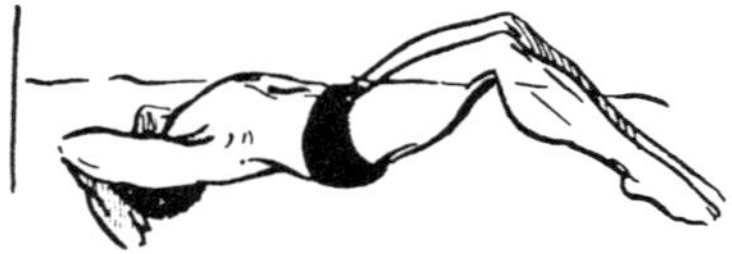	Nach dem Abstossen kann ich gleich mit dem Schwimmen beginnen. (Beginn des Armzuges mit 1 Arm!)
	Drehung um 180^{0}			
927	Absinken während und nach der Drehung	Greife mit den Fingerspitzen nach unten an die Mauer. Versuche, durch Schauen und hohes Becken die Drehung zu beschleunigen. ...wie wenn du beim Fosbury-Flop über die Latte fliegst!	Vom Beckenboden nach hinten oben abstossen und mit viel Schwung (ev. Partnerhilfe) eine Wende durchführen.	Partnerkontrolle. Gutes, schnelles Drehgefühl.
	Schnellere Drehung			

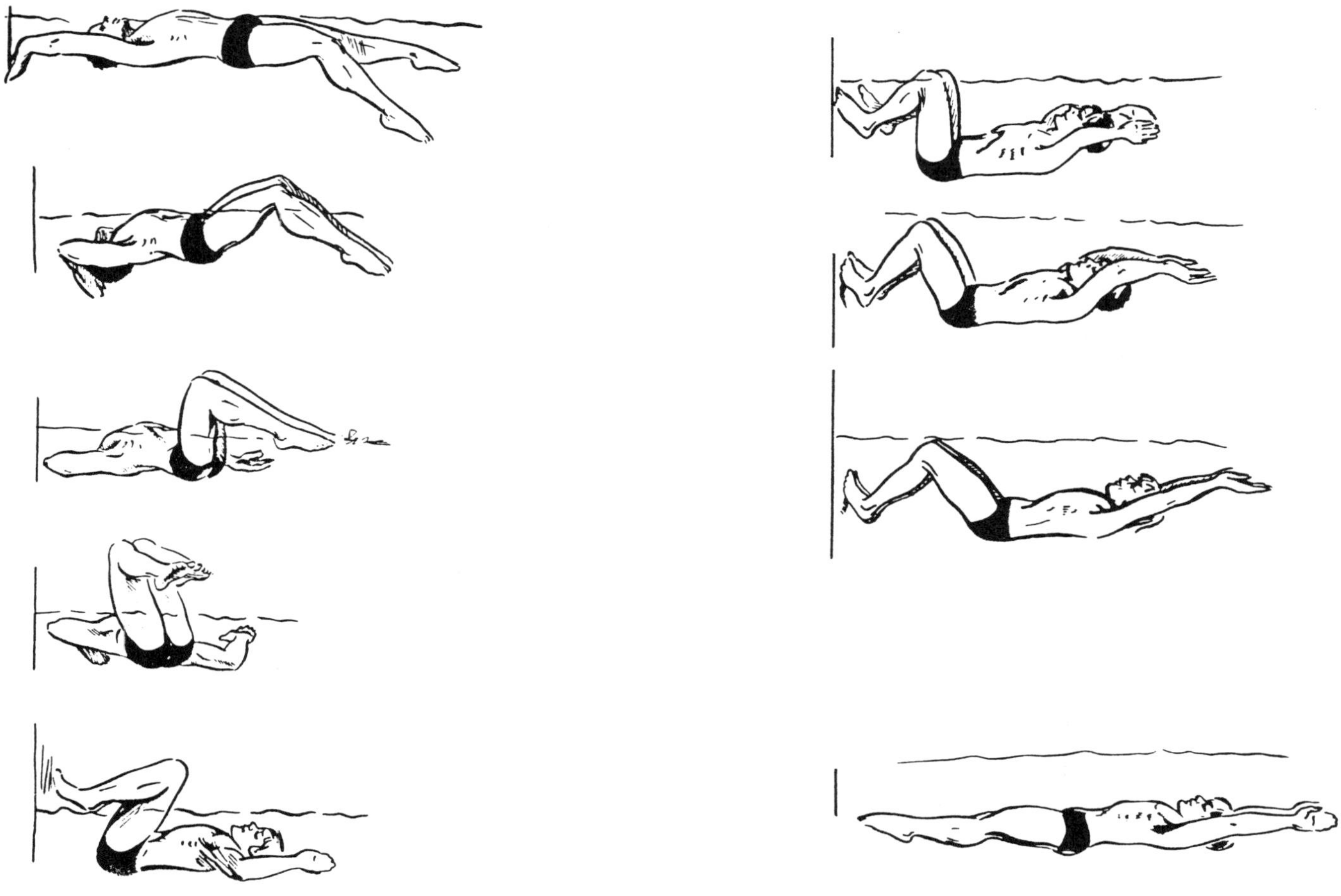

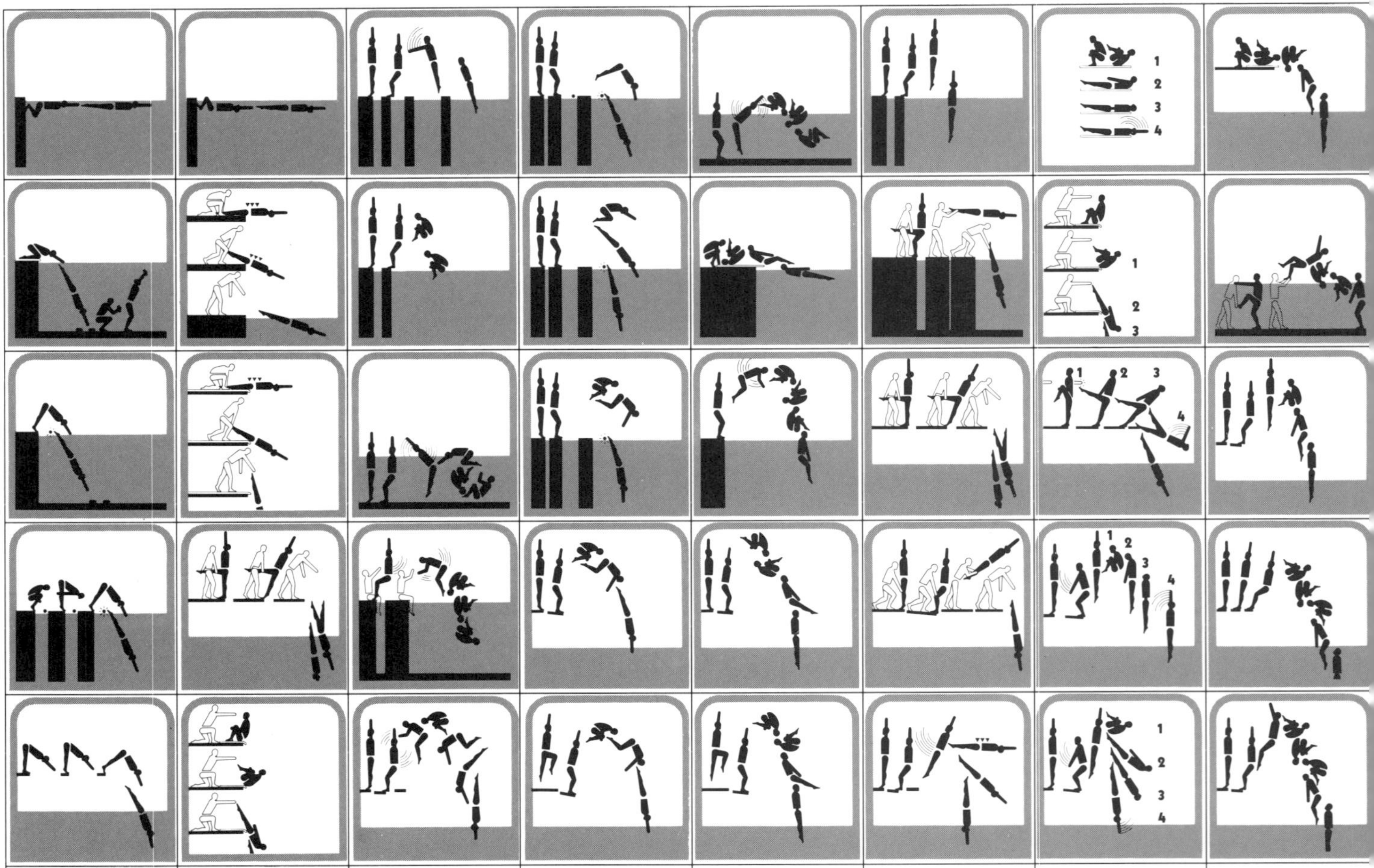

Eintauchen vorwärts	Eintauchen rückwärts	Delphin-kopfsprung	Kopfsprung vorwärts	Salto vorwärts	Kopfsprung rückwärts gestreckt	Kopfsprung rückwärts gehockt	Salto rückwärts gehockt

Kapitel 7

Lernhilfen im Schwimmsport

7.3 Wasserspringen
(Walter Bucher)

7.3.1 Eintauchen vorwärts vom Bassinrand für Anfänger 186

7.3.2 Eintauchen rückwärts und Rotation für Fortgeschrittene 187

7.3.3 Anregungen für gute Wasserspringer 188

7.3.1 Eintauchen vorwärts vom Bassinrand für Anfänger

Nr.	Fehler des Schülers / Ziel des Lehrers	Information an den Schüler	Hilfsmittel / Material / Hinweise	Wie erfolgt die Rückmeldung?
928	Hohlkreuzhaltung beim Eintauchen vorwärts vorlings	Versuche, durch den Reifen einzutauchen, ohne diesen zu berühren.		Reifen nicht berührt = Richtig! Reifen berührt = Falsch, wiederholen!
	Spannung der Bauch- und Gesässmuskulatur			
929	Hohlkreuzhaltung und zu schnelles Auftauchen	Versuche, ohne Berührung durch den Reifen einzutauchen und anschliessend in die Tiefe zu gleiten. Triffst du den Tauchring am Bassinboden?	Hebe dich bei all diesen Eintauchübungen zuerst in den Zehenstand. So sind die Beine schon "vorgespannt"!	Reifen nicht berührt und Tauchring ohne zusätzliche Schwimmbewegung der Arme und Beine getroffen und anschliessend heraufgeholt = Richtig. Denke künftig stets daran!
	Sauberes Ein- und Durchtauchen bis zum Bassinboden			
930	Keine Spannung in der Bauchmuskulatur	Versuche, beim Eintauchen die Leine mit gespannten Fussgelenken zu berühren. Tauche anschliessend gespannt zum Handstand auf dem Bassinboden.		Leine berührt und bis zum Boden gespannt durchgetaucht = Richtig! Also: Eher etwas gebückt als in Hohlkreuzlage eintauchen.
	Spannung der Bauchmuskulatur extrem erleben			
931	Unkontrolliertes Eintauchen, oft zu weit	Versuche, vor der Leine einzutauchen, ohne diese zu berühren. Wähle deine Distanz selber. Lass dich von deinem Partner beobachten!	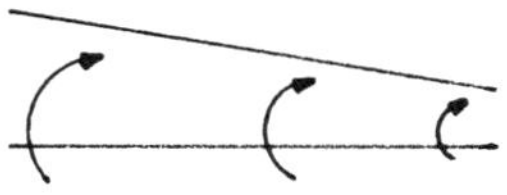 leicht mittel schwierig!	Leine berührt = Falsch. Versuche es zuerst nochmals bei der grösseren Distanz. Je näher, desto schwieriger!
	Der Schüller soll sich selbst einschätzen lernen			
932	Der Schüler spürt die Stellung der Beine nicht	Lege die Matte so an bzw. über den Bassinrand, dass beim Eintauchen die gespannten Fussgelenke über das Mattenende gleiten.		Hast du die Matte gespürt? Ja, dann ist es richtig. Nein: Distanz Bassin-Mattenende vergrössern, Bauchmuskulatur mehr einziehen. Schütze deine Wirbelsäule!
	Erleben, wo Beine und Füsse im Moment des Eintauchens sind			

7.3.2 Eintauchen rückwärts und Rotation für Fortgeschrittene

Nr.	Fehler des Schülers / Ziel des Lehrers	Information an den Schüler	Hilfsmittel / Material / Hinweise	Wie erfolgt die Rückmeldung?
933	Keine Spannung beim Eintauchen rückwärts Spannung beim Eintauchen bewusst erleben	Lege dich gespannt auf den Bassinrand. Dein Partner hebt dich leicht an und stösst dich rückwärts ins Wasser.		Konntest du deine Spannung beibehalten? (Selbst einschätzen; Beobachtungen des Partners, der dich hineingeschoben hat).
934	Angst vor dem Rückwärtsfallenlassen Sicherheit, Vertrauen zum Lehrer, zum Partner.	Strecke ein Bein in Vorhalte. Spanne dich, stehe in den Zehenstand, Blick zu den Händen. Ich (Lehrer/Partner) führe und begleite dich zum Eintauchen.		Konntest du deine Spannung beibehalten und bist du gespannt bis zum Bassinboden getaucht? Ja = Richtig!
935	Angst vor dem Brettende bei Rotationen vw.vl. Sicherheit, Gewissheit, dass nichts passiert	Halte den Partner, der am Bassinrand sitzt, an den Händen. Gehe in die Knie, wie wenn du auf einen Stuhl sitzen würdest. Spring jetzt ab und versuche, die Knie des Partners zu berühren.		Gelungen = Falsch! Du bist zu wenig auf den Stuhl "gesessen". Nicht gelungen = Richtig! Deine Hüften waren hinten. So kannst du nicht mehr am Brett- oder Bassinrand aufschlagen!
936	Zu wenig Rotation, z.B. beim Delphinkopfsprung Schneller Einsatz der gestreckten Arme	Versuche, nach dem "flüchtigen Absitzen" (Hüften vom Bassinrand entfernen) dem Partner vor dem Eintauchen (in der Hochstellung) auf die Hände zu schlagen.		Hände berührt = Richtig! Deine Armbewegung war schnell. Versuche nun, diese Bewegung bei allen Rotationen immer so auszuführen.
937	Zu wenig Rotation, Schlechte Auslösung Gleichzeitig: Gesäss hinten hoch; Arme gestr.vw.abw.	Gelingt es dir, im brusttiefen Wasser aus dem Stand in den Handstand oder sogar einen Salto am Ort zu springen (Vorsicht vor dem Aufschlagen mit dem Kopf!).		Schaffst du einen Salto an Ort, so waren Arm- und Hüfteinsatz optimal. Denke nun bei allen Saltobewegungen vw. daran!

7.3.3 Anregungen für gute Wasserspringer

Nr.	Fehler des Schülers / Ziel des Lehrers	Information an den Schüler	Hilfsmittel / Material / Hinweise	Wie erfolgt die Rückmeldung?
938	Keine Orientierung; Zeitpunkt der Oeffnung nicht klar	Springe nochmals einen Salto rückwärts. Wenn ich rufe (pfeife), dann streckst du die Beine schnell rückwärts zum Wasser.		Hast du den Zeitpunkt gespürt? Ja: Dann versuche es alleine. Nein: Ich pfeife dir nochmals, bis du den Zeitpunkt selber spürst.
	Hilfe bei der Orientierung in der Luft			
939	Zu langsame Streckung nach Hockstellungen	Gelingt es dir, nach dem Absprung (vorwärts oder rückwärts) zweimal nacheinander anzuhocken und wieder zu strecken?		Wenn du zweimal sauber gehockt und wieder gestreckt hast und zudem noch gespannt eintauchst, dann waren deine Bewegungen schnell. Denke daran bei den Oeffnungen!
	Schnelle und kontrollierte Streckung des Körpers			
940	Schlechte Phasentrennung, z.B. beim Kopfsprung rw.geh.	Zähle für dich: 1-2-3-4 1 Rollen 2 Oeffnen (strecken), Blick zu den Füssen 3 Kopf hoch 4 Arme hoch		Zuerst ganz langsam, dann immer schneller. Gelingt dies auch bei einem Fusssprung aus Stand?
	Bewegungsabläufe automatisieren			
941	Keine oder schlechte Orientierung bei der Oeffnung 201 c	Nach dem sauberen Absprung anhocken. Dann den (an einer Schnur befestigten) Ballon mit den Fussspitzen wegstossen.		Hast du den Ballon wegfliegen sehen? Suche künftig immer einen Fixpunkt (denke an den Ballon) und springe erst dann ab!
	Fixpunkt als Orientierungshilfe anbieten			
942	Schlechtes oder kein Bewegungsgefühl	Führe irgendeinen Sprung aus. Sage mir (oder deinem Partner) vor dem Sprung, worauf du dieses Mal achtest.		Ist dir gelungen, was du dir vorgenommen hast? Versuche künftig, Deine Bewegungsabläufe selber zu analysieren. Vergleiche mit dem Beobachter!
	Den eigenen Körper kennen und fühlen lernen			

Kapitel 7

Lernhilfen im Schwimmsport

7.4 Synchronschwimmen

7.4.1 Paddeln und einfache Figuren für Anfänger 190

7.4.2 Paddeln und einfache Figuren für Anfänger und Fortgeschrittene 191

7.4.3 Paddeln und einfache Figuren für Fortgeschrittene 192

7.4.1 Paddeln und einfache Figuren für Anfänger

Nr.	Fehler des Schülers / Ziel des Lehrers	Information an den Schüler	Hilfsmittel / Material / Hinweise	Wie erfolgt die Rückmeldung?
943	Der Schüler macht "Armzüge" anstatt Paddelbewegung	Versuche, das Wasser so von dir wegzutreiben, dass du fast nicht mehr stehen kannst. Die Handinnenflächen zeigen immer von dir weg.	"Zeichne" mit beiden Händen eine liegende 8!   Immer Druck an der Handfläche!	Handinnenflächen immer vom Körper weg = Richtig! Gedrehte Hand = Falsch!
	Paddeln kopfw. Druck durch richtige Armbewegung			
944	Die Füsse sind nicht an der Wasseroberfläche	Lockere Streckung des Körpers. Fussrist, Hüfte, Gesicht an der Wasseroberfläche (1). Gleichmässiges Paddeln aus dem Ellbogen (2). Hände tiefer als Gesäss!	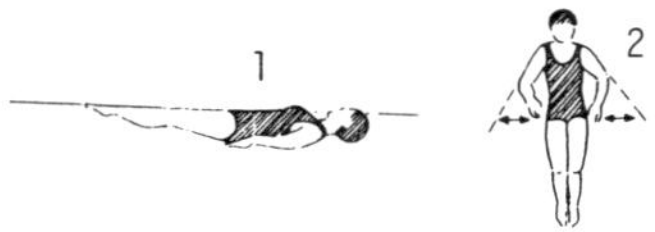 Von der Seite Von oben	Füsse sinken = Hohles Kreuz, zu starke Streckung. Hüfte sinken = Paddeln falsch, Sitzstellung. Alles wie Bild = Richtig!
	Paddeln kw.+fw. in richtiger Wasserlage			
945	Beine/Hüften sinken ab	Versuche, die gestreckten Arme so an die Wasseroberfläche zu "heben", dass mehr Gewicht auf die Hände kommt (1). Der Körper (2) bleibt "locker" gestreckt an der Wasseroberfläche.	 Von oben Von der Seite	Der Schüler erlebt die Wirkung einer Waage = Richtig! Die Hüften sinken = Nicht locker Die Füsse sinken = Hände/Arme sind zu tief.
	Stabiles Liegen in Rückenlage, gespreizt			
946	"Zuber" - Die Knie kommen aus dem Wasser	"Setze dich auf einen Stuhl" (1) und ziehe die Knie gegen die Brust (2).	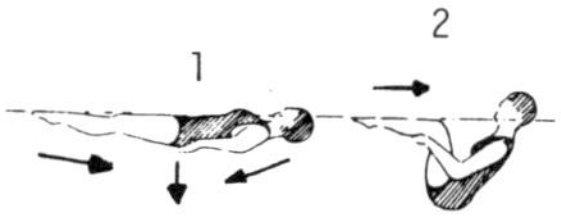 "Absitzen!"	Schienbeine bleiben während der Bewegung und Haltung an der Wasseroberfläche (2) = Richtig! Füsse sinken = Nur Knie angezogen!
	Haltung und Bewegung beim "Zuber" verbessern			
947	Gestreckte Brustlage gelingt nicht	Versuche, in Brustlage die Wasserlinie am Rücken, am Gesäss und an den Zehen zu spüren. Die Ohren sind an der "Wasserlinie".	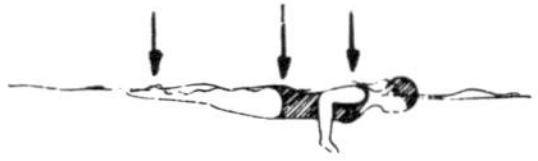	Füsse sinken = Gesäss spannen! Hohles Kreuz = Bauch einziehen! Beine sinken = Zehenspitze zur "Wasserlinie" hochdrücken!
	Verbessern des Gefühls: Strecken, Spannen, Anspannen			

Nr.	Fehler des Schülers / Ziel des Lehrers	Information an den Schüler	Hilfsmittel / Material / Hinweise	Wie erfolgt die Rückmeldung?
948	Auster: Die Füsse kommen nicht über Wasser	Versuche, durch Armkreisen unter Wasser soviel Wasser zu "schöpfen", dass die gestreckten Beine über Wasser kommen!	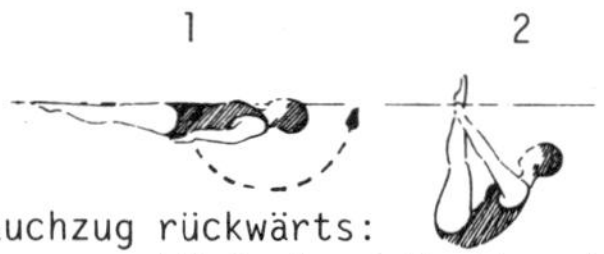	Füsse und Hände kommen über Wasser zusammen (2) = Richtig! Füsse bleiben unten = Mehr Wasser "schöpfen"! Hände bleiben unter Wasser = zuviel "geschöpft"!
	"Klappmesser" im Wasser einüben (Grundbewegung)			
949	Flamingo-Haltung: Der Körper sinkt ab	Bassinrand als Stütze: Verlasse diesen mit der Zehe erst dann, wenn du das Gleichgewicht und die richtige " Paddelstellung" gefunden hast.		Das gestreckte Bein bleibt nicht senkrecht =1. Zu kleine Hockstellung =2. Zu offene Hockstellung =3. Hände paddeln am falschen Ort =4. Kopf zu stark eingezogen.
	Kontrollierte Flamingo-Haltung			
950	Torpedo-Paddeln gelingt nur unter Wasser	Versuche, "locker" ausgestreckt zu liegen und diese Haltung auch während des Paddelns zu halten.	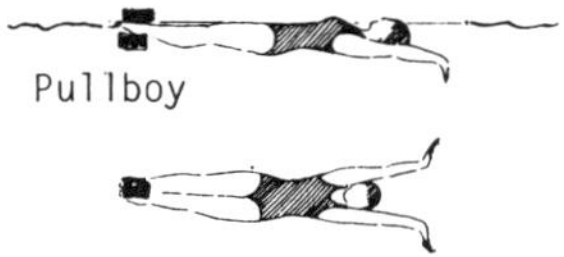	Beine sinken ab = Hohles Kreuz! Oberkörper und Kopf bleiben unter Wasser = Hände paddeln nicht tiefer als der Kopf! Füsse sind oben, du kannst immer atmen = Du machst es richtig!
	Körperhaltung und Körperlage verbessern			
951	Hechtsalto dreht zu tief unter Wasser	Versuche, durch "Schöpfen" unter Wasser (Armkreisen wie bei Auster, siehe oben) die Beine schnell über Wasser nach hinten in eine enge Hechthaltung zu bringen.		Der Kopf bleibt unter Wasser, die Beine kommen über Wasser zum Kopf = Richtig!
	Hechtsalto: Ausführung an der Wasseroberfläche			
952	Delphin: Es gelingt nicht, unter Wasser zu kommen	Versuche, in Rückenlage einen "Kopfsprung rückwärts" vom Bassinrand auszuführen. Unterstütze den Abstoss mit kräftigen Armzügen.	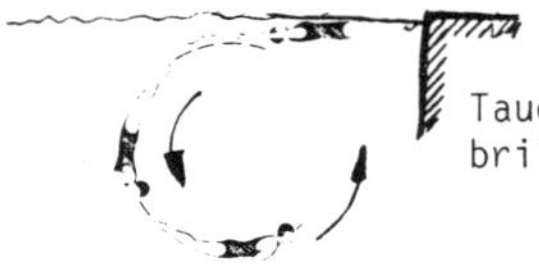	Gleicher "Startort" wie "Auftauchort" = Richtig! Orientierung unter Wasser verloren = Falsch, wiederholen!
	Grundmuster "Delphin" vermitteln			

7.4.3 Paddeln und einfache Figuren und Figurenteile für Fortgeschrittene

Nr.	Fehler des Schülers / Ziel des Lehrers	Information an den Schüler	Hilfsmittel / Material / Hinweise	Wie erfolgt die Rückmeldung?
953	Körper "hängt" nicht in der Senkrechten	Versuche, im Wasser auf den Kopf zu stehen (treiben lassen) ohne Hilfe von Paddelbewegungen.	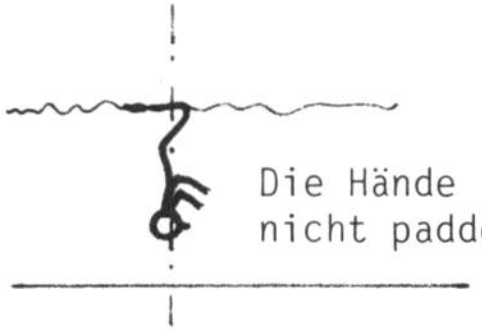 Die Hände sollten nicht paddeln!	Der Schüler merkt selbst, dass Hohlkreuzhaltung, eingezogener Kopf oder zu grosser Winkel der Knie zum Ungleichgewicht und Abkippen führt.
	Erfahren von Gleichgewicht + Auftrieb im Tisch			
954	American-Paddeln: Falsche Hand-/Arm-haltung	Lege beide Hände auf den Kopf (1). Uebernehme diese Hand-/Arm-stellung und bringe die Ellbogen zu den Hüften (2). Paddle in dieser Haltung vor dem Körper (3).	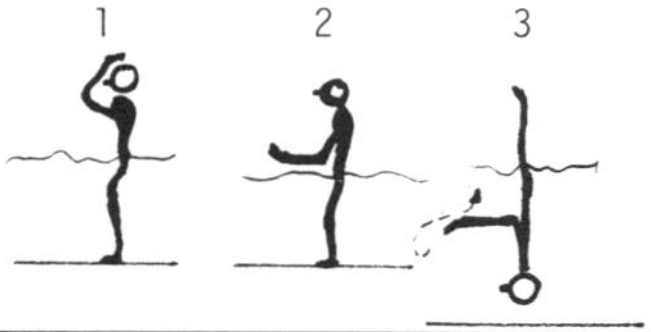	Du spürst den Druck des Wassers auf dem Arm. Durch richtiges Paddeln ent-stehen neben den Händen Wirbel.
	Richtige American-Paddel-bewegung			
955	Mangelhafte Paddelunterstüt-zung b/Ballettbein	Versuche, den abgestützten Fuss immer leicht abzuheben (1). Führe Beugeknie (2) und Ballett-bein (3) aus.	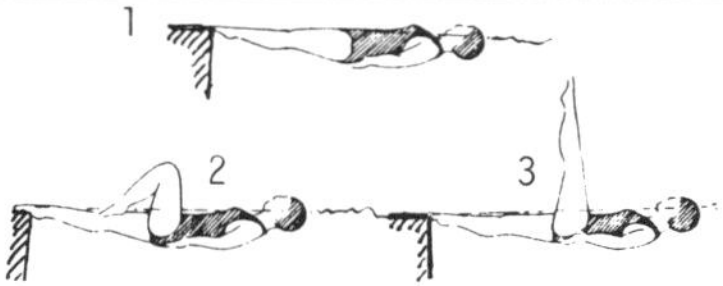	Wenn dein Fuss während der ganzen Uebung nie den Bassin-rand berührt, ist deine Paddelbewegung richtig!
	Aufbau Ballettbein			
956	"Wasserrad": Schlechte Haltung	Versuche, an Land (am Boden) die optimale Haltung für das "Wasserrad" einzunehmen. Kontrolliere diese Haltung im Wasser!	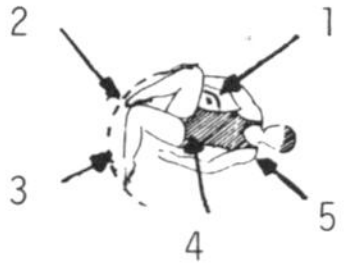	Partnerkontrolle. 1. Winkel möglichst gross 2. Zehenspitze am Knie 3. Von Knie - Schienbein - Knie - Zehenspitze (beider Beine) "saubere Linie" 4. Hüften und Knie an der Wasser-oberfläche 5. Schultern und Füsse bleiben horizontal.
	Selbständige Kontrolle der Figur			
957	Kein Gefühl für Rhythmus + Musik	In Reihen, Formationen, etc. im Takt zur Musik schwimmen.	Walzermusik für Brust Jazz etc. für Crawl/Rücken Disco-Musik für Kürprogramme Orchester-Musik besser als Solo-Musik!	Wenn Figuren, Formationen und Küren klappen, herrscht auch Stimmung in der Klasse!
	Im Takt zur Musik schwimmen			

Kapitel 7

Lernhilfen im Schwimmsport

7.5 Wasserball
(Ephrem Arnet)

7.5.1 Übungen für mittlere Schwimmer 194
7.5.2 Übungen für gute Schwimmer 195
7.5.3 Übungen für sehr gute Schwimmer 196

7.5.1 Übungen für mittlere Schwimmer

Nr.	Fehler des Schülers / Ziel des Lehrers	Information an den Schüler	Hilfsmittel / Material / Hinweise	Wie erfolgt die Rückmeldung?
958	Untertauchen beim Wassertreten, unruhiger Oberkörper	Arme seitlich auf je ein Schwimmbrett stützen oder Schwimmgurt (Kork) um den Bauch binden: Kannst du wassertreten mit möglichst ruhigem Oberkörper?	 Versuche, den Druck auf die Schwimmbretter immer zu verkleinern.	Oberkörper bleibt ruhig, Schwimmer bleibt am Ort, kein Auf- und Abwippen. Kontrolle durch Partner.
	Richtiges Wassergefühl, richtiger Krafteinsatz			
959	Wasserballcrawl: Der Kopf ist nicht über Wasser	Schwimme mit einem Ring auf dem Kopf, ohne dass er weggeschwemmt wird. Schaue dabei gerade aus!		Ring bleibt auf dem Kopf liegen. Aufgaben des Partners können gesehen und nachgemacht werden. Selbstbeobachtung im Spiegel.
	Korrekter Wasserballcrawl			
960	Schüler gibt keine genauen Pässe	2 Schüler passen sich den Ball zu. Einer hält einen Reifen mit einem aufgehängten Ziel in der Mitte. Versuche, das Ziel so zu treffen, dass der dahinterstehende Partner den Ball noch fangen kann.	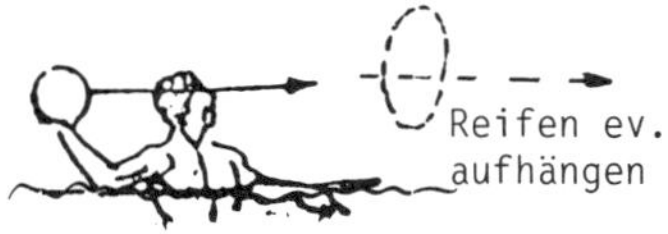	Ziel im Reifen getroffen. Ball so scharf geschossen, dass er bis zum zweiten Partner fliegt (keine Bogenbälle!).
	Exaktes Zuspiel			
961	Fehlende Beweglichkeit im Wasser	Schwimme so schnell wie möglich um die Markierungen herum mit und ohne Ball (Wasserballcrawl).	 Es wird ein beliebiger Parcours aufgebaut. Mit und ohne Ball!	Die Markierungen werden nicht berührt. Der Kopf ist nie unter Wasser.
	Verbessern der Beweglichkeit			
962	Keine präzisen Torwürfe	Werfe aus dem Dribbling auf die verschieden grossen Ziele an der Wand. 5 Bälle stehen zur Verfügung.	 Ev. Ballone an der Wand als Ziel	Ziele getroffen, möglichst viele Punkte geholt und alle schnell nacheinander getroffen.
	Präzise Torwürfe			

Nr.	Fehler des Schülers / Ziel des Lehrers	Information an den Schüler	Hilfsmittel / Material / Hinweise	Wie erfolgt die Rückmeldung?
963	Wassertreten: Der Oberkörper kommt nicht aus d.Wasser Technik des Wassertretens verbessern	Die Hände unterstützen das Wassertreten. Kannst Du während 10 - 20" eine schräg gespannte Leine immerzu mit dem Kopf berühren?	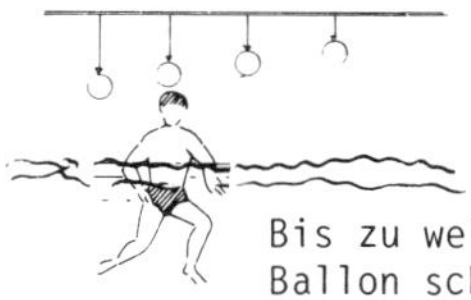 Bis zu welchem Ballon schaffst du es?	Kopf berührt Leine/Stange während der vorgeschriebenen Zeit und Höhe. Je höher, desto besser.
964	Keine Uebersicht beim Wasserballcrawl Verbesserung der Uebersicht (peripheres Sehen)	Schwimme Wasserballcrawl mit Blick zur Front, während du die markierten Punkte anschwimmst.	Blick immer nach vorn! 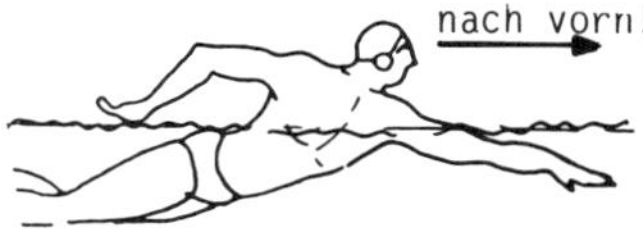	Schüler sieht die Front währenddem er auf die markierten Punkte hinzuschwimmt. Als Front kann ebenfalls ein Markierungspunkt oder der Lehrer dienen.
965	Mangelnde Treffsicherheit bei weitem Zuspiel Bessere Treffsicherheit und Flugbahn	Versuche, mit einem "Bogenballwurf" in die schwimmenden Reifen oder Körbe zu treffen. Als Ziele können auch Schwimmbretter, Partner, oder ähnliches, dienen.	 Wer trifft am meisten in Serie?	Ziele getroffen (möglichst viele Treffer mit z.B. 10 Schüssen).
966	Keine Variationen, Spieler noch ungeschickt Verbesserte Gewandtheit; variationsreiches Spiel	Durchschwimme einen Parcours möglichst schnell und fehlerfrei mit Wasserballcrawl - Rückencrawl - Dribbling.	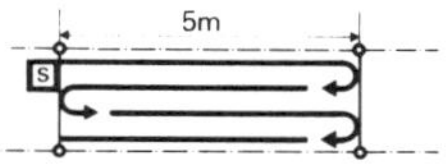 Uebung aus Wasserballtest 4 des IVSCH	Schnelles Wechseln der verschiedenen Techniken. Ziele getroffen, Pässe waren genau.
967	Schlechte Treffsicherheit beim Zuspiel Verbesserung der Treffsicherheit beim Zuspiel	Versuche, die numerierten Felder an der Wand oder im Tor nacheinander zu treffen (aus dem Zuspiel direkt und indirekt).	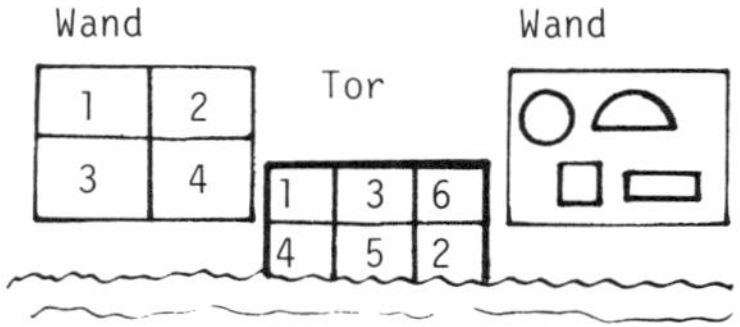	Ich habe die Nummern der Reihe nach getroffen. Ich habe sie ohne Verzögerung (d.h. mit Direktschuss) getroffen.

7.5.3 Übungen für sehr gute Schwimmer

Nr.	Fehler des Schülers / Ziel des Lehrers	Information an den Schüler	Hilfsmittel / Material / Hinweise	Wie erfolgt die Rückmeldung?
968	Wassertreten: Oberkörper u.Arme nicht aus d.Wasser	Halte einen mit Wasser gefüllten Eimer mit gestreckten Armen über Wasser. Versuche, die Oberkante der Latte ohne Unterbruch auf ihrer ganzen Länge zu berühren.		Die Ellenbogen bleiben über der Wasseroberfläche. Die Latte kann auf der ganzen Länge berührt werden.
	Technik und Kraft in den Beinen verbessern			
969	Wasserballcrawl: Keine Uebersicht nach rechts/links	Schwimme Wasserballcrawl in die Richtung, die ich dir anzeige , und schaue mich dabei immer an.	Trainer/Partner bewegt sich rund um das Becken und zeigt mit der Fahne die Schwimmrichtungen an (Schwimmer muss so auch zurückschauen).	Blickkontakt. Richtige Richtung wurde gewählt. Es ergeben sich keine Zusammenstösse!
	Peripheres Sehen (Zurückschauen, seitl. Schauen)			
970	Weite/direkte Zuspiele: Zu wenig scharf/Bogenball	Spiele deinen Partner so an, dass der Ball unter der gespannten Leine hindurchfliegt. Distanz allmählich vergrössern.	Leine über die ganze Beckenbreite (anfänglich auf ca. 1,5 m Höhe) spannen. 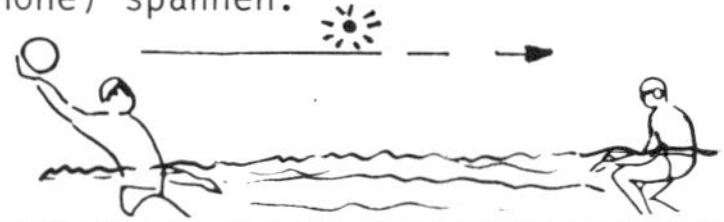	Der Ball fliegt unter der Leine durch und kann vom Partner noch bequem abgefangen werden.
	Hartes, gerades Zuspiel ohne Bogenball			
971	Stressbedingungen: Schlechtes Reagieren	Durchschwimme den Parcours mit dem Ball, ohne dass er dir vom kurz nach dir startenden Partner weggeschnappt werden kann.	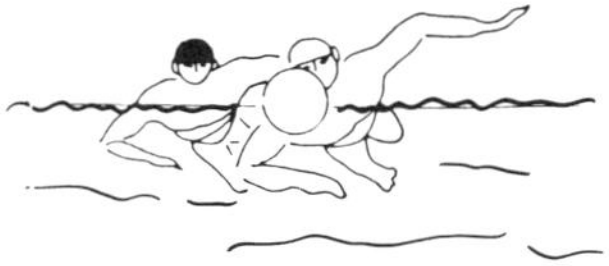	Ich wurde vom Partner nicht eingeholt und habe trotz Behinderung die Aufgaben fehlerfrei erfüllt.
	Stress-Situationen meistern,Cleverness verbessern			
972	Fixierung eines Ziels	Während des Zuspiels werden dir die Nummern, auf welche du schiessen musst, zugerufen. Schiesse indirekt oder direkt darauf.		Die aufgerufenen Nummern wurden getroffen.
	Sich von fixierten Torschussideen befreien			

Kapitel 7

Lernhilfen im Schwimmsport

7.6 Sporttauchen

(Fritz Bébié und René Stocker)

7.6.1 Abtauchen fußwärts 198

7.6.2 Leeren der gefüllten Maske 199

7.6.3 Richtungsänderungen und Orientierung unter Wasser . . 200

7.6.1 Abtauchen fußwärts

Nr.	Fehler des Schülers / Ziel des Lehrers	Information an den Schüler	Hilfsmittel / Material / Hinweise	Wie erfolgt die Rückmeldung?
973	Körperschwerpunkt nicht über Wasser	Versuche, deinen Oberkörper ev. mit Armunterstützung und kräftigem Flossenschlag aus dem Wasser zu bringen!	Leine zwischen Einstiegsleitern 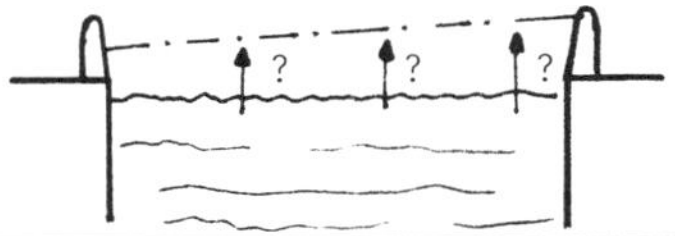	Leine mit Kopf berührt = Gut Leine nicht berührt = Nicht erfüllt (mit kräftigem Flossenschlag wiederholen).
	Körperschwerpunkt über Wasser (möglichst hoch)			
974	Spannungsloses Eintauchen	Versuche, mit gestrecktem Körper und gestreckten Beinen abzutauchen.	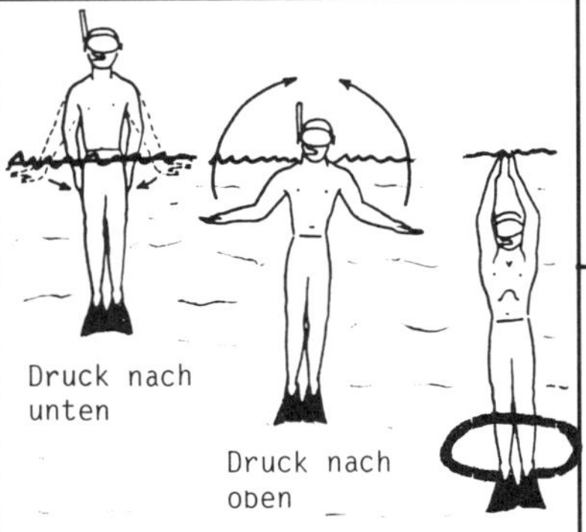	Selbstkontrolle mit Blick gegen die Bassinwand. Tauche deshalb ganz nahe am Bassinrand ab!
	Vertikales Eintauchen			
975	Bremswirkung durch offene Beinstellung	Strecke beim Abtauchen Beine und Füsse (Flossenspitzen!).		Mit Flossenspitzen durch Ring = gut Ring nicht erreicht = Nicht erfüllt.
	Abtauchen bis zum Bassinboden			
976	Armzug zu früh, zu schwach	Beginne mit dem Armzug erst, wenn du die Tafel unter Wasser siehst, drehe die Handflächen (Teller) nach oben.	Tafel oder ähnliches unter Wasser am Bassinrand. Armzug mit Tauchtellern in der Hand unterstützen. Ev. Paddles vom Schwimmen	Armzug unter Wasser = Gut Oder zu früh = Wiederholen Grund nicht erreicht = Stärkeren Armzug (Teller).
	Abtauchen bis zum Bassinboden			
977	Zu hastiges, panikartiges Auftauchen	Versuche, mit Blick nach oben aufzutauchen, ohne den Ball (Markierung) zu berühren.	Leine, Ball oder ähnliches kopfhoch über Wasser, 5 m vor Ausstiegsstelle.	Leine (Markierung) nicht berührt, ruhig mit Schnorchelatmung zum Ausgangspunkt zurückgeschwommen = Gut Alles andere = Wiederholen.
	Kontrolliertes Auftauchen			

Nr.	Fehler des Schülers / Ziel des Lehrers	Information an den Schüler	Hilfsmittel / Material / Hinweise	Wie erfolgt die Rückmeldung?
978	Wasser in der Maske	Beginne die Maske zu leeren mit gerader Kopfhaltung, bis dir dein Partner das Zeichen zum Rückwärtskippen des Kopfes gibt.	Bei halbleerer Maske nimmt der Partner die flach auf den Kopf des Uebenden gelegte Hand weg. 	Kopf rückwärts gekippt nach Zeichen = Richtig Kopf rückwärts gekippt vor Zeichen = Nicht richtig (Wasser in der Maske).
	Leeren der Maske ohne unangenehmes Gefühl			o.k.-Zeichen durch Partner
979	Bläst Luft aus Nase und Mund	Beim Entleeren der Maske nur durch die Nase ausatmen, Mund schliessen, Schnorchel später einsetzen.		Durch Partner: Erfüllt / nicht erfüllt! O.K. - Zeichen !
	Nur Ausblasen durch die Nase			
980	Wasserrest in der Maske	Zum vollständigen Leeren der Maske Kopf nach hinten neigen und ev. zusätzlich (je nach Maskentyp) nach rechts und links neigen.	Markierung (Boje, Ring, etc.) an der Wasseroberfläche fixieren. 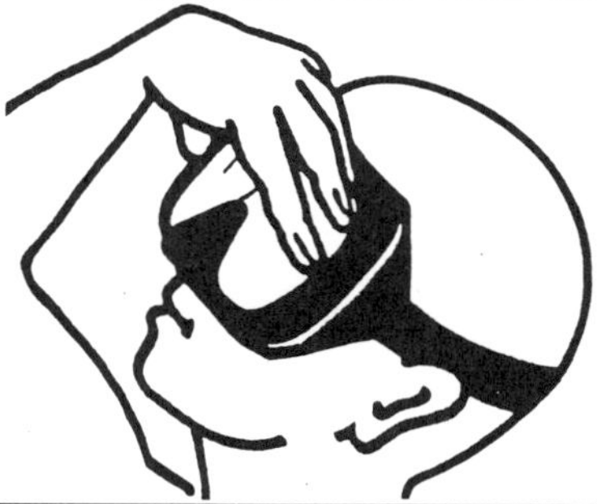	Hast Du die Markierung gesehen? Partner kontrolliert von der Wasseroberfläche aus.
	Vollständiges Leeren der Maske			
981	Leeren der Maske mit beiden Händen	Versuche, mit einem Ballastring in der einen Hand, mit der anderen die Maske zu leeren.		Selbstkontrolle.
	Nur eine Hand benützen			
982	Braucht zu viel Luft, um die Maske zu leeren	Mit dosierten, kurzen Luftstössen durch die Nase ausatmen, bei gleichzeitiger Kontrolle des Wasservolumens in der Maske.	Eimer in Schwebe unter Wasser. Restluft durch Schnorchel in den Eimer blasen. 	Eimer steigt = Erfüllt Eimer bewegt sich nicht = Wiederholen.
	Die Luft muss zum Leeren der Maske/Schnorchel reichen	Gib einen leisen Summton von dir, während du durch die Nase ausatmest.		Wenn es gelingt, die Brille zweimal hintereinander zu entleeren (in einem Tauchgang!).

7.6.3 Richtungsänderungen und Orientierung unter Wasser

Nr.	Fehler des Schülers / Ziel des Lehrers	Information an den Schüler	Hilfsmittel / Material / Hinweise	Wie erfolgt die Rückmeldung?
983	Richtungsänderungen seitwärts mit Armen	Versuche, den Slalom mit angelegten oder in Verlängerung der Körperachse gehaltenen Armen zu durchschwimmen. (Schwimmlage: Seitwärts).	Slalomstangen (Malstäbe) auf Bassinboden: Kopfsteuerung. 	Selbstkontrolle. Keine Armbewegung = Gut.
	Richtungsänderung ohne Arme			
984	Bei der Rolle vw. kippt der Körper zur Seite	Knie bis zur Brust anziehen resp. Kopf in den Nacken drücken, mit beiden Armen gleichmässig ziehen und stabilisieren, Beine anziehen.	Markierung auf dem Bassinboden (Ring, Teller, Beckenmarkierung). 	Rolle über Markierung beendet = Richtig.
	Einhalten der Drehebene			
985	Tauchen in Rückenlage: Tiefe wird nicht eingehalten	Abtauchen kopfwärts, vorwärts und Uebergang in Rückenlage, Parallelschwimmen zum Grund.	Bassinboden: Leine 1 m über Grund. 	Tiefe gehalten = Richtig. Tiefe nicht gehalten = Wiederholen. Ev. Leine mit einer Hand leicht berühren.
	Richtige Orientierung in Rückenlage			
986	Stehender Kreis : Nichteinhalten der Kreisbahn	Versuche, mit möglichst gestreckten Beinen alle fixierten Reifen ruhig zu durchschwimmen.	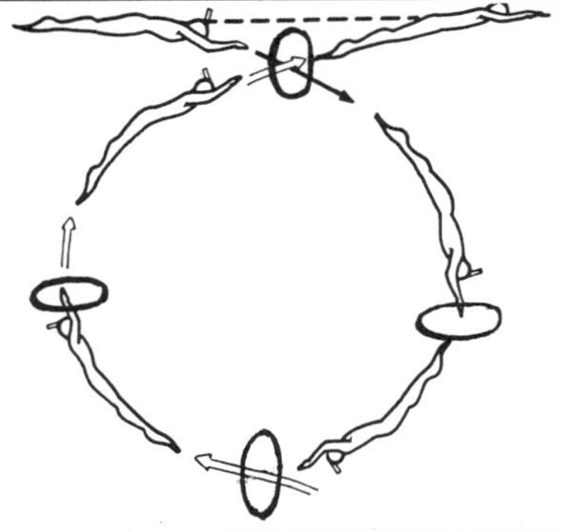	Kreis ruhig und ohne Berührung der Reifen durchschwommen = Gut.
	Einhalten der vorgegebenen Kreisbahn			
987	Nichteinhalten der vorgegebenen Figur	Durchschwimme eine "stehende Acht" (8) mit Abtauchen vorw./kopfw. resp. rw./kopfw. mit Schnittpunkt im fixierten Reifen.		Durschwimmen der "Acht" und korrektes Ab- und Auftauchen auf der vorgegebenen Bahn = Richtig.
	Orientierung im freien Wasser			

Kapitel 8
Anregungen zu Kombinationsmöglichkeiten

8.1 Zur Idee des Bandes „1015 Spiel- und Kombinationsformen in vielen Sportarten“

Dieser Band soll als Experimentierfeld im Bereich des fächerübergreifenden Sportgedankens verstanden werden. Er soll anregen, Sport umfassender zu verstehen: sportartenübergreifend! Bestehende Übungsformen verschiedener Sportarten sollen, sofern dies sinnvoll ist, geschickt miteinander verbunden werden. Dabei wird das Lernziel auf zwei Sportarten aufgeteilt. Die eine bezeichnen wir als Schwerpunkt-, die andere als Ergänzungssportart. Während das Schwergewicht der Unterrichtssequenz in der Schwerpunktsportart liegt, sollen in der Ergänzungssportart lediglich Impulse vermittelt werden. Diese Kombinationen ermöglichen es, u. a. organisatorische Probleme bei großen Gruppen oder wenig Material besser zu lösen. Ferner können Unterrichtsinhalte, die ein häufiges und langes Üben notwendig machen, durch Zusatzübungen aus anderen Sportarten abwechslungsreicher angeboten werden. Es entstehen „neue“ Übungsformen, vielleicht sogar „neue“ Sportarten!

Abb.: Symbolisches Modell der Verbindung zwischen Schwerpunkt- und Ergänzungssportart.

Diese Denkweise soll an einem praktischen Beispiel aus dem Schwimmunterricht verdeutlicht werden: Lernziel seien Retten (Rettungsgriffe) als Schwerpunktsportart und Synchronschwimmen (Paddeln in Rückenlage) als Ergänzungssportart.

Walter Bucher
(Hrsg.)
1015 Spiel- und Kombinations-
formen in vielen Sportarten
Autorenkollektiv
Redaktion
Walter Bucher
Verlag Hofmann Schorndorf

Schwerpunktsportart

Retten

Die Rettungsgriffe sollen trainiert werden.

Ergänzungssportart

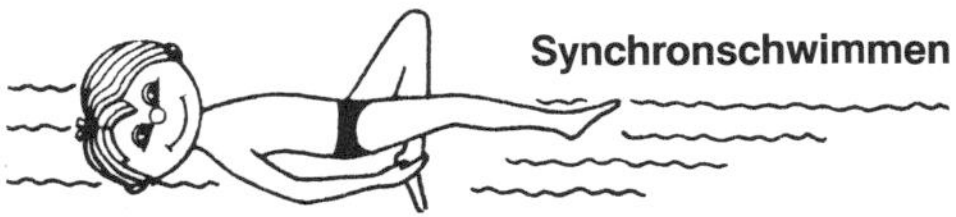

Synchronschwimmen

Immer wieder das (verflixte) Paddeln üben.

Und dies soll gleichzeitig erfolgen!

Abb.: Praktisches Beispiel einer Kombinationsmöglichkeit zweier Wassersportarten.

In erster Linie wird das Retten im Wasser geübt und trainiert, Synchronschwimmen dient als Ergänzung. Diese Unterrichtssequenz soll zudem Spaß machen.
Üblicherweise wird nun die Unterrichtsplanung so vorgenommen, daß während einer gewissen Zeit Rettungsschwimmen und, nebenbei, vielleicht am Schluß der Stunde, noch ein wenig Synchronschwimmen geübt wird. Unser Modell schlägt nun vor, daß diese beiden Lerninhalte sinnvoll gleichzeitig miteinander verknüpft werden, ohne daß dabei die Realisierung der beiden Teilziele vernachlässigt wird. Im Gegenteil! Während beim Rettungsschwimmen der kräftige Beinschlag wichtig ist, bedeuten die gute Körperspannung und eine optimale Paddeltechnik wichtige Voraussetzungen für das Synchronschwimmen. Diese beiden Techniken, isoliert voneinander trainiert, können eintönig, langweilig und — vor allem für den Anfänger — sehr anstrengend sein. Verbinden wir diese beiden Übungen, so können wir dem Unterricht neue Dimensionen verleihen.

Abb.: Alle Wassersportarten lassen sich beliebig miteinander kombinieren.

Übungsbeispiel:

A und B bilden zusammen eine Übungsgruppe. A zieht B über eine bestimmte Streckenlänge. Während A den korrekten Beinschlag ausführt, liegt B in gespannter Rückenlage und unterstützt durch ein leichtes Paddeln die Anstrengungen von A. Dann wechselt die Aufgabenstellung.
Es ist klar, daß der wirklich Ertrinkende nicht in der Lage ist, zu paddeln oder sich sogar zu spannen. Dies kann immer noch wirklichkeitsnaher — aber nicht nur so — geübt werden.
Bestimmt wurden schon vielerorts, zufällig oder gezielt, solche Kombinationsformen durchgespielt. In diesem Band wird versucht, Sportarten, die sich eignen, gegenseitig in einen Bezugsraster zu bringen:

— Wie läßt sich die Schwerpunktsportart B sinnvoll mit der Ergänzungssportart C kombinieren?
— Welche Übungsformen bieten sich aus dieser Kombination an?

Unser Ziel ist es, durch die vorliegende Sammlung vor allem Denkprozesse in Richtung des fächerübergreifenden Sportunterrichts anzuregen.
Eine wissenschaftlich fundierte Begründung können wir zwar nicht vorlegen. Trotzdem sind wir von unserer Idee überzeugt und hoffen, dem Sportunterricht in Schule und Verein einen weiteren Impuls geben zu können.
Sicher werden mit unseren Bemühungen die viel genannten Forderungen der **Vielseitigkeit im Sportunterricht** unterstützt, ja geradezu provoziert. Ob dadurch eine beschleunigte Förderung der Grundfähigkeiten und Grundfertigkeiten, aber auch der speziellen Geschicklichkeit in den einzelnen Sportarten erfolgt, wird die Erfahrung mit dieser Unterrichtsweise zeigen. Wir sind davon überzeugt!

Nicht (nur) Sportarten lernen, sondern mit Hilfe von Sportarten SPORT treiben!

8.2 Einige Beispiele für den Schwimmsport

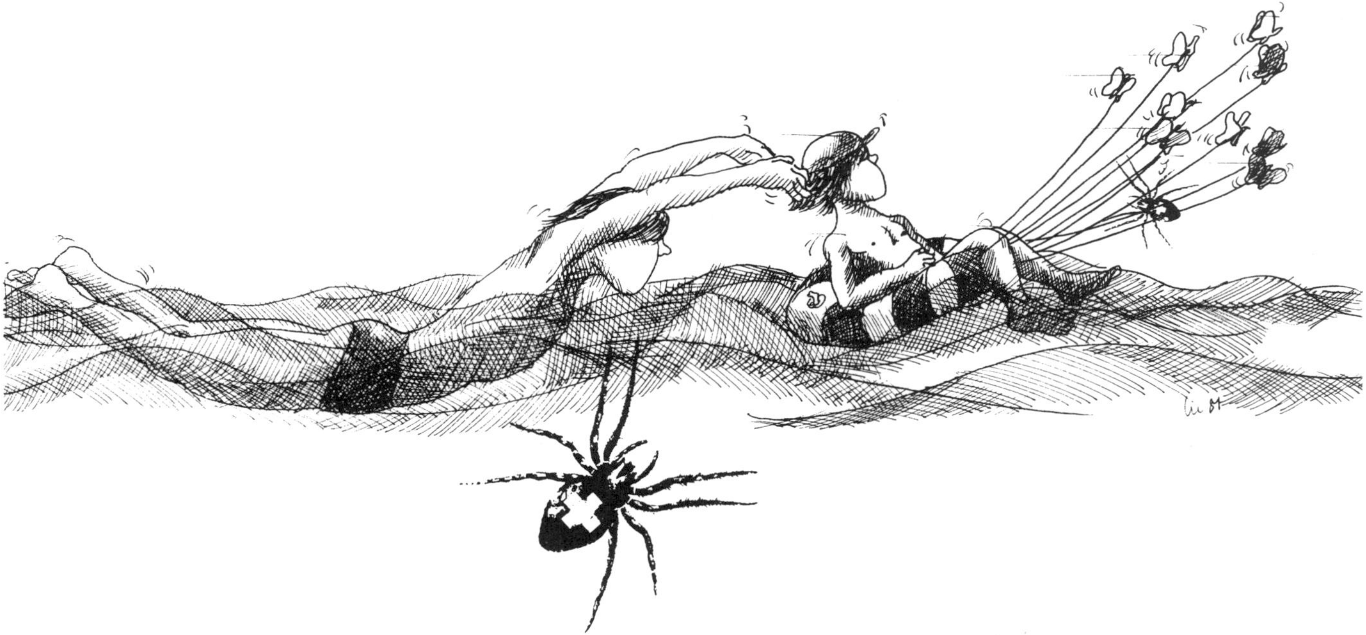

Nr.	Ziele in der Schwerpunkts-Sportart	Ziele in der Ergänzungs-Sportart	Beschreibung	Hinweise / Organisation
988	Delphinschwimmen ermöglichen und erleichterte Rumpfbewegung spüren.	Flossen als Lernhilfe erleben; an Brille und Schnorchel gewöhnen.	Verschiedenste Formen von Delphinbewegungen unter und über dem Wasser schwimmen. Delphinkoordinationsformen (z.B. mit den Armen langsam Crawl, mit den Beinen Delphinbewegungen) ausführen.	
989	Technik an sich selbst beobachten.	Taucherbrille als Instrument zur eigenen und fremden Bewegungskontrolle anwenden.	A schwimmt mit der ABC-Ausrüstung; B nur mit der Brille. Nach 2-3 Längen (je nach Trainingszustand) wird die Technik von A (z.B. der Brustbeinschlag) diskutiert, verglichen und ... verbessert.	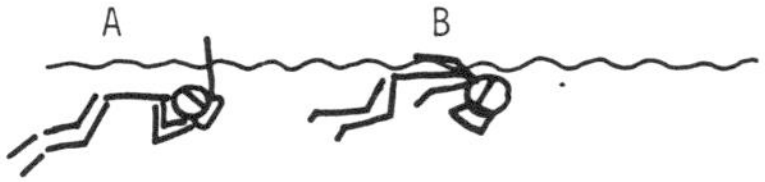 B und A beobachten den Beinschlag.
990	Erleben des dynamischen Auftriebes und einer guten Wasserlage.	Flossen als (mögliches) Instrument des (Ausdauer-) Trainings entdecken.	Delphin, Rücken und Crawl mit hohem Tempo schwimmen. Fahrtspiel; dabei besonderes Augenmerk auf die Veränderung der Wasserlage legen.	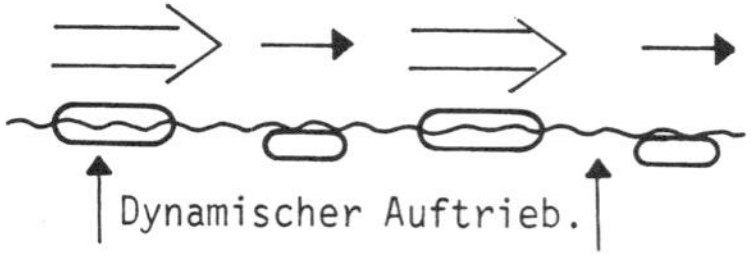
991	Training unter spielerischem Aspekt. Schulung der Schnelligkeit.	Tempo- und Zeitgefühl unter Verwendung von Flossen schulen.	A und B (er-)finden Handicap-Formen, z.B. A schwimmt Brust; B darf dann wegtauchen, wenn er glaubt, A noch einholen zu können. Nur kurze Distanzen. Neue Handicap-Formen diskutieren (Erholung für A). Nach 4-6 Durchgängen Aufgabe wechseln.	
992	Relation zu absoluten Spitzenleistungen erleben.	Flossen als Trainingsgerät einsetzen.	Tempojagd Wer schwimmt schneller als der Schweizer-, Europa- oder sogar Weltmeister? Welche Gruppe schlägt als Staffel den 1500-m- Freistil-Weltrekord von Wladimir Salnikow (SU): 14:54,76 (Stand 15.11.85)	

Nr.	Ziele in der Schwerpunkts-Sportart	Ziele in der Ergänzungs-Sportart	Beschreibung	Hinweise / Organisation
993	Schnelleres Starten trainieren. Sich vom "Gegner" lösen.	Sofort reagieren und starten lernen.	Zu zweit: A zieht B in einem (gelernten) Rettungsgriff. B darf sich plötzlich ruckartig befreien und versucht, bis zu einer vorher abgemachten Marke zu schwimmen. A reagiert sofort und schwimmt B nach. Hat A den "Flüchtling" B vor der Marke berührt, ist er der Sieger.	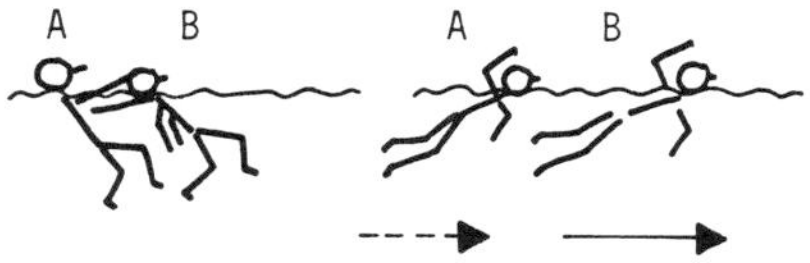
994	Schulung des allgemeinen Dauerleistungsvermögens.	Wasserball als Rettungs-, bzw. Auftriebsgerät benützen.	Zu zweit: A schwimmt mit dem Ball: gestreckte Arme, nur Wassertreten. B schwimmt mit Crawl so lange, bis er A wieder eingeholt hat. Wechsel. Auch Wechsel der Schwimmarten.	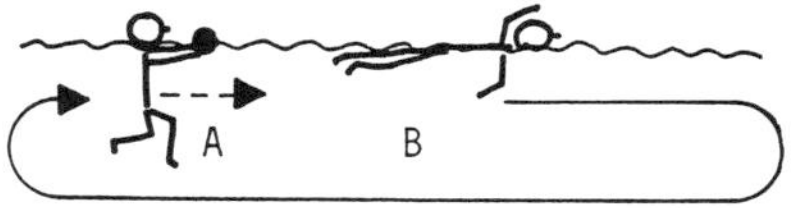
995	Für gutes Zusammenspiel belohnt werden.	Trotz Niederlage helfen. Rettungsgriffe automatisieren.	Zwei Mannschaften spielen gegeneinander. Erzielt eine Mannschaft ein Tor, so muss jede(r) der Gegenpartei ein Mitglied der siegreichen Partei über eine vorher bestimmte Strecke ziehen oder stossen. Anschliessend beginnt das Spiel von neuem.	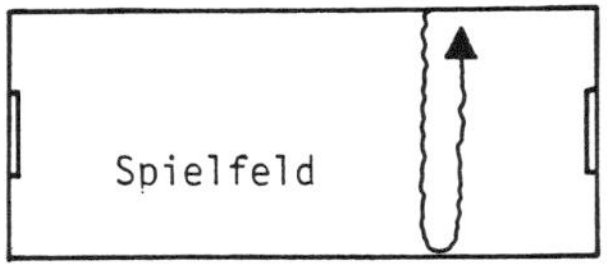
996	Treffsicherheit im Bogenball üben.	Rettungsschwimmen als Spiel erleben.	Eine Hälfte der Gruppe Rettungsschwimmer, die andere Hälfte Wasserballer. A zieht B im beidhändigen Kopfgriff, B schleppt einen Reifen mit, der als Ziel dient. Die Werfer bleiben hinter einer bestimmten Abschrankung und holen die Bälle selber. Treffer zählen. Wechsel nach 1/2/3 Minuten.	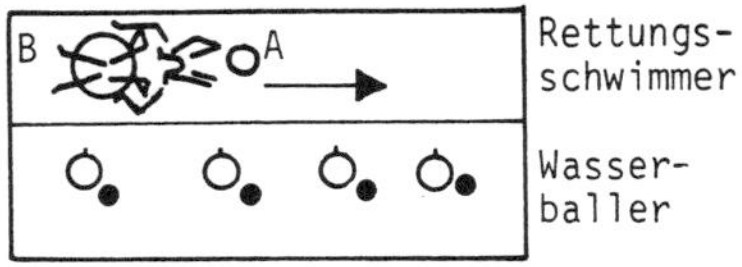
997	Sprint gegen einen "ungewohnten" Gegner.	Retten unter "Zeitdruck" trainieren.	Wer ist schneller? A und B gegen C. A zieht B in einem Rettungsgriff über eine Länge. Gelingt es C, mit einem Wasserball schwimmend, die doppelte Strecke zurückzulegen? Sucht eigene Handicap-Formen: Wasserball "gegen" Rettungsschwimmen!	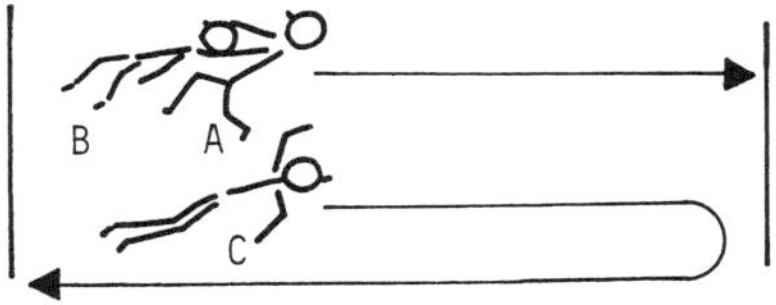

8.3 Spielen mit der Zeit, dem eigenen Puls und dem eigenen Gefühl

Wenn es gelingt, dem Trainieren und Leisten einen spielerischen Ansatz zu verleihen, so ist die Chance größer, daß diese Tätigkeit nach Wiederholung (also auch in der Freizeit) ruft.
Seit den Anfängen einer Theorie des Sports gibt es Bestrebungen, die sportliche Aktivität auf das Phänomen des Spiels zurückzuführen. Daraus resultiert leider die Vorstellung einer Polarität von Spiel und Leistung bzw. von spielhaftem Sport und Arbeit. Für zu viele Sporttreibende bedeutet Training harte Arbeit. Zumindest scheint es so.
Training ist aus sportpädagogischer Sicht ein komplexer Handlungsprozeß mit dem Ziel der planmäßigen Einwirkung auf die sportliche Leistungsentwicklung.

Dieser „komplexe Handlungsprozeß“ wird m. E. oft zu sehr auf die sportliche Leistungsentwicklung ausgerichtet. Die Fluktuation, z. B. im Schwimmsport in Kreisen jugendlicher Wettkampfschwimmer(innen) ist alarmierend. Vierzehnjährige geben ihre sportlichen Aktivitäten auf mit der Begründung, das Training sei zu langweilig, nur leisten und somit nur trainieren würde sie nicht mehr motivieren. Einzelne Trainer haben diese Situation erkannt und beginnen nun mit Erfolg, diesen erwähnten „komplexen Handlungsprozeß Training“ auszuweiten, z. B. durch Mitbestimmung der Jugendlichen in der Trainingsgestaltung, im Trainingsumfang und in der Trainingsintensität, aber auch vermehrt mit der Integration von spielerischen Formen während des Trainings.

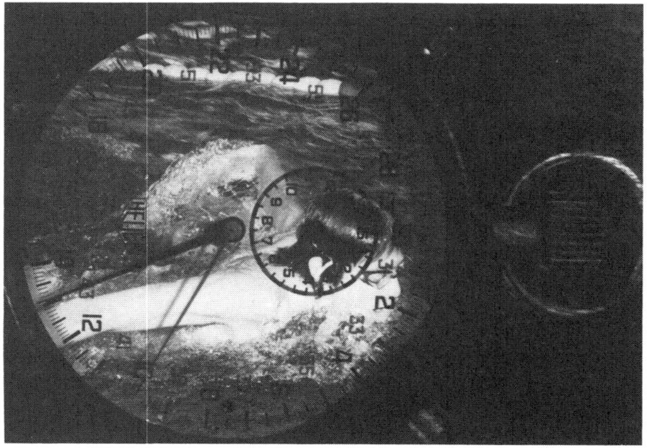

Besonders in den Ausdauersportarten ist es wichtig, Abwechslung und Spannung in den Übungs- und Trainingsbetrieb einzubeziehen, und dies sollte nicht nur ausschließlich mit der Stoppuhr erfolgen. Wenn es Anliegen ist, insbesondere im Schul- und Freizeitsport, aber auch in den Jugendabteilungen der Sportvereine, die Kinder zu lebenslangem (Ausdauer-)Sport zu motivieren und anzuleiten, so muß der Sportunterricht in der Schule und das sportliche Training im Verein diesbezüglich „spannend, erregend, lust- und freudvoll" (um nur einige spielerische Akzente zu nennen) angeboten werden. Besonders deshalb, weil längerdauernde Belastungen und gleiche Wiederholungen in großer Zahl nicht dem kindlichen Eigenleben entsprechen. Mit der Zeit braucht es diese zusätzliche (extrinsische) Motivation nicht mehr. Wenn es nämlich einmal gelingt, eine anfänglich unüberwindbar scheinende Leistung (z. B. 30 Minuten ohne Unterbrechung zu laufen, 400-m-Crawl zu schwimmen oder 60 km mit dem Rad zu fahren) zu erbringen, dann wächst in den meisten Fällen das Bedürfnis von selbst, diese Leistung zu wiederholen oder sogar zu überbieten.

Der Versuch, Jugendliche nur über die Gesundheit oder mit Überlegungen aus der Trainingslehre zu motivieren und zu überzeugen, dürfte in den wenigsten Fällen erfolgversprechend sein. Spielerische Trainingsformen können bei Kindern und Jugendlichen helfen, die Brücke von äußerer Aufforderung zu innerem Bedürfnis zu schlagen, bis schließlich der „Virus", z. B. des Lauffiebers, eingefleischt ist.

Was heißt nun aber konkret „spielerische Trainingsformen"?

Es ist möglich, mit den drei wichtigen Elementen der Dauerleistungsfähigkeit zu „spielen", nämlich mit dem

— Pulsgefühl

— Belastungsgefühl

— Zeitgefühl

Dieser Trainingseinsatz läßt sich sinngemäß auf alle Ausdauersportarten übertragen. In der Folge sollen konkrete Anregungen für die drei Triathlon-Sportarten Schwimmen, Laufen und Radfahren die Idee illustrieren.

Absicht	Beschreibung der Uebungsformen in 3 Ausdauersportarten		

GEFUEHL 998 Was heisst für mich langsam, mittel oder schnell, was heisst stark und schwach, viel oder wenig ...	- Schwimme Crawl. Der rechte Arm zieht stark, der linke schwach. - Schwimme für dich mittelschnell, dann ein wenig langsamer, bzw. ein wenig schneller. - Schwimme mit verschiedenen Techniken gleichschnell.	- Fahre am Berg in derselben Uebersetzung, mal im Sattel, mal stehend. Wie geht es besser? - Fahre eine Strecke von ... km mit derselben, dann mit verschiedensten Uebersetzungen mit dem Ziel, gleich schnell zu sein! - Fahre langsam/mittel/schnell über dieselbe Strecke. Vgl. die Zeiten. - Versuche, eine dir bekannte Strecke bewusst in verschiedenen Tempi zu fahren!	- Laufe eine Runde mit verschiedenen Schrittlängen, verschiedenen Tempi, dann eine längere Strecke im gleichen Tempo. Wie geht es besser? - Variiere dein Tempo so, wie du willst, unter der Voraussetzung dass du die gestellte Aufgabe erfüllen kannst.
ZEIT 999 Wie gut kann ich die Zeit einschätzen, voraussagen... Fühle ich, wie lange ich eine Belastung ausgeführt habe...	- Schwimme x Breiten oder Längen. Wieviel Zeit brauchst du? Kannst du mit einer anderen Schwimmtechnik gleichschnell schwimmen, 5 Sek. schneller, 5 Sek. langsamer... - Tauche 5, 7, 10 Sek. - Tauche eine beliebige Zeit und schau auf der Trainingsuhr, ob deine Schätzung mit der effektiven Zeit übereinstimmt.	- Fahre 10 Min., ohne auf die Uhr zu schauen. Kontrolliere dich! - Versuche ein andermal, die gleiche Strecke in 9/11 Min.zu fahren. - Spurte 30 Sek.; schau nach den "vermeintlichen 30 Sek." auf die Uhr! - Starte, schätze nach einer gewissen Zeit, wie lange du schon im Sattel sitzt. Kontrolliere auf deiner Uhr.	- Laufe 1 Min. kreuz und quer und halte nach einer Min. die Hand hoch, laufe weiter. - Laufe eine Runde in einer von dir festgesetzten Zeit. - Laufe während z.B. 40 Sek. in eine bestimmte Richtung, dann wieder zurück. Bist du nach weiteren 40 Sek. wieder beim Ausgangspunkt?
PULS 1000 Kann ich meinen Puls schätzen? Gelingt es, durch verschiedene Belastungsformen gleiche Pulswerte zu erhalten? Puls wahrsagen!	- Schwimme mit gefühlsmässig 80%iger Belastung. Miss deinen Puls. - Schwimme mit einer anderen Technik, mit dem Ziel, den gleichen Puls zu erhalten. - Usw.	- Belaste dich (am Berg) mit 70/80/90%, vgl. deinen Puls; vgl. auch mit demselben Gefühl beim Schwimmen und beim Laufen! - Versuche, mit dem gleichen Puls eine längere Strecke zu fahren (ca. alle 10' Pulskontrolle)	- Laufe in mittelmässigem Tempo. Miss deinen Puls. - Laufe so schnell, dass du 10% mehr/weniger Puls hast. - Puls wahrsagen, dann laufen, Puls messen. Stimmt's? - Usw.

Solche Übungs- und Trainingsformen lassen sich leicht als „alternative Wettkampfformen" umwandeln. „Wetten daß . . ."! Vielleicht erinnern sich einige an die bei Frank Elstners Sendung „WETTEN DASS" verlorene Wette, als ein Läufer ansagte, er würde einen Kilometer auf einige Sekunden genau laufen können. Millionen fieberten am Bildschirm mit, als ein Läufer versuchte, mit seinem Zeitgefühl zu spielen . . .
Ziel des Schul- und Freizeitsportes ist nicht nur, Sportarten kennen und betreiben zu lernen, sondern vermehrt mit Hilfe der Sportarten Sport zu betreiben, mit welchen Formen und sportlichen Inhalten auch immer. Und wenn es gelingt, dieses Anliegen in einer fröhlichen — eben: spielerischen — Atmosphäre zu realisieren, dann haben wir unser Möglichstes getan, Kinder und Jugendliche, aber auch erwachsene Freizeitsportler für „unsere Sache", nämlich: Sport für's Leben, zu gewinnen.

Wie wär's mit dem
24-Stunden-Etappen-Triathlon?
Siehe S. 212.

24-Stunden-Etappen-  Triathlon

Idee: Brücken schlagen zwischen Schulsport und Freizeitsport

Teilnahmebedingungen:
3er-Gruppen (Großväter, Mütter, Freund/in, Onkel, Tante... usw.). Alle Sportbegeisterten, wobei mindestens 1 Gruppenmitglied im Alter von 9—13 Jahren sein soll. Ansonsten einfach 3er-Gruppen.

Durchführung:
Außerhalb der obligatorischen Schulzeit, innerhalb von 3 Monaten.

Regeln:
Pro Etappe mindestens 10 Minuten (oder länger) laufen, schwimmen oder radfahren, ohne anzuhalten. Die zurückgelegte Strecke ist nicht entscheidend. Die entsprechende Zeit in das Kontrollblatt eintragen (mittels Ankreuzen der 5-Minuten-Felder).
Die Zeiten der einzelnen Gruppenmitglieder werden addiert, bis eine der drei Tabellen voll ist. In der „Lauf-Tabelle" darf nur die gelaufene Zeit eingetragen werden, in der „Schwimm-Tabelle" nur die geschwommene Zeit usw. Es gibt keine Einzelsieger, das Gesamtergebnis der ganzen Gruppe zählt am Schluß.

Preise:
Alle eingesandten und vollständig ausgefüllten Protokollblätter werden ausgelost.
Siegerpreis: 1 vollständige Triathlon-Ausrüstung für jeden der Siegergruppe
(1 Fahrrad, 1 Badehose, 1 Lauf- und Radausrüstung). (... als Idee: Sponsoren suchen.)

Auskunft/Sammelstelle:
Das ausgefüllte Kontrollblatt muß bis spätestens zum 1. .... 19........ an:

.... gesandt werden!
(Adresse des Initiators)

Kontrollblatt: 24-Stunden-Triathlon

Beginn der ersten Etappe: ________________ Letzte Etappe: ________________

1. Name: ________________ Adresse: ________________ Alter: __________

2. Name: ________________ Adresse: ________________ Alter: __________

3. Name: ________________ Adresse: ________________ Alter: __________

Die gelaufenen, geschwommenen bzw. gefahrenen Zeiten ins Protokoll eintragen. Pro 5 Minuten ein Feld ankreuzen. Es muß mindestens 10 Minuten pro Etappe trainiert werden!
Viel Spaß!!!

h	5-Minuten-Felder											
1												
2												
3												
4												
5												
6												
7												
8												

h	5-Minuten-Felder											
1												
2												
3												
4												
5												
6												
7												
8												

h	5-Minuten-Felder											
1												
2												
3												
4												

h	5-Minuten-Felder											
1												
2												
3												
4												

Wir haben alle Spielregeln genau erfüllt!

Datum: ________________

1. Unterschrift: ________________ 2. Unterschrift: ________________ 3. Unterschrift ________________

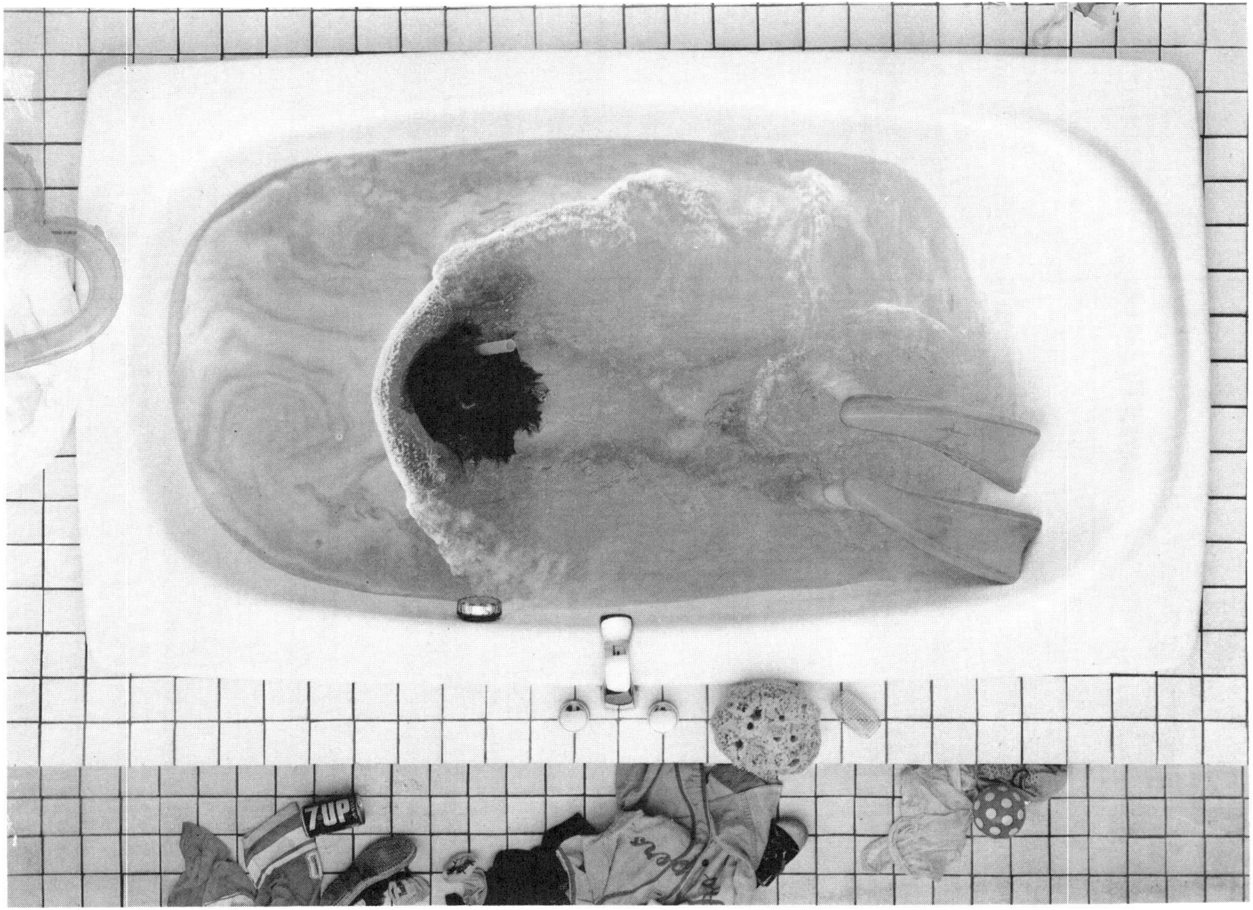
7UP

Kapitel 9
Die 1001. Idee: Schwimmfeste

9.1 Weih-Nachts-Schwimmen

„Man muß die Feste feiern, wie sie fallen!" Warum soll die Weihnachtszeit nicht auch, von ihrer Stimmung her gesehen, in den Sportunterricht einbezogen werden? Warum also nicht ein Weih-Nachts-Schwimmen organisieren?
Das folgende, schon oft realisierte Beispiel soll Anregungen vermitteln, wie mit einer großen Zahl von Teilnehmern während 1½—2 Stunden ein fröhlicher Wettkampf durchgeführt werden kann.

100 Sportstudenten am Start des Weihnacht-Schwimmfestes.

Voraussetzungen:

— Das ganze Hallenbad steht zur Verfügung. Im Idealfall mit mehreren Schwimm- bzw. Sprungbecken (das dürfte in einer Nacht möglich sein).
— Das Schwimmbadpersonal steht der Idee positiv gegenüber und ist sogar bereit, ein einfaches Morgenessen bereitzustellen (das Beispiel Adliswil zeigt, daß dies möglich ist).
— Viele Helfer (z. B. Eltern, Lehrer- oder Trainer-Kollegen, ältere Schüler usw.) machen mit.
— Das Einverständnis der (Schul-)Behörden und der Eltern liegt vor.

Wertung:

— Es wird mit Rangpunkten gewertet:
Sieger = 6 Punkte, 2. Rang = 5 Punkte, usw.
— 1 Siegerpreis wird am Schluß der Veranstaltung unter der Siegergruppe ausgelost.

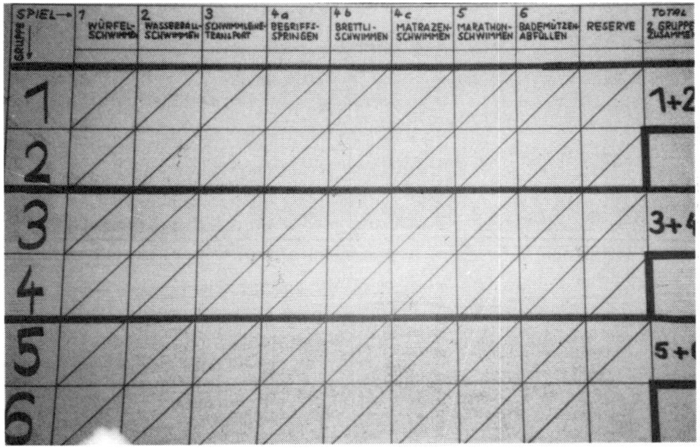

Auf dieser großen Tafel werden die Resultate laufend notiert.

Vorschläge zum Schwimmfest „1001 (Weih-)Nacht“

Nr.	Idee / Beschreibung	Material	Hinweis / Organisation
1	Würfelschwimmen: Jede Gruppe hat einen eigenen Würfel in einem Eimer. Pro geschwommene Länge darf jeder Schwimmer 1x würfeln. Schwimmt er in der Delphin-Technik, dann darf er 2x würfeln. Alle so gewürfelten Zahlen werden zusammengezählt. Welche der 6 Gruppen hat zuerst genau 222? Wir schwimmen im Einbahnverkehr;zurück um das Becken marschieren.	- 12 Würfel (je 1 pro Gruppe; je 1 Reserve) - 6 Eimer - Schwimmleinen - Bleistifte; Papier	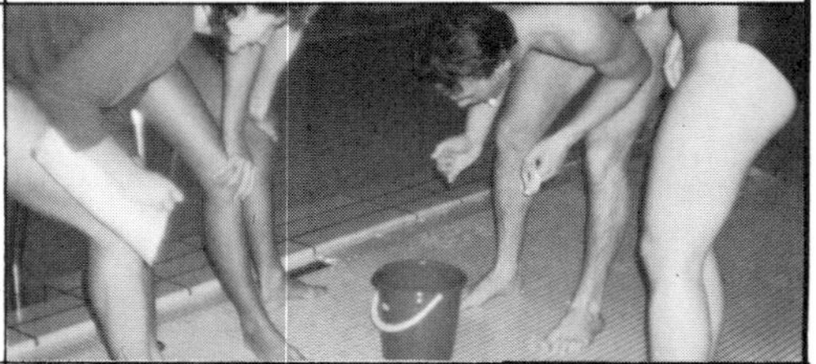
2	Hindernisschwimmen mit Wasserbällen: Die 6 Gruppen verteilen sich auf der Breitseite des Schwimmbeckens. Der Ball muss über die in der Mitte längs gespannte Leine geworfen werden, der Schwimmer muss unten durch. Für jede so geschwommene Breitseite erhält die Gruppe einen Punkt. Der Wettbewerb dauert 5 Minuten. 2 Bälle pro Gruppe.	- 12 (Wasser-) Bälle - 1 Schwimmleine - Bleistifte, Papier, Stoppuhr	
3	Schwimmleinen-Transport: Die Schwimmleine muss von der einen auf die andere Seite möglichst schnell transportiert werden. Welche Gruppe benötigt dafür am wenigsten Zeit? (Nur eine Gruppe, die anderen sind Zuschauer).	- 1 Schwimmleine - 1 Stoppuhr, Bleistifte, Papier	
4a	Begriffs-Springen: Pro Gruppe werden eine Anzahl Teilnehmer bestimmt. Sobald ein Teilnehmer auf dem Sprungbrett eine vorher bestimmte Marke überschreitet, wird ihm ein "Ueberbegriff" zugerufen. Nun muss der Teilnehmer während des verbleibenden Anlaufes und in der Luft möglichst viele passende Begriffe nennen.	- Begriffe: z.B. Farben, Länder, Blumen, Tiere, Automarken, Mädchen-Namen, Knaben-Namen, Schwimmarten, Sportarten, Politiker, Musiker, Bäume Vögel, Fische, Berge, Flüsse, Meere, Sprachen	

Nr.	Idee / Beschreibung	Material	Hinweis / Organisation
4b	Schwimmbrett-Schwimmen: Pro Breite, die auf dem Schwimmbrett stehend geschwommen wird, erhält die Mannschaft einen Punkt. Start: Auf dem Bassinrand sitzen, dann auf das Schwimmbrett stehen und schliesslich schwimmen. Wenn das Brett "verloren" geht, so darf diese Breite nicht gezählt werden! Zurück um das Becken marschieren.	- Genügend Schwimmbretter - Papier und Bleistifte	
4c	Luftmatratzen-Schwimmen: Welche Gruppe schafft in 5 Minuten am meisten Bassinbreiten auf den Luftmatratzen? Die Paddel-Technik ist frei wählbar. Welche ist die schnellste?	- 8-10 Luftmatratzen (diese werden von den Teilnehmern selbst mitgebracht).	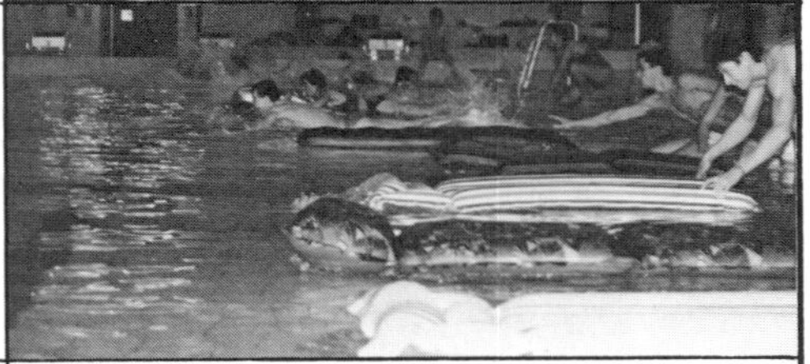
5	Marathon-Schwimmen: Wir schwimmen gemeinsam eine Strecke von 42 Kilometern. Vor Beginn werden durch den Leiter 4-10 Zwischenzeiten fixiert. Bei den jeweiligen Zwischenzeiten wird ein lautes Signal gegeben. Wer genau zu dieser Zeit wendet, erhält am Schluss einen kleinen Preis. Wir schwimmen im Rechtsverkehr.	- Kleine Preise für die "Zwischen-Zeiten-Sieger" - Grosses Plakat, auf dem die Gesamtstrecke laufend addiert wird. (In jeder Schwimmbahn wird gezählt; nach jedem Kilometer wird gemeldet). - Papier, Bleistifte	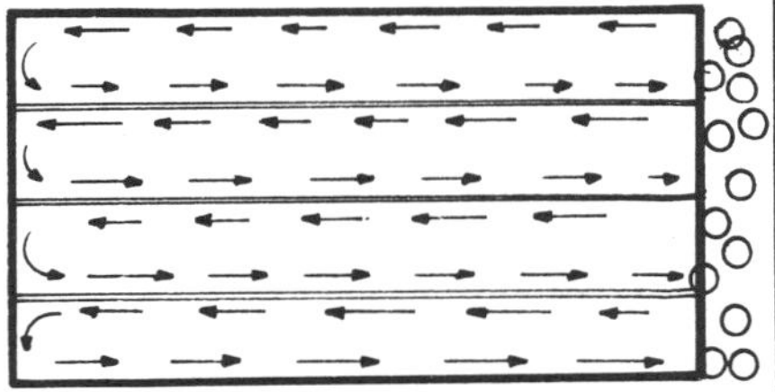
6	Badehauben-Füllen: Wieviele Liter Wasser könnt ihr in eine normale Gummi-Badekappe giessen? (Idee aus Frank Elstners-Sendung "Wetten dass".)	- 1 Gummi-Badehaube pro Gruppe - 2 Eimer - Nicht zu spitze Fingernägel!	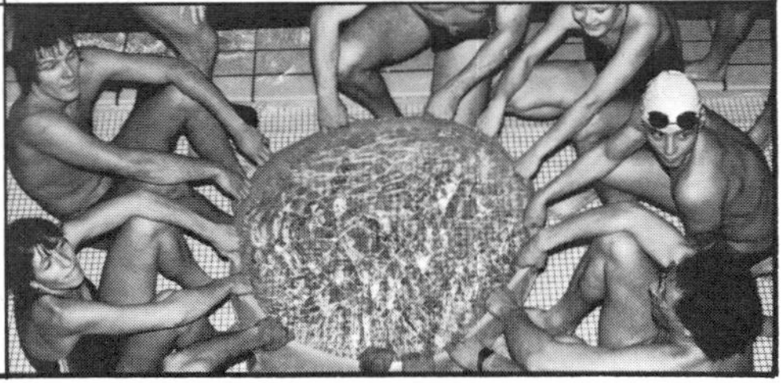

Start zur „ersten Seeüberquerung der Turn- und Sportlehrerausbildung".
Das sind die Absolventen des Studienlehrganges 1976—1978, welche die Ideen zur Übungssammlung „1001 Spiele im Wasser" zusammengetragen haben.

9.2 Eine Seeüberquerung

Wer schon einmal selbst an einer Seeüberquerung teilgenommen hat, der wird dieses Erlebnis nicht so schnell vergessen.
Wer aber schon als Organisator einen solchen Anlaß angeregt und schließlich durchgeführt hat, der kennt die Umtriebe, aber vor allem die Verantwortung, denn jede Seeüberquerung, ist sie auch noch so gut vorbereitet und gut organisiert, ist und bleibt ein kleines Abenteuer.
Mit der Absicht, möglichst jedes Risiko auf ein Minimum zu beschränken, wurde versucht, in Form einer Checkliste den möglichen Ablauf einer Seeüberquerung mit großen Gruppen zusammenzufassen. Vielleicht gelingt es dadurch, den einen oder anderen Organisator zu animieren, auch einmal einen solchen Anlaß zu starten.
Viel Spaß!

Mögliche Check-Liste zum Schwimmfest „Seeüberquerung“ (am Beispiel der traditionellen ETHZ-Seeüberquerung)

VORHER

LANGFRISTIG

- Ausschreibung mit: Ort, Datum (Verschiebedatum), Teilnahmebedingungen
- Schriftliche Gesuche an: Seepolizei oder Seerettungsdienst, Notfallarzt, Badeverwaltung
- Suche nach Begleitpersonen (Rettungsschwimmer)
- Numerierte Badekappen o.ä. bestellen
- Mitteilung an Presse, ev. als Einladung für weitere Teilnehmer

KURZFRISTIG

- Kontrolle der eingegangenen Bestätigungen
- Warme Getränke vorbereiten (ca 2dl pro Person)
- Genügend Wolldecken (z.T. für die Begleitboote)
- Begleitboote mit Rettungsbällen bereitstellen
- Zusammenzug aller Helfer am Durchführungsort
- Umgang mit allen Rettungsgeräten üben (Rettungsball werfen, rudern, LESOMA)
- Letzte Informationen an alle Teilnehmenden (ev. schriftlich oder durch einen Anschlag, z.B. in der Schule)
- Letzte Information an die regionale Presse

DURCHFÜHRUNG

UNMITTELBAR DAVOR

- Studium der kurzfristigen Wetterprognosen, Rücksprache mit Seepolizei
- Wassertemperatur messen (mind. 19°)
- Mitteilung auf Tel.Nr....: Findet statt oder: Wird verschoben auf......
- Rettungsboote kontrollieren und ausrüsten
- Warme Getränke am Ziel bereitstellen
- Badekappen-Nummern kontrollieren und in die Teilnehmerliste eintragen
- Teilnehmer auf der Liste eintragen
- Badekappen unmittelbar danach beziehen
- Umziehen, Kleider in eigene Sporttasche versorgen und am bestimmten Ort deponieren
- Wenn nötig einfetten
- Letzte Informationen durch den Chef des Rettungsdienstes (Verhaltensregeln)
- Bildung von Zweiergruppen, die bis zum Ziel zusammen bleiben müssen

START

- Start in Zweiergruppen (also kein Wettkampf!)
- Keine unnötigen Spässe während des Schwimmens
- Beobachtung des Partners
- Immer Sichtkontakt zum Begleitboot
- Bei Not sich genau an die vereinbarten Verhaltensregeln halten
- Das Erlebnis geniessen....

Helfer: Alle bereitgelegten Säcke sofort in Autos oder Boote tragen

DURCHFÜHRUNG

DANACH

DIE ERSTEN TREFFEN EIN!

- Badekappen beim Verlassen des Wassers abgeben (...und auf der Teilnehmerliste streichen)
- Hinweis auf warme Getränke und Kleiderdepot
- Betreuung, wenn nötig (z.B. Unterkühlung o.ä.)
- Besammlung aller Teilnehmenden an einem gemeinsamen Platz
- Erlebnisberichte......

UNMITTELBAR DANACH

- Rettungsmaterial kontrollieren und zurückgeben, Teilnehmerlisten kontrollieren!
- Dank an alle Helfer
- Kurze Zusammenkunft aller Helfer und Begleitpersonen: Meinungsumfrage, Verbesserungsvorschläge für die nächste Seeüberquerung
- Ev. kleines Fest mit allen Teilnehmenden?

SOBALD WIE MOEGLICH

- Schriftlicher Dank an alle offiziellen Stellen
- Badekappen (trocken!) zurücksenden
- Kurzer Bericht in die lokale Presse, Einladung für nächstes Jahr (Termin schon wieder bekanntgeben)
- Schlussprotokoll mit Verbesserungsvorschlägen für nächstes Jahr.
- "Akte Seeüberquerung" versorgen oder dem nächsten Organisator übergeben

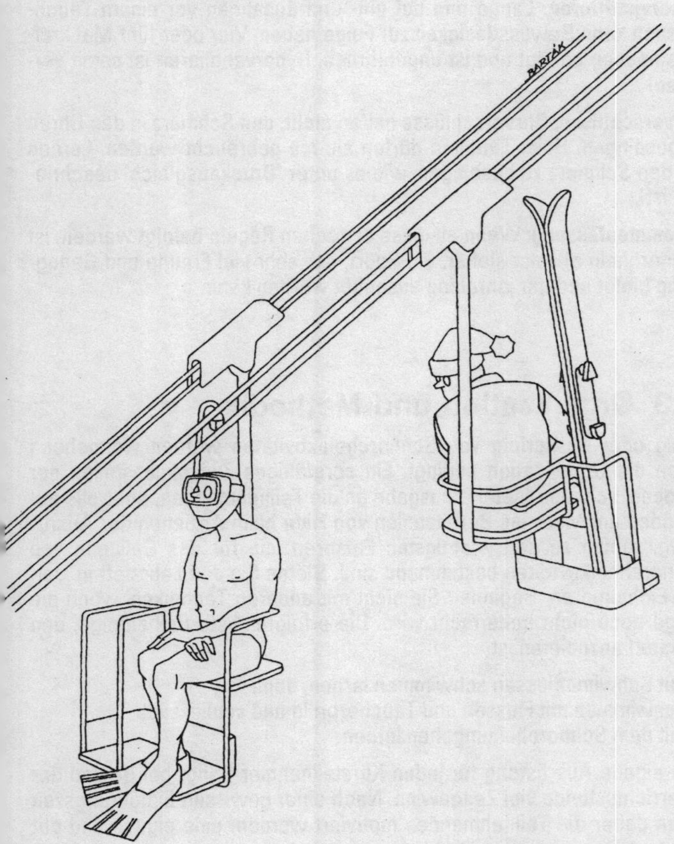

Nebelspalter Nr. 6/1982

Kapitel 10

Anhang: Schnorcheln ...
eine Sportart mit unzähligen Möglichkeiten!

10.1 Einleitung 224

10.2 Schnorcheln ... aber sicher! 224

10.3 Organisation und Methodik 224

10.4 Abwechslung mit Spielmaterial 225

10.5 Individuelle Formen mit der Basisausrüstung 228

10.6 Gruppenformen mit der Basisausrüstung 234

10.7 Individuelle Formen mit Spielmaterial 240

10.8 Gruppenformen mit Spielmaterial 248

10.1 Einleitung

Für jedes Kind und jeden Erwachsenen ist der erste Tauchversuch mit einer Taucherbrille eine aufregende Erfahrung: plötzlich ist alle Trübheit verschwunden. Die Unterwasserwelt scheint glasklar zu sein! Das Interesse, mit dieser Unterwasserswelt näher "Bekanntschaft" zu schliessen, kommt dann spontan. Das "Erobern" der Welt unter Wasser ist allerdings bedingungslos mit dem Beherrschen einer Zahl von (Tauch-)Techniken verbunden. Dem "sich beim Schnorcheln Erholen" geht also eine Periode des Lernens und **Übens** voraus. In dieser Zeit entscheidet es sich, ob das Interesse anhält oder wieder verschwindet. Ganz kurz wird darum auch auf die vier Komponenten eingegangen, welche eine erfolgreiche Schnorchelinstruktion beeinflussen:

- Sicherheit
- Organisation
- Methodik
- Abwechslung

10.2 Schnorcheln . . . aber sicher

Ausrüstung: Sicher und komfortabel schnorcheln ist nur mit einer Ausrüstung möglich, die gewisse Anforderungen erfüllt. Kaufen Sie darum eine Schnorchelausrüstung (in der Schweiz: ABC-Ausrüstung) nur beim Spezialisten für Unterwassersportartikel oder lassen Sie sich von einem Fachmann beraten.

Tauche nie allein! Aktivitäten unter Wasser unternehmen wir nur dann, wenn jemand in unmittelbarer Nähe ist, der beurteilen kann, ob etwas falsch läuft und der zugleich in einem solchen Moment fähig ist, einzugreifen. Die Möglichkeit der Unfälle - insbesondere in einem Hallenbad - ist zwar klein, doch nicht ausgeschlossen.

Druckausgleich: Wer taucht, fühlt, dass seine Brille fest auf sein Gesicht gedrückt wird. Ein wenig Luft durch die Nase in die Brille blasen hilft, den unangenehmen Druck zu beseitigen. Schmerzen am Trommelfell verschwinden meistens, wenn man "leer schluckt" oder Luft in die mit Daumen und Zeigefinger zugekniffene Nase presst. Gelingt es nicht, den Schmerz zu beheben, dann darf nicht getaucht werden.

Hyperventilieren: Lange und tief ein- und ausatmen vor einem Tauchversuch kann Bewusstlosigkeit zur Folge haben. Vier oder fünf Mal kräftig einatmen genügt und ist ungefährlich. Hyperventilieren ist somit **verboten!**

Ohrverschlüsse: Ohrverschlüsse helfen nicht, den Schmerz in den Ohren zu beseitigen. Beim Tauchen dürfen sie nie gebraucht werden. Lernen Sie den Schmerz zu beseitigen, wie es unter "Druckausgleich" beschrieben ist!

Zusammenfassung: Wenn all diese einfachen Regeln befolgt werden, ist Schnorcheln absolut sicher. Ein Sport, der sehr viel Freude und Genugtuung bietet und der jahrelang ausgeübt werden kann.

10.3 Organisation und Methodik

Erfolg oder Misserfolg von Schnorchelaktivitäten werden weitgehend durch die Organisation bedingt. Ein sorgfältiges Zusammenstellen der Gruppen, schnelle Materialausgabe an die Teilnehmenden, Kontrolle auf Schäden am Material, Bereitstellen von Hilfe beim Anziehen der Ausrüstung, zählen zu den wichtigsten Faktoren, die für das Gelingen von Schnorchelaktivitäten bestimmend sind. Bieten Sie den Lehrstoff in kleinen Einheiten an. Beginnen Sie nicht mit anderen Techniken, wenn die vorige noch nicht beherrscht wird. Die erfolgreichste Reihenfolge, den Lehrstoff anzubieten ist

- mit Schwimmflossen schwimmen lernen, dann
- schwimmen mit Flossen und Taucherbrille und schliesslich
- mit dem Schnorchel umgehen lernen.

Eine eigene Ausrüstung für jeden Kursteilnehmer bringt bei Beginn der Unterrichtsstunde viel Zeitgewinn. Nach einer gewissen Einführungszeit sollen daher die Teilnehmenden motiviert werden, eine eigene und gut passende Ausrüstung zu kaufen.

0.4 Abwechslung mit Spielmaterial

as Schnorcheltauchen bietet selbst schon zahllose Möglichkeiten, um mit ·eude bei der Sache zu sein. Der Gebrauch von allerlei Spiel-Materialien ergrössert jedoch die Begeisterung enorm und bietet die Möglichkeit end- ser Abwechslung. Im vorderen Teil dieses Buches werden bereits viele laterialien vorgestellt. Einige davon gebrauchen wir beim Schnorcheln benfalls. Die meisten Übungsformen in den Paragraphen 7 und 8 sind al- rdings rund um Materialien aufgebaut, die in diesem Buch noch nicht orkommen. Sie sind entweder zu kaufen oder selber herzustellen. Zwar et- as zusätzliche Arbeit, aber die Mühe wird belohnt. Die Anzahl der anzu- chaffenden Exemplare ist von der Grösse der Gruppe, mit denen norma- rweise gearbeitet wird, abhängig. In der Folge werden die einzelnen Ge- enstände kurz beschrieben:

Väscheklammern

infaches Material, billig und besonders ir unsere Zwecke gut geeignet. Wir enutzen Kunststoffexemplare in drei der vier Farben.

eilchen

us flexiblem Nylonseil mit einem urchmesser von 4 mm schneiden wir tücke von einem Meter Länge. Um zu ermeiden, dass diese ausfransen, ver- engen wir sie an den Enden (mit einem ötkolben oder mit einer Kerzenflamme).

Zahlentäfelchen

Aus einer weissen Kunststoffplatte sägen wir 4 x 10 Täfelchen von 9 x 9 cm. In vier verschiedenen Farben schreiben wir darauf die Zahlen von 0 bis einschliesslich 9 (wasserfeste Filzstifte o.ä. verwenden),

PVC-Ringelchen

Von 4 PVC-Röhrchen, die einfach ineinandergeschoben werden können, sägen wir Ringelchen von einem halben Zentimeter Dicke. Jede Grösse erhält ihre eigene Farbe. Ordentlich aufräumen kann man sie am besten, indem man sie an eine Leine reiht.

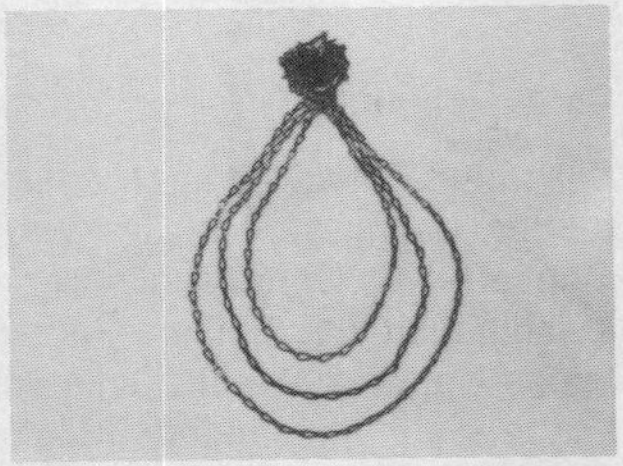

Kettchen

Für nervenaufreibende Entwirrungsaufträge unter Wasser benutzen wir WC-Kettchen aus Messing. Wir machen Stücke von 1 m Länge mit ziemlich grossen Kettengliedern.

Plastikflaschen

Für unsere Zwecke sind 1,5-Liter-Flaschen von Erfrischungsgetränken mit einem "Kragen" am besten geeignet. Um diesen können wir nämlich ohne viel Mühe eine Leine befestigen. Auch den Schraubverschluss können wir gut gebrauchen. Eine Flasche pro 2 Personen.

Montageplatten und Montagestreifen

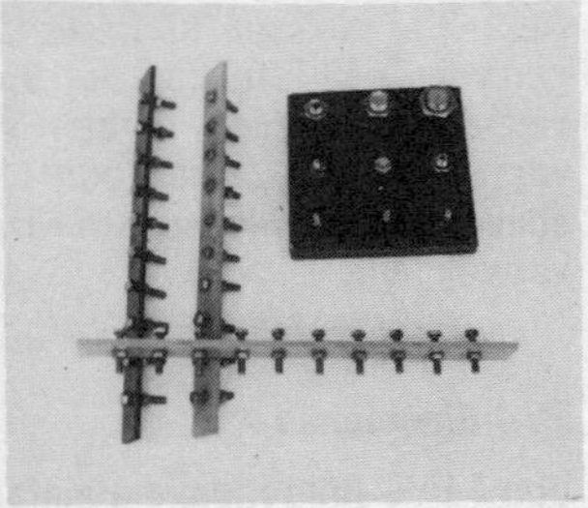

Die Montageplatte verfertigen wir aus Kunststoff mit einer Dicke von 2 cm. In die quadratische Platte von 15 x 15 cm bohren wir in regelmässigen Abständen voneinander 9 Löcher mit einem stets grösser werdenden Durchmesser. In jedes Loch passt genau eine Schraube mit einer dazugehörigen Mutter als Gegenstück. Aus einer dünnen Kunststoffplatte machen wir Streifen von 25 x 5 cm. Darin bohren wir 12 Löcher mit demselben Durchmesser, worin Schrauben und Muttern aus rostfreiem Stahl passen. Weitere Möglichkeiten bieten diese Streifen, wenn wir die Löcher oben und unten mit, Bezug nehmend mit den Zahlen 1-10 und den Buchstaben von einem Wort mit 12 Buchstaben, markieren, z. B.: TAUCHSTATION

Gartenschlauch

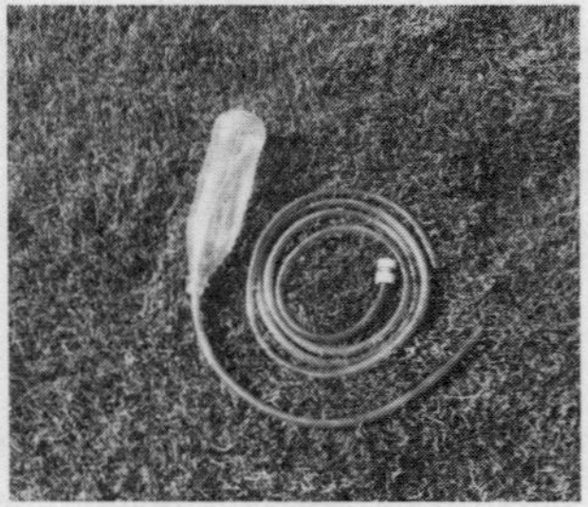

Spannenden und dadurch sehr motivierenden Übungsstoff stellen wir im Themenbereich "Gartenschlauch" vor. In Kombination mit hohlen Gegenständen bieten Gartenschlauchstücke von 60 cm Länge mehr und andere Möglichkeiten als der weniger biegsame Schnorchel. Wir schaffen auch einige Stücke von 6 m an und vervollständigen den Satz mit einigen Verbindungsstücken.

Gewichte

Um unter Wasser an Ort an einem Auftrag arbeiten zu können, brauchen wir Gewichte. Ein Bleiblock (Tauchring) von 5 kg ist eine gute Lösung. Diesen versehen wir mit einer Armschlinge. Wer hier seinen Arm durchsteckt, treibt nicht mehr an die Oberfläche und hat zudem beide Hände zum Arbeiten frei. Ausserdem benötigen wir Bleiblöcke von 1 kg, die in einem Spezialgeschäft für Unterwassersportartikel gekauft oder selber gegossen werden können.

Buchstabentäfelchen

Viele Arten von Sammelaufträgen und Wortspielen sind mit 4 verschiedenen Serien von 12 Buchstaben möglich. Wir machen sie gleichgross und aus demselben Material wie die Zahlenplättchen.

Röhrenmontageset

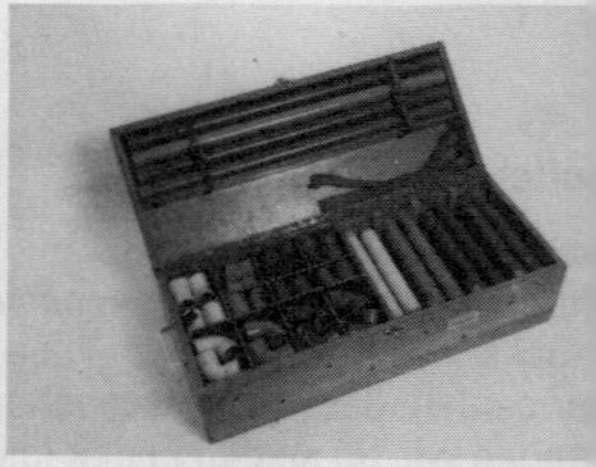

PVC-Röhrchen mit einem Durchmesser von 4 cm bilden das Basismaterial für einen vierfarbigen Set, womit im Gruppenverband auf dem Bassinboden attraktive Montagearbeiten verrichtet werden können. Der Set besteht aus 4 verschiedenfarbigen Serien. Jede Serie umfasst 8 Röhrchen von 25 cm, 8 Rechtskurven, Kurven um 45° und Verbindungsstücke, 2 T-Stücke und 2 Röhren von 80 cm.

nterwasserball

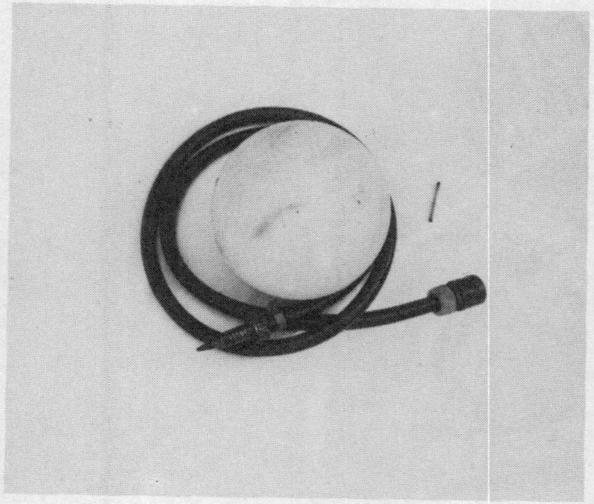

it ein wenig Geschick ıd Geduld fertigen wir nen Ball an, der auf em Bassinboden unr Wasser springt.

it Hilfe einer dünnen olzschraube ziehen ir das Ventil aus eiem Plastikball. Ein, mit 'aschbenzin und Pfeinreiniger sauber geachtes, Stückchen n einer Kugelschreiermine machen wir it Hilfe eines Dornes f der einen Seite als einer Trichter etwas eiter. Hier hinein isst ein Trichterchen aus festem Papier. Durch diesen Trichter füllen wir indestens 800 g sehr trockenes Salz in den Ball. Mit einem feinen Strahl ner selbst hergestellten Düse (Düse an ein Schlauch-Kupplungsstück anten) lassen wir anschliessend den Ball voll Wasser laufen, bis dieser sein sprüngliches Volumen wieder erreicht hat. Zuletzt setzen wir das Ventil ieder auf seinen Platz und der Ball ist fertig für den Gebrauch ... unter 'asser!

uskunft bezüglich Herstellung der Rakete (siehe rechts oben) oder ander hier beschriebener Tauchgegenstände bei:

o van Schalen, Burg. de Bekkerlaan 20, 5421 JM Gemert, Niederlande

Raketen

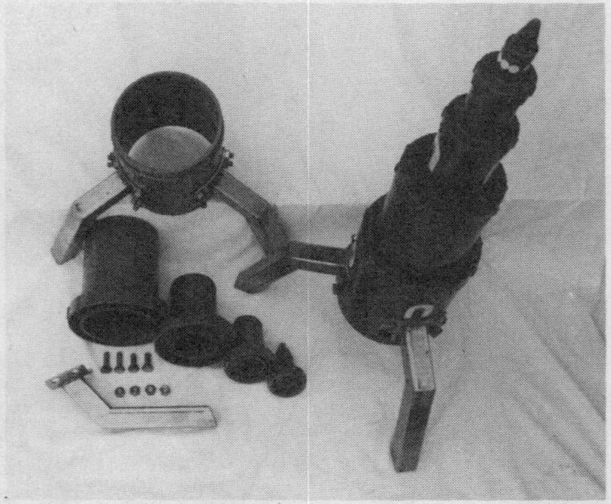

Dies ist ein sehr spektakuläres Unterwasserspielzeug!
Sie werden nach einer korrekten Montage auf dem Schwimmbadboden an die Oberfläche "gefeuert".

Eine genaue Bauanleitung ist beim Autor des Kapitels Schnorcheln, Jo van Schalen, erhältlich!

Grosse, hohle Gegenstände

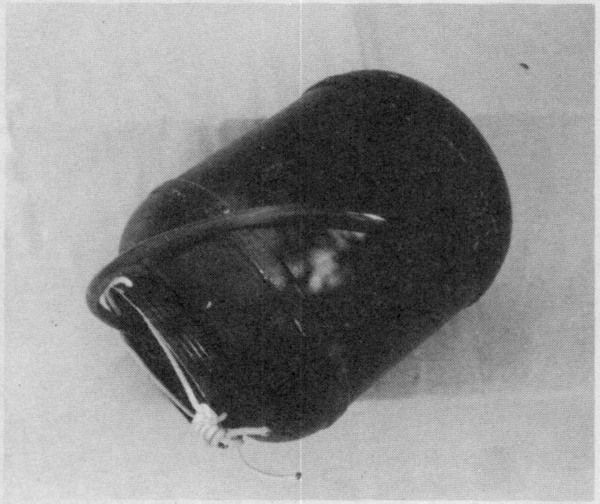

In das Halsstück eines stabilen 20-Liter-Fasses oder -Eimers bohren wir 4 Löcher, wodurch wir unsere Seilchen stecken können. Belastet mit Gewichten, schaffen wir so auf dem Schwimmbadboden eine über dem Bassinboden schwebende Luftblase, aus der wir atmen können. Mit ein wenig Übung können wir bald länger unter Wasser bleiben. **Nur mit geübten ABC-Tauchern anwenden!** Beim Auftauchen immer Luft ausblasen, sonst besteht schon bei geringer Tiefe die Gefahr eines Lungenrisses!

Kapitel 10

Anhang: Schnorcheln

10.5 Individuelle Formen mit der Basisausrüstung

10.5.1 Schnorchelübungen an der Wasseroberfläche . . . 229

10.5.2 Lernen, den Schnorchel zu entleeren 230

10.5.3 Tauchen und Schwimmen unter Wasser 231

10.5.4 Ins Wasser „steigen“ 232

10.5.5 Besondere „Kunststückchen“ 233

Nr.	Idee / Beschreibung	Hinweise / Organisation
1	Schnorchele 4 Minuten kreuz und quer von Wand zu Wand. Deine Aufgabe ist es, allen Mitschwimmern völlig auszuweichen. Bleibe die ganze Zeit mit der Taucherbrille unter Wasser und atme nur durch den Schnorchel.	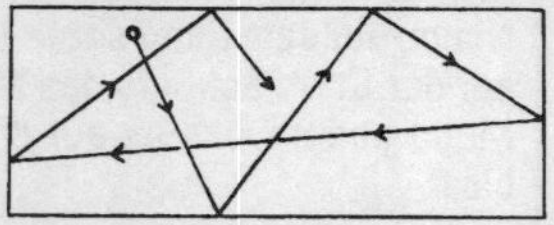
2	Ziehe eine Schwimmflosse aus und halte diese quer vor dir unter Wasser. Schnorchle nun eine oder zwei Bahnen so schnell wie du kannst. Wechsle den Fuss.	
3	Setze die Taucherbrille auf die Stirn, nimm den Schnorchel aus dem Mund und schwimme auf dem Rücken einige Bahnen. Dabei ist ein Arm gestreckt hinter resp. über dem Kopf im Wasser (Sicherheit vor Zusammenstössen mit anderen Tauchern oder der Wand)	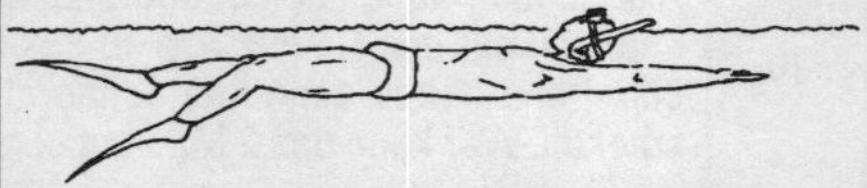
4	Schwimme in Rückenlage mit der Delphintechnik, danach in der Bauchlage und schliesslich unter Wasser. Achte beim Schwimmen in Rückenlage, dass du nicht an die Wand schwimmst. Beim Schwimmen in Brustlage liegen beide Arme locker am Körper.	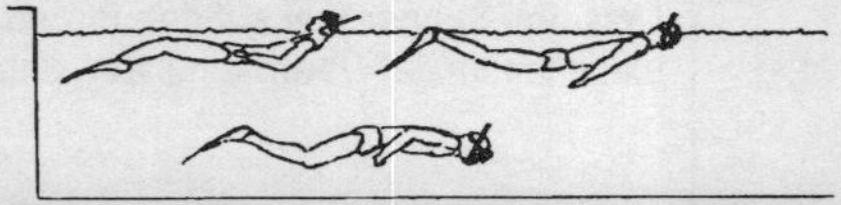
5	Schwimme 4 Minuten lang hin und zurück. Auf dem Hinweg mit Brustkraul, auf dem Rückweg in Seitenlage mit der Schnorchelseite nach oben.	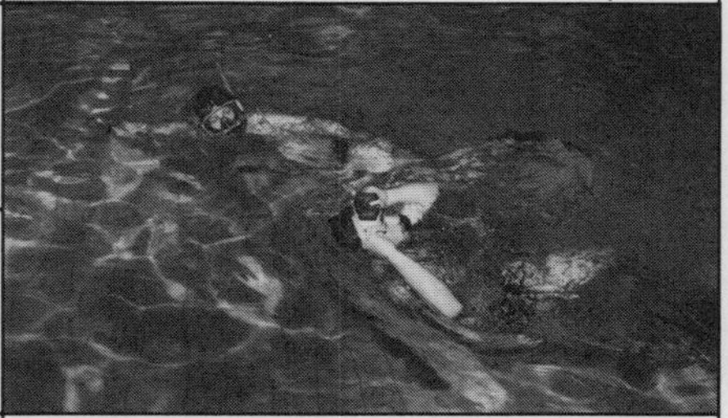
6	Schnorchle auf dem Hinweg und schwimme auf dem Rückweg in Rückenlage (in Rückenlage den Schnorchel immer aus dem Mund nehmen und die Brille auf die Stirn setzen!). Schwimme diese Serie 3mal oder eine bestimmte Anzahl von Minuten. Auch an den Wendepunkten solltest du nicht anhalten. Die Ausrüstung immer bei der Wende versetzen!	
7	Führe während des Schnorchelschwimmens abwechselnd eine schraubenförmige Bewegung nach links und nach rechts aus. Bleibe stets mit der Brille unter Wasser und blase nach jeder Schraube den Schnorchel vollständig leer.	

10.5.2 Lernen, den Schnorchel zu entleeren

Nr.	Idee / Beschreibung	Hinweise / Organisation
8	Nimm, auf dem Rand sitzend oder im Wasser stehend, den Schnorchel lose in die Hand. Die Brille sitzt auf der Stirn. Schöpfe das Mundstück nun mit Wasser voll, hole tief Luft, nimm das Mundstück in den Mund und spucke es auf dieselbe Art und Weise leer, wie ein Trompetenbläser in sein Mundstück bläst.	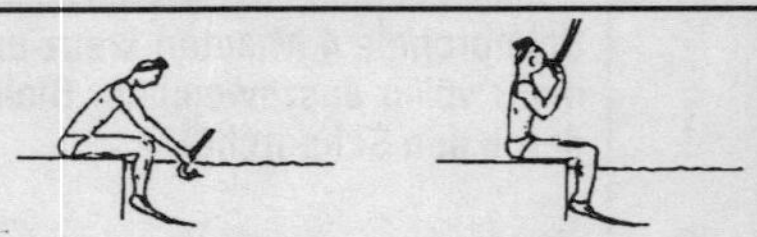
9	Setze die Brille auf und stelle dich in flaches Wasser. Tauche den Schnorchel halb unter Wasser, hole tief Luft, nimm das Mundstück unter Wasser in den Mund und blase den Schnorchel leer. Wenn er nicht ganz leer ist, dann atme wieder tief, aber vorsichtig und blase nochmal.	
10	Alle Schüler haben den Schnorchel lose in der Hand, sie stecken den Schnorchel in den Mund und legen sich auf den Bauch. Alle 10 Sekunden erhalten sie ein Geräuschsignal (tippen gegen das Treppchen) und halten dann den Schnorchel über Wasser, um ihn anschliessend wieder in den Mund zu stecken. Wer kann das 2 Minuten durchhalten?	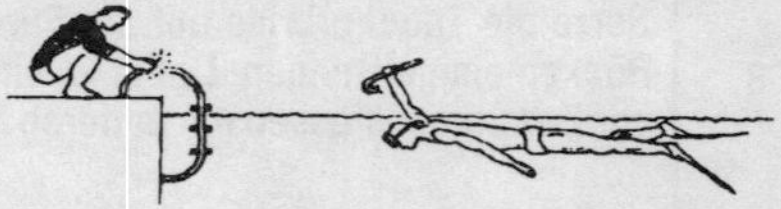
11	Lass den Schnorchel auf den Boden sinken. Bringe ihn an die Oberfläche, nimm ihn in den Mund und blase ihn an der Oberfläche leer, ohne mit dem Kopf über Wasser zu kommen.	
12	Werfe den Schnorchel so weit weg, wie du es wagst. Warte bis er auf dem Boden liegt und schwimme dann unter Wasser zu ihm hin. Nimm den Schnorchel in den Mund, blase ihn leer und schnorchle zum Startplatz zurück, ohne mit der Brille über Wasser zu kommen.	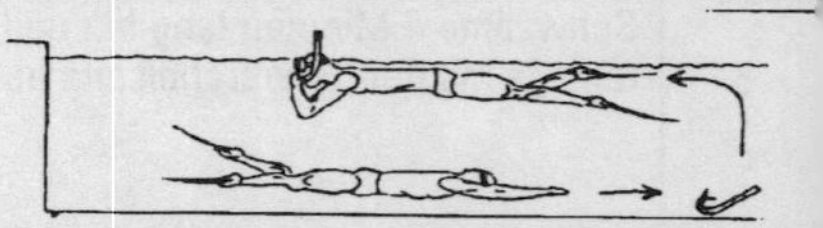
13	Werfe den Schnorchel so weit weg, wie du es wagst. Tauche sofort unter Wasser und probiere den Schnorchel zu greifen, bevor er auf den Boden gesackt ist. Nimm ihn unter Wasser in den Mund und blase ihn an der Oberfläche leer, ohne mit der Brille über Wasser zu kommen.	
14	Schnorchle mit dem Schnorchel lose in der Hand. Atme tief ein, nimm den Schnorchel mit der linken Hand aus dem Mund und gebe ihn über den Rücken in die rechte Hand. Nimm den Schnorchel wieder in den Mund und blase ihn leer. Atme einmal und wiederhole die Übung. Wer kann auf diese Weise eine Runde schnorcheln, ohne mit der Brille über Wasser zu kommen.	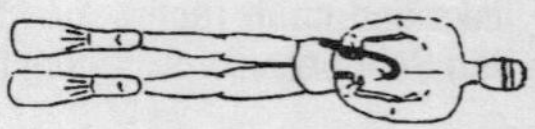

10.5.3 Tauchen und Schwimmen unter Wasser

Nr.	Idee / Beschreibung	Hinweise / Organisation
15	Schwimme unter Wasser so weit weg, dass du auch die Zurücktour noch schaffen kannst, ohne an die Oberfläche zu kommen. Schwieriger wird es, wenn du am Endpunkt erst den Schnorchel leerblasen musst, bevor du mit dem Gesicht über Wasser kommst.	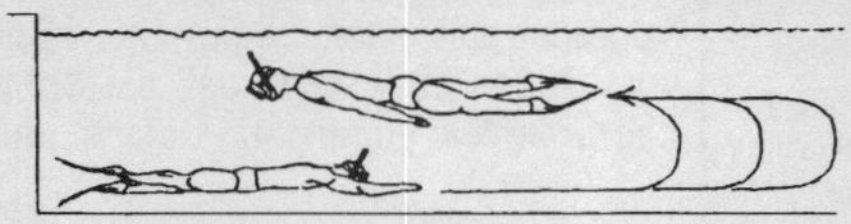
16	Schwimme eine vorher abgesprochene Anzahl Bahnen oder schwimme eine abgesprochene Zeit lang und mache dabei so viele Tauchversuche wie möglich zum Boden. Bei Schmerzen in den Ohren kneifst du die Nase zu und presst dann allmählich, aber ziemlich kräftig die Luft in deiner Nase zusammen. Hält der Schmerz an, dann tauche an diesem Tag nicht mehr.	
17	Tauche zum Boden und schwimme in ungefähr 1 m Abstand vom Rand eine Runde unter Wasser. Komme nur nach oben, um Luft zu holen. Wer hat die wenigsten Atempausen nötig?	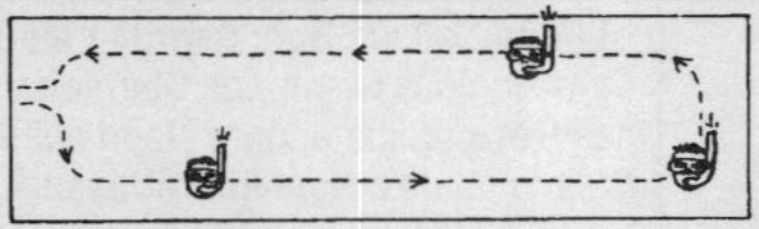
18	Tauch im tiefen Schwimmbecken. Steige, mit stark nach hinten gebeugtem Kopf, in schräger Richtung nach hinten auf. Beim Erscheinen an der Oberfläche muss der Schnorchel von selbst leergelaufen sein. Wer schafft das?	
19	Wie viele Meter kannst du unter Wasser schwimmen? **Achtung: Distanzschwimmen führst du nur unter Aufsicht von jemandem durch, der dich beobachtet und, wenn es nötig ist, aus dem Wasser holen kann.**	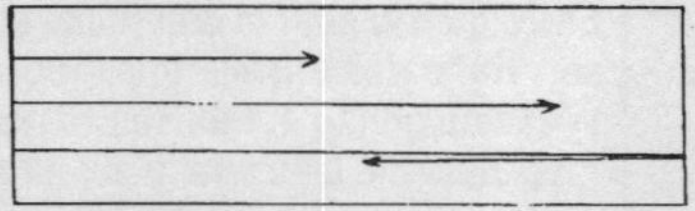
20	Schwimme unter Wasser von der Wand weg. Komme zurück, wenn du das Ticken gegen das Treppchen hörst und probiere erst dann nach oben zu kommen, wenn du am Startpunkt zurück bist. Wer lange unter Wasser bleiben kann, schwimmt schnell. Kannst du das nicht, dann schwimme etwas langsamer, denn du musst schliesslich nach dem Zeichen noch zurückschwimmen.	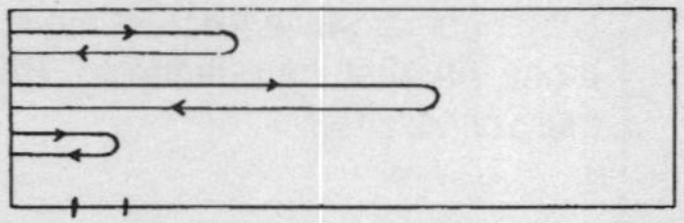
21	Schätze den Abstand, den du denkst unter Wasser zurücklegen zu können. Schnorchle an der Oberfläche zu dieser Stelle hin und schwimme dann, unter Wasser, zum Startpunkt zurück. Wer kann seine Vorhersage bestätigen?	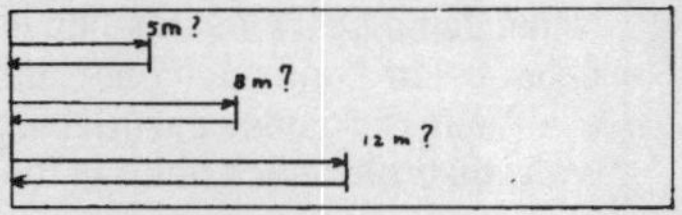

10.5.4 Ins Wasser „steigen“

Nr.	Idee / Beschreibung	Hinweise / Organisation
22	Versuche mit einem senkrechten Sprung bis auf den Boden zu kommen. Strecke, nachdem du dich vom Boden abgesetzt hast, die Schwimmflossen gerade nach unten, halte mit einem Arm die Taucherbrille fest gegen dein Gesicht und den anderen Arm gestreckt neben deinem Körper.	
23	Schwimme, nach demselben senkrechten Sprung wie oben, so weit unter Wasser wie du kannst. Blase erst deinen Schnorchel leer, bevor du wieder mit der Brille über Wasser erscheinst.	
24	Gehe mit einem Schrittsprung ins Wasser. Das ist ein grosser Schritt nach vorne, wobei die hintere Schwimmflosse mit der Oberseite als erstes das Wasser berührt. Eine Hand drückt die Brille gegen das Gesicht, die andere Hand schlägt kräftig auf das Wasser. Schliesse im Wasser schnell die Beine. Bleibt nun dein Kopf über Wasser?	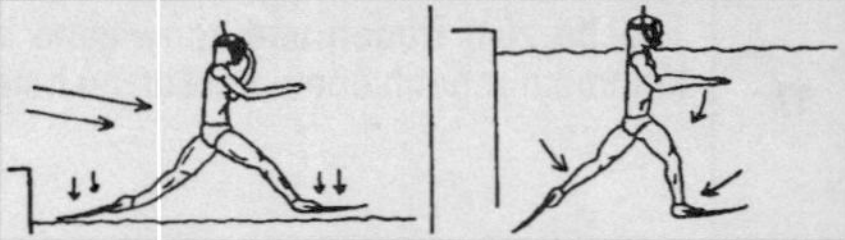
25	Setze dich in die Hocke mit dem Rücken zum Wasser, an den Rand des Schwimmbades. Gucke stehts weiter nach deinem Bauch und rolle rückwärts ins Wasser. Stosse dich nicht mit den Füssen ab und halte, sicher die ersten Male, mit einer Hand deine Brille fest.	
26	Setze dich wieder in die Hocke an den Rand des Schwimmbades, aber nun mit dem Gesicht zum Wasser. Halte deine Brille fest, gucke stehts weiter nach deinem Bauch und rolle vorwärts ins Wasser. Wenn du genau auf deinen Hinterkopf ins Wasser fällst, ist es nicht einmal nötig, dass du deine Brille festhältst. Sie bleibt dann auf ihrem Platz.	
27	Nimm deine ganze Ausrüstung in die Hand. Gehe aus der Hocke ins Wasser und ziehe wassertretend deine Ausrüstung wieder an. Beginne mit deinen Schwimmflossen, dann die Brille und schliesslich der Schnorchel.	
28	Nimm deine ganze Ausrüstung in die Hand. Gehe mit einem senkrechten Sprung ins Wasser. Strecke dabei beide Arme nach oben, damit du weit unter Wasser eintauchst. Versuche nun auf dem Boden alle Ausrüstungsteile anzuziehen. Erst die Schwimmflossen, damit du nach unten schwimmen kannst, wenn du drohst nach oben zu treiben.	

Nr.	Idee / Beschreibung	Hinweise / Organisation
29	Sinke, mit deiner Brille auf der Stirn, senkrecht unter Wasser. Setze unter Wasser deine Brille wieder auf. Schaue schräg nach oben, hebe mit beiden Händen die Unterseite deiner Brille ein Stückchen von deinem Gesicht ab und blase, mit etwas Luft aus deiner Nase, das Wasser aus der Brille. Lasse dann die Unterseite wieder auf dein Gesucht rutschen. Die Brille sollte ganz leer sein.	
30	Stecke den Schnorchel in deinen Badeanzug und werfe die Brille ein Stückchen von dir weg. Tauche dahin, setze sie auf und blase sie unter Wasser schwimmend leer! Denke daran, dass dies nur gelingt, wenn du den Kopf stark nach hinten beugst.	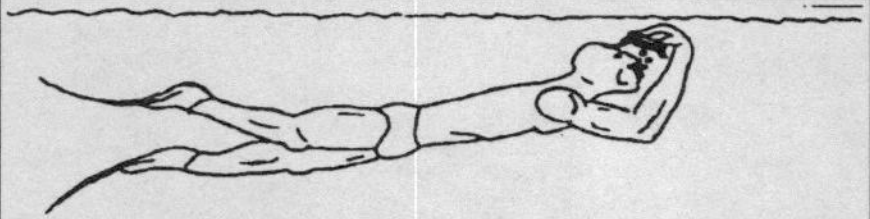
31	Mache die Brille an der Innenseite mit einem Stückchen schwarzem Plastik undurchsichtig. Schnorchle nun so geradlinig wie möglich zur gegenüberliegenden Seite. Wer kommt seinem Ziel am nächsten? Auch auf dem Boden schwimmend ausführen, wobei mit einem Finger eine Fuge zwischen den Fliesen verfolgt wird.	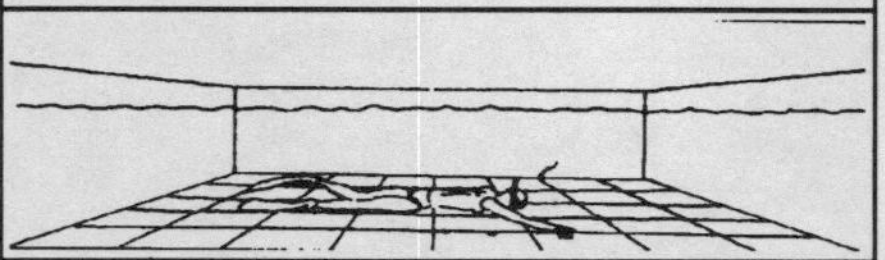
32	Schnorchle mit der undurchsichtig gemachten Brille von der langen Seite des Beckens zur Mitte. Tauche da zum Boden und mache zugleich eine Vierteldrehung nach links. Schwimme nun am Boden zur Mitte der kurzen Wand. Wenn du wegen Atemnot nach oben kommen mußt, schnorchle dann das letzte Stückchen. Wie nahe bist du bei deinem Ziel?	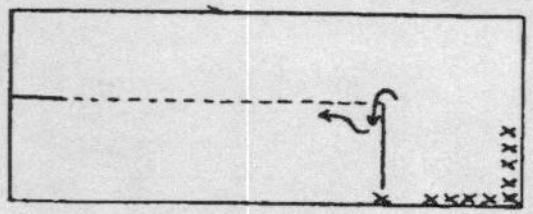
33	Wir schnorcheln nun auf dem Kopf. Die Brille bleibt auf ihrem Platz. Das Mundstück des Schnorchels wird um 180° gedreht und mit der Hand in den Mund gehalten. Schwimme in dieser Haltung, so schnell wie du kannst, zur gegenüberliegenden Seite.	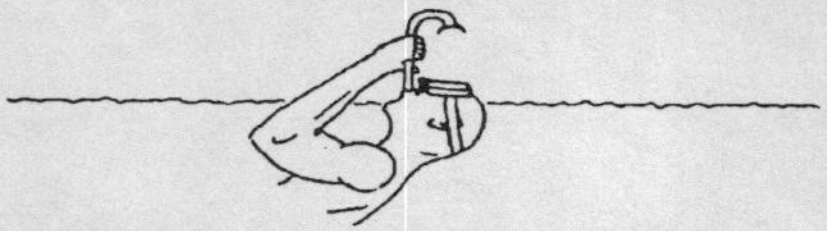
34	Versuche auf dem Rücken über dem Boden zu schwimmen. Die Oberseite des Schnorchels drücken wir bis auf Kopfhöhe. Tauche zum Boden. Dort drehst du dich auf den Rücken und beugst den Kopf nach hinten, dass du den Boden sehen kannst. Schwimme in einer geraden Linie. Wenn das klappt, versuche, durch Kopfbewegungen nach links und nach rechts einige Kurven zu schwimmen.	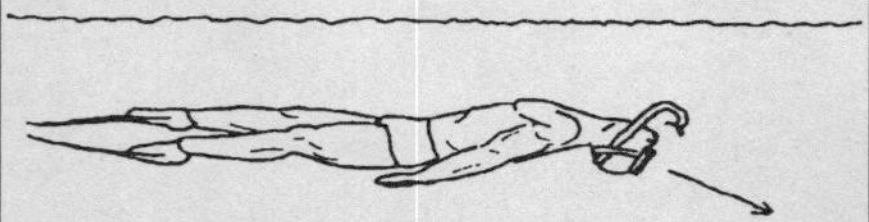
35	Schnorchle auf und ab mit der Taucherbrille auf der Stirn. Halte den Schnorchel im Mund mit der Hand fest. Wer kann das zwei Minuten durchhalten, ohne mit dem Kopf über Wasser zu kommen? Auch ausführen, indem du den Schnorchel in den Mund und aus dem Mund nimmst	

Kapitel 10

Anhang: Schnorcheln

10.6 Gruppenformen mit der Basisausrüstung

10.6.1 Schnorcheln paarweise 235

10.6.2 Wettkämpfe für mehr als zwei Personen pro Gruppe 236

10.6.3 Tauchen und Distanzen schwimmen unter Wasser 237

10.6.4 Spielformen 238

10.6.5 Besondere Kunststückchen 239

Nr.	Idee / Beschreibung	Hinweise / Organisation
36	Stosse schnorchelnd deinen Partner, der auf seinem Bauch, seinem Rücken oder quer zur Schwimmrichtung liegt. Du kannst ihn auch auf viererlei Arten ziehen, wobei du auf dem Bauch liegst und er auf seinem Rücken oder umgekehrt.	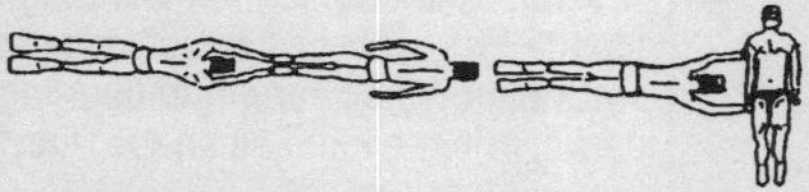
37	A bekommt von B einen Vorsprung, der so gross ist, dass B denkt seine "Beute" noch einholen zu können, bevor dieser die gegenüberliegende Seite erreicht. A schwimmt nur mit Beinschlag, B mit vollständigem Brustkraul. Wer gewinnt die grösste Wette?	
38	Beide Schnorchler stehen, mit der Ausrüstung in der Hand, am Rand. Nach dem Startzeichen zieht A seine Ausrüstung an, geht mit einem Schrittsprung ins Wasser und schnorchelt so schnell wie möglich zur gegenüberliegenden Seite. Danach tut B dasselbe. Welches Paar ist zuerst fertig?	
39	A und B stehen gegenüber voneinander an der Wand, den Schnorchel lose in der Hand haltend. Sie schnorcheln nun einige Bahnen, wobei sie ihre Schnorchel in dem Moment, in dem sie aneinander vorbeischwimmen, auswechseln. Welches Paar hält das vier Bahnen lang durch, ohne mit dem Gesicht über Wasser zu kommen?	
40	A begibt sich ohne Schnorchel zur Mitte der Bahn. Nach dem Startzeichen schnorchelt B zur Mitte, wo B den Schnorchel übernimmt und weiterschnorchelt. Welches Paar hat auf diese Weise zuerst eine bestimmte Zahl Bahnen zurückgelegt.	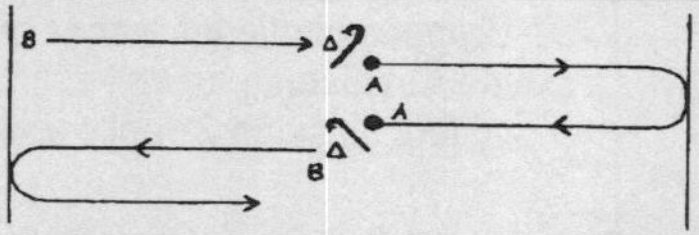
41	A und B haben die Ausrüstung voneinander in der Hand und stehen damit einander im Schwimmbecken gegenüber. Nach dem Startzeichen schwimmen sie aufeinander zu. Am Treffpunkt legen sie ihre eigene Ausrüstung an und schwimmen die Bahn zu Ende. Welches Paar ist zuerst fertig?	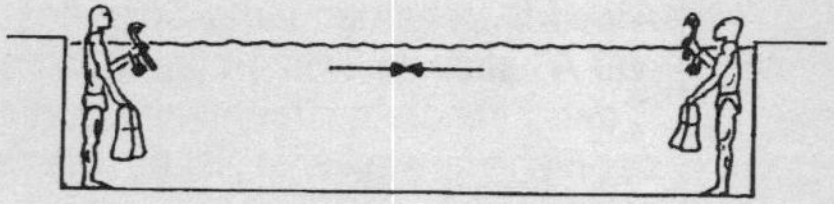
42	Die Hälfte aller Paare steht an der einen Seite des Schwimmbeckens, die andere Hälfte an der gegenüberliegenden Seite. Eins der am weitesten rechts stehenden Paare schnorchelt nun Hand in Hand zur gegenüberliegenden Seite. Da schliesst sich das folgende Paar an. Weitermachen bis die ganze Gruppe sich angeschlossen hat. In derselben Reihenfolge wird die Gruppe aufgelöst.	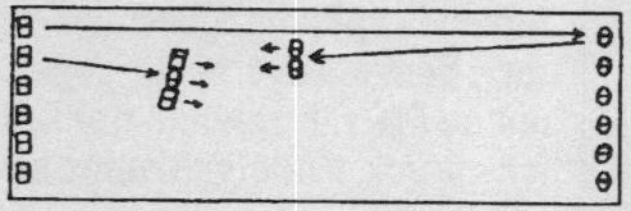

10.6.2 Wettkämpfe für mehr als zwei Personen pro Gruppe

Nr.	Idee / Beschreibung	Hinweise / Organisation
43	A schnorchelt so schnell wie möglich zur Mitte des Beckens, lässt dort so viele Ausrüstungsgegenstände von sich selbst auf den Boden sinken, wie die Anzahl der Gruppenmitglieder beträgt, und schwimmt weiter zur gegenüberliegenden Seite. Dann startet B, C und eventuell D einer nach dem anderen, bringt einen Teil an die Oberfläche und zu A, der schnell damit zurückschwimmt.	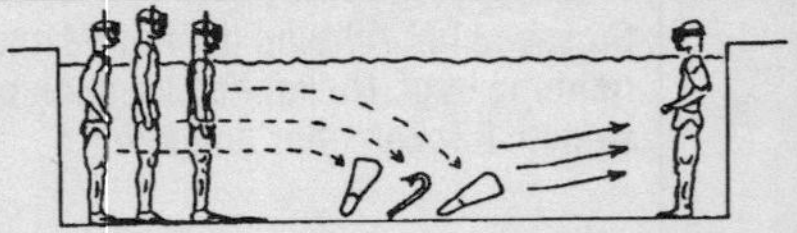
44	Alle Gruppenmitglieder legen ihre Ausrüstungsgegenstände in einer Reihe 1,5 m von einander weg auf den Boden des Schwimmbeckens. Nach dem Startzeichen bringt jeder seine Ausrüstung an die Oberfläche, zieht sie vollständig an und schnorchelt dann zur gegenüberliegenden Seite. Welche Gruppe ist als erste fertig?	
45	Wechselstil-Wettkämpfe: Jedes Gruppenmitglied legt seine Bahn auf eine eigene Art zurück, z. B.: Schnorchelnd im Brustkraul, Delphinstil, Rückenkraul mit der Brille auf der Stirn, mit einer Schwimmflosse, schnorchelnd mit der Brille auf der Stirn, ganz unter Wasser, mit Rolle vorwärts oder rückwärts.	Der Leiter wählt die verschiedenen Formen aus. Die Gruppenmitglieder "verteilen" diese untereinander.
46	Jedes Gruppenmitglied hat vor dem Start ein verschiedenes Ausrüstungsstück an der gegenüberliegenden Seite auf den Beckenrand gelegt. Nach dem Startzeichen schwimmen sie zugleich weg. An der gegenüberliegenden Seite angekommen, legt jeder sein eigenes Ausrüstungsstück an und schnorchelt zurück. Welche Gruppe ist als erste vollständig zurück?	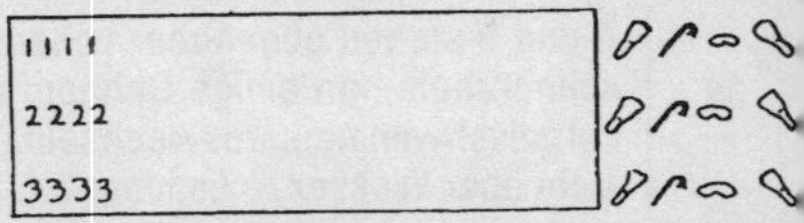
47	Alle Gruppenmitglieder stehen mit ihrer Ausrüstung in der Hand am Rand. Nach dem Startzeichen legt A seine Ausrüstung an und schnorchelt zur gegenüberliegenden Seite. Dann zieht B seine Ausrüstung an und legt dieselbe Strecke ab. Dann C usw. Welche Gruppe hat als erste den Auftrag ausgeführt?	Der Folgende startet, wenn sein Vorgänger nach seiner Ankunft die Hand gehoben hat.
48	A und C stehen an einer Seite des Beckens im Wasser, B und D an der gegenüberliegenden Seite. Nur A hat einen Schnorchel. Nach dem Startzeichen schnorchelt A zur gegenüberliegenden Seite, wo B den Schnorchel übernimmt, zurückschwimmt und den Schnorchel an C übergibt. Wenn auch D an der Reihe gewesen ist , ist der Wettkampf abgeschlossen.	
49	Jedes Gruppenmitglied nimmt ein Ausrüstungsstück lose in der Hand mit. Sie schwimmen - einer nach dem anderen - zur gegenüberliegenden Seite und bringen dort das Ausrüstungsstück wieder auf seinen Platz. Nachdem der letzte angekommen ist, schnorchelt die ganze Gruppe so schnell wie möglich zurück. Welche Gruppe kommt als erste an?	Um gleiche Chancen zu gewährleisten, kann der Leiter bestimmen, **wer was** in seiner Hand mitnimmt.

10.6.3 Tauchen und Distanzen schwimmen unter Wasser

Nr.	Idee / Beschreibung	Hinweise / Organisation
50	Hand in Hand tauchen 2 bis 16 Schnorchler gleichzeitig unter Wasser und legen in einer Reihe eine abgesprochene Distanz zurück. Die Gruppe beginnt gleichzeitig zu schnorcheln. Der Leiter bestimmt den Moment des gemeinsamen Untertauchens, indem er abzählt: 3, 2, 1, **tauchen**! Nach einigen Wiederholungen gelingt das perfekt! Schwächere Taucher an die Außenseite.	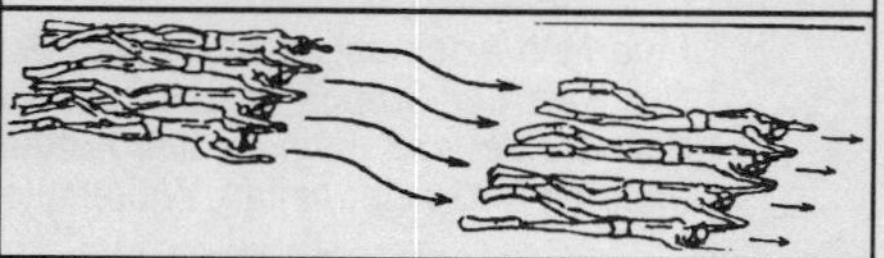
51	Gruppen von 2 oder 3 Personen können im Nichtschwimmerbecken vielerlei Kurven durch die gespreizten Beine herumschwimmen. Die Herausforderung lautet stehts: Wer führt den Auftrag aus, ohne zwischendurch über Wasser zu kommen?	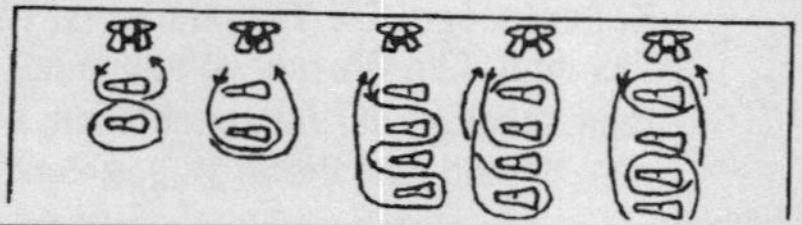
52	Mit Gruppen von 6 bis 8 Schnorchlern versuchen wir eine Schlangenlinie zu schwimmen. Die ganze Gruppe startet schnorchelnd Hand in Hand. A taucht als erster auf und schleppt quasi B mit. So verschwindet einer nach dem andern unter Wasser. Wenn der letzte auch auf dem Boden angekommen ist, taucht A wieder auf, gefolgt vom Rest.	Besonders gut geeignet für fortgeschrittene Schnorcheltaucher.
53	Paarweise zum Boden pendeln: A atmet durch den Schnorchel, während B zum Boden taucht. Nachdem er getaucht ist, bekommt er unter Wasser den Schnorchel zugereicht, bläst ihn leer und fängt an zu atmen. Inzwischen ist A zum Boden getaucht. Welches Paar hält das am längsten durch?	
54	Von 3 Personen schnorcheln A und B Hand in Hand. C hält sich an deren inneren Fussgelenken fest. Alle Dreiergruppen starten gleichzeitig und tauchen in derselben Formation. Versucht die Formation beizubehalten bis aufgetaucht worden ist, nachdem eine möglichst grosse Distanz unter Wasser zurückgelegt worden ist.	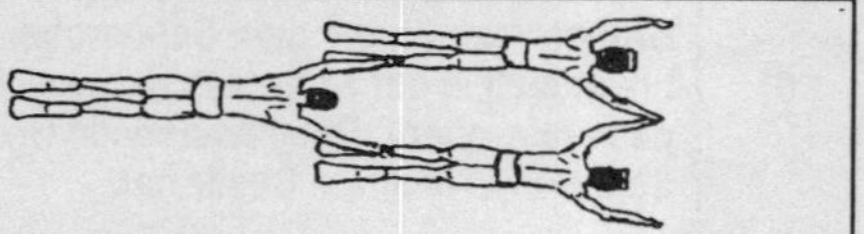
55	Von allen Dreiergruppen tauchen A und B Hand in Hand. Zusammen legen sie eine möglichst grosse Distanz zurück. Dann taucht B mit C und schliesslich mit A. Welche Dreiergruppe legt auf diese Weise die grösste Distanz zurück.	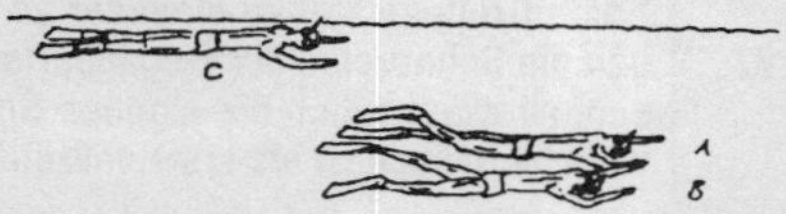
56	Alle Mitglieder einer Gruppe von 6 Schnorchlern schnorcheln hintereinander, wobei sie mit zwei Händen ein Fussgelenk ihres Vorgängers festhalten. Über einer Markierung auf dem Boden tauchen sie, einer nach dem anderen unter, und legen den Rest der Bahn unter Wasser zurück, ohne dass die Kette unterbrochen wird.	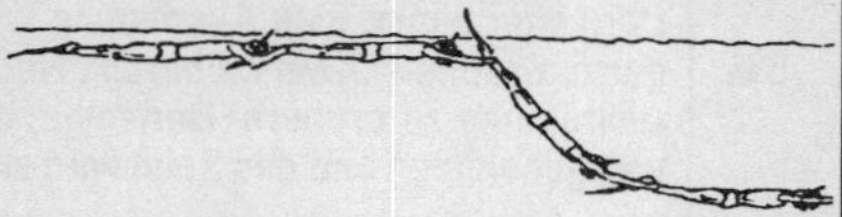

10.6.4 Spielformen

Nr.	Idee / Beschreibung	Hinweise / Organisation
57	Innerhalb eines abgegrenzten Feldes in der Mitte des Schwimmbeckens schwimmt ein Schnorchler. Der Rest der Gruppe versucht, das Feld unter Wasser zu überqueren. Der Fänger zwingt so viele Schnorchler wie möglich zum Auftauchen, die ihm dann beim folgenden Überquerungsversuch der anderen Mitspieler helfen. Weiterspielen bis 3 "Überlebende" übrigbleiben.	
58	Kettenfangen: Ein Teilnehmer ist Fänger. Wenn er jemanden an einem Körperteil "geschlagen" hat, das über dem Wasser zu sehen ist, machen sie beide Hand in Hand weiter. Nur die äussersten "Kettenmitglieder" dürfen abschlagen, aber jeder darf dabei helfen, die Taucher zum Auftauchen zu zwingen. Sobald eine Vierergruppe entstanden ist, wird diese in Paare geteilt.	Jemanden mit den Beinen festhalten ist verboten!
59	Ein Fänger versucht unter Wasser in einer vorher bestimmten Zeit soviele Mitspieler wie möglich anzuschlagen. Wir lassen nacheinander vier oder fünf Freiwillige an die Reihe kommen und beurteilen am Schluss wer den grössten Fang gemacht hat. Zweimal nacheinander dieselbe Person abschlagen ist nicht erlaubt.	Für eine gute Kontrolle ist der Schiedsrichter **im** Wasser
60	Drei Taucher versuchen unter Wasser eine Mauer zu durchbrechen, die vom Rest der Gruppe gebildet wird, deren Mitglieder Hand in Hand im Nichtschwimmerbecken stehen. "Bricht" die Mauer, dann haben die drei gewonnen; werden die drei gezwungen, nach oben zu kommen, dann hat "die Mauer" gewonnen.	
61	Gruppe A steht, mit dem Schnorchel in der Schwimmhose festgeklemmt, an der Wand. Gruppe B befindet sich in der Mitte des Schwimmbeckens und versucht die Schnorchel der überquerenden Gruppe A zu erobern. Die gewinnende Gruppe ist diejenige, welche nach 3 bis 4 Durchgängen die meisten Schnorchel in ihrem Besitz hat.	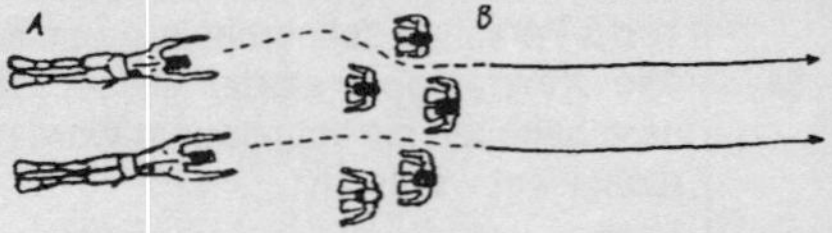
62	Beide Gruppen stehen einander an der langen Seite des Schwimmbades gegenüber. Unter ihnen liegen die Schnorchel der Gegenpartei auf dem Boden. Nach dem Startzeichen versucht jede Gruppe so schnell wie möglich die eigenen Schnorchel auf der gegenüberliegenden Seite vom Boden zu holen. Welche Gruppe ist als erste vollzählig mit Schnorcheln zurück?	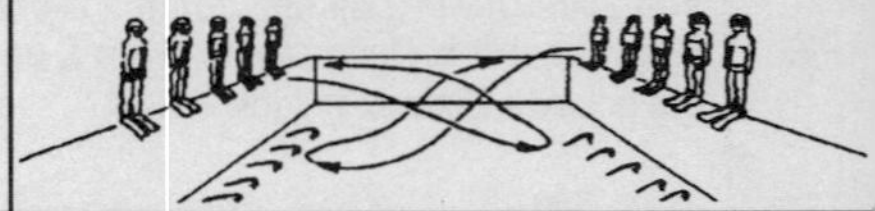
63	Der Leiter nimmt eine Ausrüstung weg. Die übrigen Ausrüstungen liegen auf dem Boden verteilt. Die ganze Gruppe schwimmt herum. Nach dem Startzeichen tauchen die Mitglieder, um eine vollständige Ausrüstung zu erobern. Derjenige, dem etwas fehlt, scheidet aus. Wiederum wird eine Ausrüstung weggenommen und das Spiel wird wiederholt bis 3 ausgeschieden sind. Dann Neubeginn.	Die "eroberte" Ausrüstung muss nicht unbedingt passen!

Nr.	Idee / Beschreibung	Hinweise / Organisation
64	Zwei Schnorchler schnorcheln mit einem Schnorchel zur gegenüberliegenden Seite. Sie liegen nebeneinander mit dem inneren Arm über der Schulter des anderen, während sie mit der äusseren Hand zusammen den Schnorchel festhalten. Abwechselnd atmen sie durch den Schnorchel. Beide bleiben mit dem Gesicht unter Wasser.	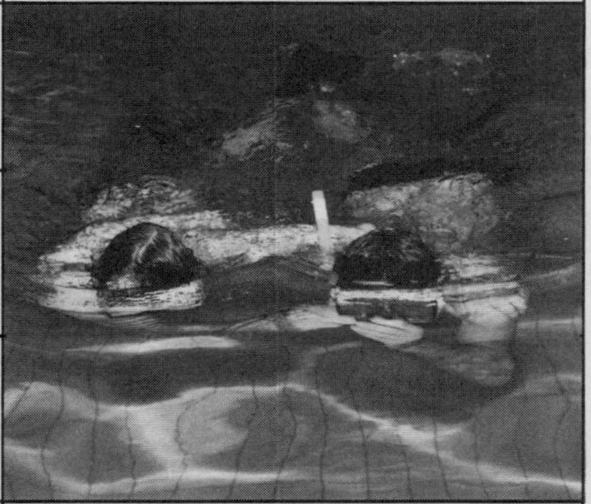
65	Für Fortgeschrittene wird die obige Übung schwieriger gemacht, indem mit der Brille auf der Stirn geschnorchelt wird. Beide Übungen können auch durch 3 Personen ausgeführt werden.	
66	Zwei Schnorchler tauchen zum Boden. Schwimmend tauschen sie die Brillen aus, blasen sie leer und kommen nach oben. Schwieriger wird es , wenn sie danach auch noch den Schnorchel anziehen und diesen an der Oberfläche leer blasen müssen.	
67	Rettungsgriff 1: A liegt auf dem Rücken. B liegt ebenfalls auf seinem Rücken über A. A steckt seinen Schnorchel unter der Achsel von B hindurch und atmet entweder durch das umgekehrte Mundstück oder durch den vollständig umgekehrten Schnorchel. Der "Ertrinkende" wird anschliessend im Achselgriff transportiert.	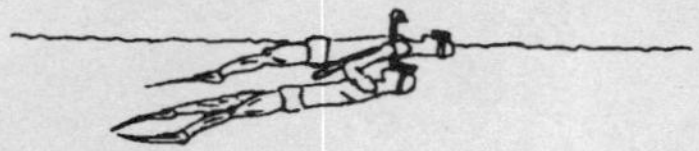
68	Rettungsgriff 2: A und B stehen einander im Nichtschwimmerbecken gegenüber. A steht mit dem Rücken in Schwimmrichtung und hält mit der rechten Hand das linke Handgelenk von B fest. Beide Arme werden nun vollständig gestreckt , einwärts nach oben gebracht , wonach A mit seinem Partner auf seinem Rücken schwimmen kann, während er weiter durch den Schnorchel atmen kann.	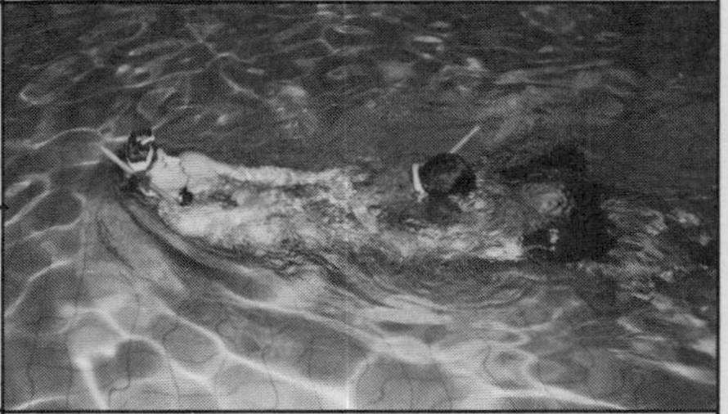
69	Rettungsgriff 3: "Retter" A steht B gegenüber. A hält beide Handgelenke von B fest und dreht dessen Arme kräftig mit den Ellbogen dicht beieinander nach aussen. Die Ellbogengelenke sind nun festgesetzt und A kann seinen Partner schnorchelnd vor sich herschieben.	
70	Innerhalb der Gruppe Schnorchel auswechseln. Gruppen von 4 bis 8 Schnorchlern bilden einen Kreis, den Schnorchel lose in der Hand. Nach einem Zeichen des Leiters gibt jeder seinen Schnorchel an den rechten Nachbarn weiter. Schwierigere Formen: ein Schnorchel wird weggenommen, die Tauchbrille sitzt auf der Stirn.	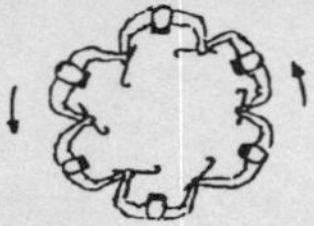

Kapitel 10

Anhang: Schnorcheln

10.7 Individuelle Formen mit Spielmaterial

10.7.1 Mit Wäscheklammern, Seilchen und Ballons 241
10.7.2 Mit PVC-Ringen, Seilchen und Eimern 242
10.7.3 Mit Zahlentäfelchen 243
10.7.4 Mit Seilchen und Kettchen 244
10.7.5 Mit Streifen, Schrauben und Muttern 245
10.7.6 Mit Plastikflaschen, Seil, Gartenschlauch und Gewichten 246
10.7.7 Kombinationsaufträge 247

Nr.	Idee / Beschreibung	Hinweise / Organisation
71	Wäscheklammern sind sehr gut für vielerlei Sammelaktionen geeignet! Beispiele: soviel wie möglich in einem Tauchversuch oder in einer Minute, zwei von jeder Farbe, Serien von den zur Verfügung stehenden Farben, ausschliesslich sammeln, indem man sie an der Schwimmkleidung befestigt usw.	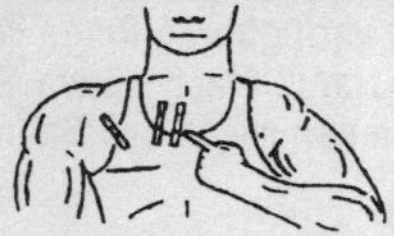
72	Tauche zum Boden, falte die Hände auf dem Rücken und packe mit dem Mund eine Wäscheklammer vom Boden.	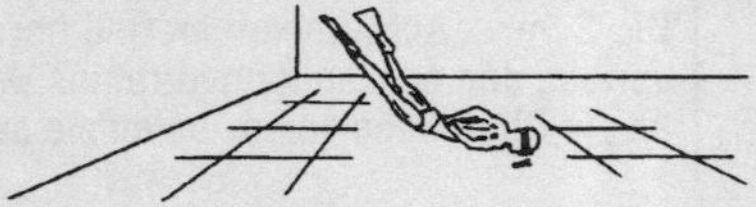
73	Wir schnorcheln einige Bahnen unter einem elastischen Seil hindurch. Pro Bahn darf ein Tauchversuch unternommen und eine Wäscheklammer an die Oberfläche gebracht werden, die an das Seil geklemmt werden muss. Wer hat zum Schluss genauso viele Klammern an das Seil geklemmt, wie Bahnen geschnorchelt worden sind?	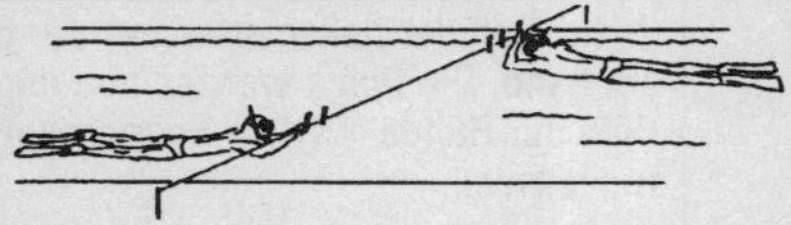
74	Auf dem Boden liegen ausser Wäscheklammern genauso viele Seilchen wie Schüler anwesend sind. Nach einem Startzeichen holt jeder zunächst ein Seilchen an die Oberfläche, knotet die Enden aneinander und hängt es um den Hals. Danach versucht jeder so viele Wäscheklammern wie möglich an die Oberfläche zu holen und an seine Halskette zu hängen. Pro Tauchgang nur eine Klammer.	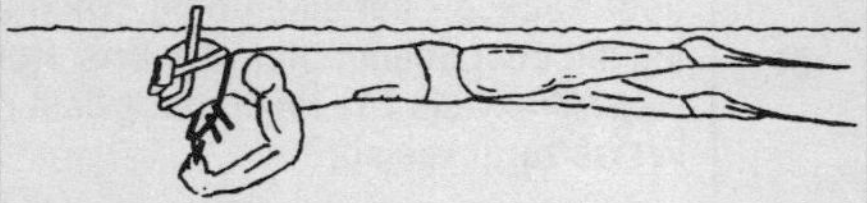
75	Jeder bekommt einen Ballon und eine Schnur. Der Ballon wird aufgeblasen und zugeknotet. Die Schnur wird am Ballon befestigt und in das andere Ende wird ein Knoten gemacht. Die an die Oberfläche gebrachten Klammern werden nun an die Schnur geklemmt. Wer hat die meisten, wenn der Boden leer ist? Pro Tauchgang 1 Klammer!	
76	Über Wasser hängt ein elastisches Seil. Jeder bekommt einen Ballon. Mit dem Ballon in der Hand wird eine Wäscheklammer an die Oberfläche gebracht. Zurück an der Oberfläche wird der Ballon aufgeblasen und mit der Klammer an das Seil geklemmt.	
77	Jeder bekommt 3 Ballone. Die Wäscheklammern liegen auf dem Boden. Wer hat als erster die drei Ballone aufgeblasen und mit einer Wäscheklammer verschlossen, auf dem Wasser treiben?	

10.7.2 Mit PVC-Ringen, Seilchen und Eimern

Nr.	Idee / Beschreibung	Hinweise / Organisation
78	Alle verfügbaren Ringe liegen auf dem Boden. Die Schnorcheltaucher haben den Schnorchel lose in der Hand. Nach einem Startzeichen bringen sie so viele Ringe wie möglich an die Oberfläche und schieben sie an den Schnorchel. Wer hat die meisten Ringe, wenn keine mehr auf dem Boden liegen?	
79	Die Schüler schwimmen im Bad herum, mit dem Gesicht Richtung Leiter. Dieser wirft, gleichmässig verteilt, den ganzen Ringvorrat ins Wasser. Die Schüler dürfen sie direkt aus der Luft auffangen oder an die Oberfläche holen, bevor sie den Boden erreicht haben. Wer hat die meisten?	
80	Jeder Schüler bekommt einen der grössten Ringe. Sie stehen mit dem Schnorchel lose in der Hand am Rand. Die Ringe werden nun ungefähr 4 Meter weit weggeworfen. Wer schafft es, den Ring ohne Hilfe der Hände mit dem Schnorchel "aufzufangen", bevor er zu Boden sinkt? Untereinander kontrollieren lassen.	
81	Jeder Schüler hat einen Ring. Nach einem Startzeichen tauchen sie damit zum Boden und schieben ihn mit dem Schnorchel vorwärts. Herausforderungen: Wer kommt in einem Tauchversuch an weitesten? Wie viele Tauchversuche hast du nötig, um 50 m zurückzulegen? Wer hat zuerst 50 m auf diese Weise zurückgelegt?	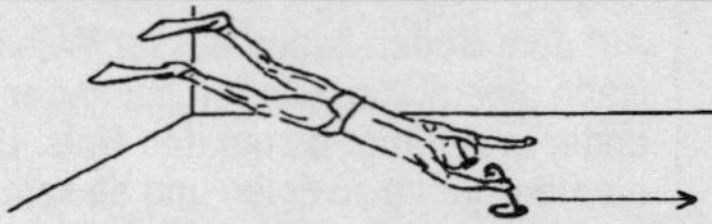
82	In jeder Ecke des Schwimmbeckens steht auf dem Boden ein Eimer mit jeweils allen verfügbaren Ringen einer Farbe. Wer erobert als erster die vier verschieden gefärbten Ringe?	
83	Alle Ringe liegen im Becken verteilt. Jeder Schüler hat ein Seilchen. Nach einem Startzeichen holen sie soviele Ringe wie möglich an die Oberfläche und reihen sie am Seilchen auf. Wenn nichts mehr auf dem Boden liegt, werden die Enden aneinander geknotet, und jeder schwimmt mit seiner "Perlenkette" um den Hals, zur Wand. Wer hat die grösste Sammlung?	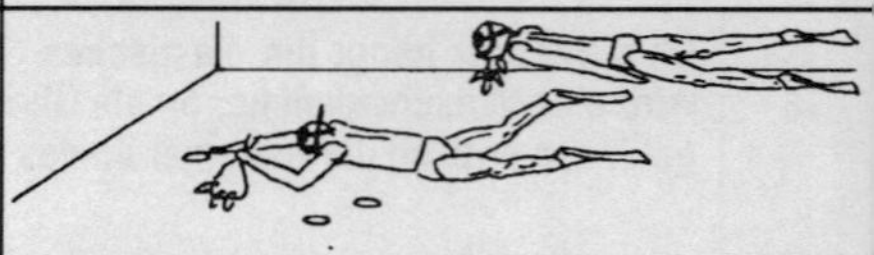
84	Erkennen wir jedem Ring, vom kleinsten bis zum grössten, einen Wert von 1-4 Punkten zu. Wer hat dann die kostbarste Beute erobert, nachdem alle Ringe an die Oberfläche gebracht worden sind?	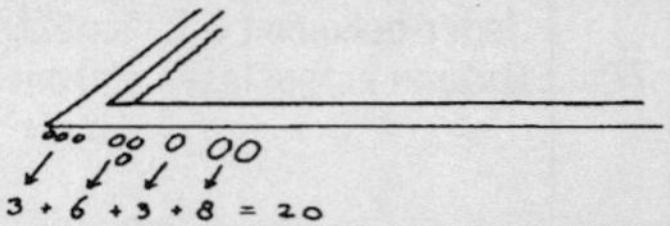

Nr.	Idee / Beschreibung	Hinweise / Organisation
85	Mit unserem 4farbigen Set der Zahlen von 0-9 können wir auf attraktive Weise Gruppen zusammenstellen. Für Zweier- bis Vierergruppen werfen wir soviel gleiche Nummern ins Wasser, wie wir Gruppen nötig haben. Für grössere Gruppen werfen wir die Anzahl Serien ins Wasser. Zwei Gruppen: gerade und ungerade Zahlen.	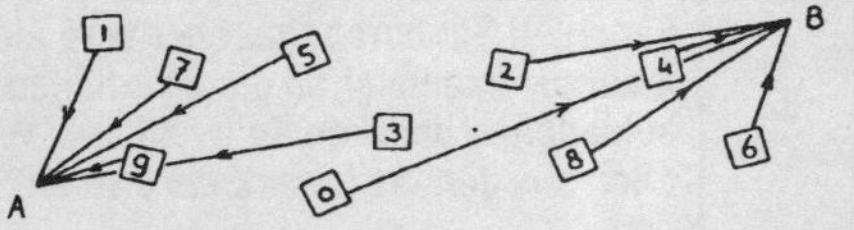
86	Wer bringt die längste ununterbrochene Zahlenreihe an die Oberfläche? Zunächst ungeachtet der Farben, danach in einer bestimmten Farbe. Auch über 10, das ist die 0, hinaus, ist dies erlaubt.	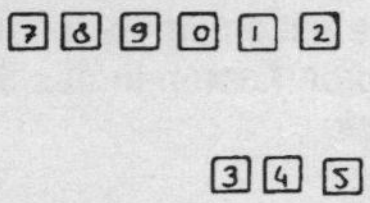
87	Wer erobert die vollständige Serie gerader Zahlen? Wer erbeutet vier gleiche Zahlen in vier verschiedenen Zahlen? Wir geben höchstens 5 Minuten Zeit und untereinander tauschen ist erlaubt.	
88	Suche zwei Täfelchen von denen die Summe, rsp. die Differenz, vorgegeben ist.	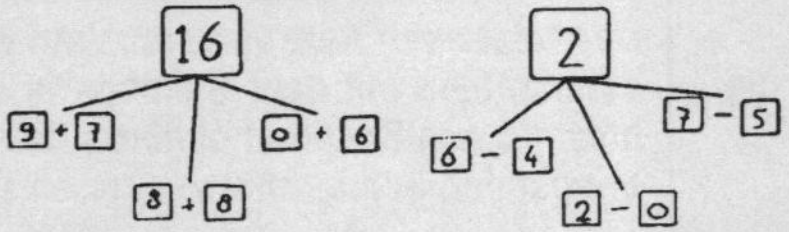
89	Bilde eine Zahl aus zwei Ziffern, die, zu einer anderen Einzelziffer zugezählt, die gegebene Summe ergibt.	
90	Suche eine unbestimmte Anzahl von Zahlen, die zusammen die vorgegebene Summe ergeben.	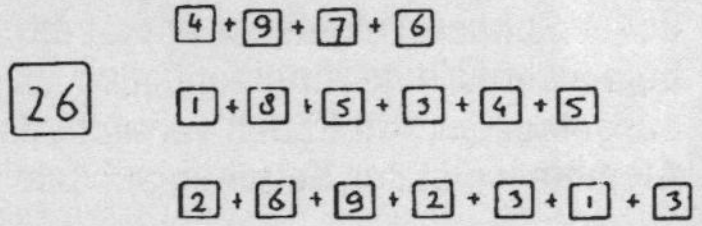
91	Wer findet sein eigenes Geburtsdatum.	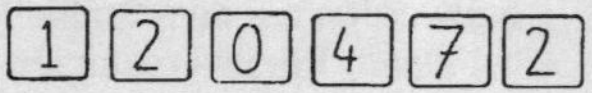

10.7.4 Mit Seilchen und Kettchen

Nr.	Idee / Beschreibung	Hinweise / Organisation
92	Für jeden Schnorcheltaucher wird ein Seilchen ins Wasser geworfen. Nach einem Startzeichen bringt jeder ein Exemplar an die Oberfläche und knotet die beiden Endstücke an das Endstück von zwei verschiedenen anderen Seilchen fest. Wer schafft das als Erster? Umgekehrt: Wer hat als Erster ein Seilchen aus dem Seilchenkreis erobert?	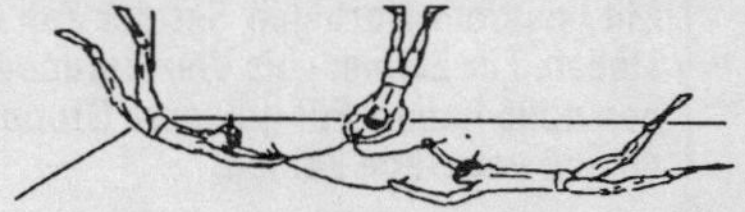
93	Schnorchle mit einem Seilchen in höchstens einer Minute zur gegenüberliegenden Seite, lege inzwischen 3 halbe Knoten in das Seilchen und knote die Endstücke aneinander. In umgekehrter Reihenfolge zurück.	
94	Für Fortgeschrittene: Binde mit dem Seilchen die Fussgelenke fest zusammen und schwimme dann 2 Bahnen im Delphinstil auf dem Rücken und 2 Bahnen im Delphinstil unter Wasser. Löse dann das Seilchen wieder und lege es an den Rand. Wer schafft das als Erster?	
95	Den folgenden Auftrag versuchen wir, mit dem Gesicht stets unter Wasser, auszuführen. Fange an zu schnorcheln mit dem Seilchen in der Hand. Während eine bestimmte Strecke zurückgelegt wird, holst du den Schnorchel hinter dem Brillenband weg, legst einen Knoten dicht über dem Mundstück, bringst den Schnorchel wieder an seinen Platz und legst den Rest der Strecke zurück.	
96	Jeder Schnorchler bekommt ein Kettchen, legt darin 5 halbe Knoten und wirft es ins Wasser. Nach einem Startzeichen holt jeder ein Kettchen an die Oberfläche und versucht in einem Tauchversuch soviel Knoten wie möglich zu lösen. Dies muss mit dem Körper vollständig unter Wasser geschehen, also... nicht aufhören zu schwimmen!	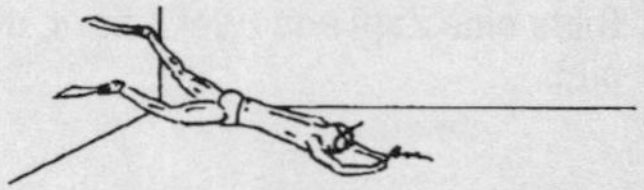
97	Jeder Schnorcheltaucher knotet am Rand sein Kettchen so "ungeschickt" ineinander, wie das innerhalb einer Minute für ihn möglich ist. Nicht zu fest anziehen! Die Kettchen werden nun untereinander ausgetauscht. Am Boden versucht dann jeder sein Kettchen so schnell wie möglich zu entwirren. Bei Atemnot bleibt das Kettchen auf dem Boden.	
98	Jeder legt in das Kettchen 8 Knoten übereinander, wonach sie untereinander ausgetauscht werden. Sie werden auf dem Boden hinter einem gespannten Seil an die Wand gelegt. Das Entwirren beginnt mit einem Tauchversuch vor dem Seil. Bei Atemnot zuerst bis hinter das Seil zurückschwimmen, Luft holen und weitermachen.	

Nr.	Idee / Beschreibung	Hinweise / Organisation
99	Wie viele der Schrauben und Muttern kannst du in einem Tauchversuch demontieren? Auch umgekehrt. Benutze für das Arbeiten an einer Stelle einen "Anker", z. B. ein Gewicht von 5 kg mit einer Seilschlinge, durch die eine Hand gesteckt werden kann.	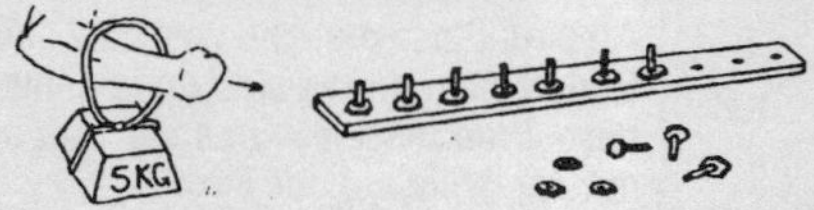
100	Wie viele Tauchversuche hast du nötig, um alle 10 Schrauben und Muttern zu demontieren? Auch umgekehrt!	Bei Atemnot sofort alles auf dem Boden liegen lassen und auftauchen. **Tauche nie allein! Lass dich beobachten!**
101	Montiere die 10 Schrauben und Muttern so, dass sie abwechselnd von links und rechts durchgesteckt sind.	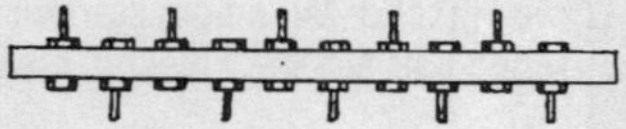
102	Alle Schrauben und Muttern liegen demontiert beim Montagestreifen auf dem Boden. Der Schnorcheltaucher dreht nun zunächst eine Mutter 1 cm auf eine Schraube. Anschliessend wird diese Schraube durch ein Loch des Streifens gesteckt und mit einer zweiten Mutter festgemacht.	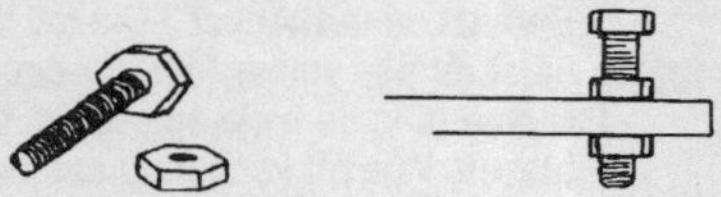
103	Alle Schrauben und Muttern werden in ein bis vier Eimern auf dem Boden deponiert. Jeder montiert seinen Streifen an die Streifen von zwei anderen Schnorchlern. Schwieriger wird die Montage, wenn in einer abgesprochenen Farbreihenfolge montiert werden muss.	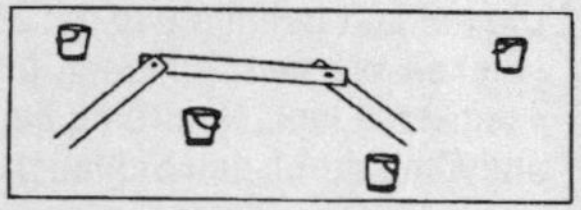
104	Wenn genügend Streifen vorhanden sind, können wir jeden Taucher mit 2, 3, 4 oder 5 Streifen versehen, womit sie z. B. die Buchstaben L, A, M oder S machen können.	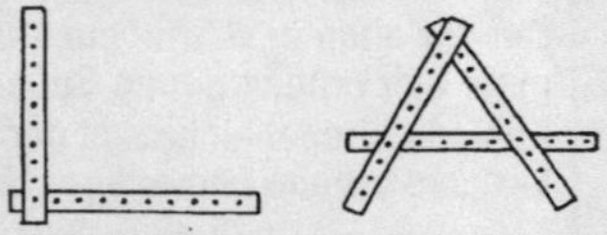
105	Jeder Schnorcheltaucher legt all seine Schrauben und Muttern an den Rand, wo er startet. Den Streifen legt er an der gegenüberliegenden Seite auf dem Boden. Nach dem Startzeichen nimmt er eine Schraube und eine Mutter und montiert diese so schnell wie möglich auf dem Streifen. Nach oben kommen darf man unbegrenzt oft, aber das Material muss unten bleiben. Benutze einen "Anker"!	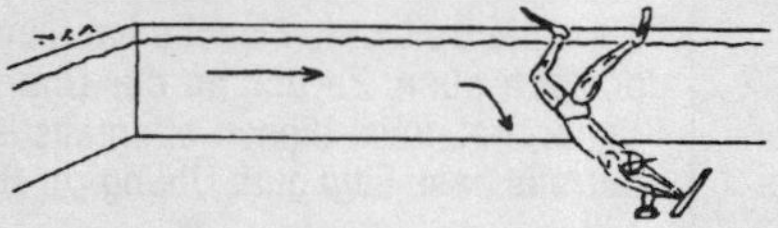

10.7.6 Mit Plastikflaschen, Seil, Gartenschlauch und Gewichten

Nr.	Idee / Beschreibung	Hinweise / Organisation
106	An eine Plastikflasche von 1 1/2 l binden wir einen Bleiblock von 1 kg und lassen diese vollständig zum Boden sinken. Das eine Ende eines Gartenschlauches wird in die Flasche gesteckt und durch das andere Ende blasen wir so viel Luft in die Flasche, bis diese beginnt aufzusteigen. Schwieriger wird es mit der Brille auf der Stirn.	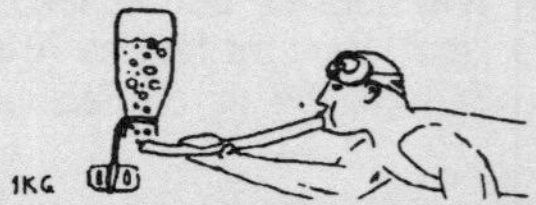
107	Das "Nach-oben-Blasen " einer Flasche führen wir nun nach einer Strecke von 5 bis 10 m unter Wasser aus. Noch schwieriger wird es, wenn nach dem "Nach-oben-Blasen" der Flasche auch noch unter Wasser zurückgeschwommen werden muss. Auch starten mit der Brille auf der Stirn; die Brille muss zunächst aufgesetzt und dann leergeblasen werden. Gelingt dies?	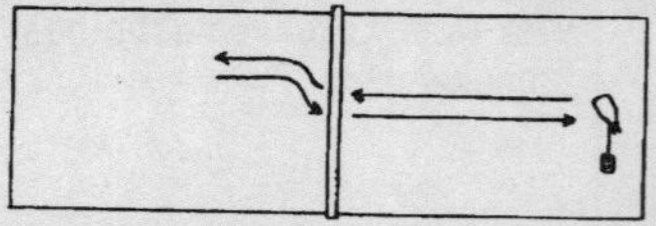
108	Die beschwerte Flasche treibt an der Oberfläche. Wir stecken den Gartenschlauch bis zum Boden in die Flasche. Mit einem starken Atemstoss blasen wir den Schlauch leer und saugen anschliessend so lange Luft aus der Flasche, bis diese sinkt.	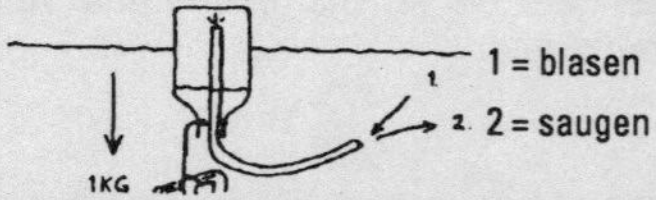
109	Benutze einen "Anker"! Die mit Wasser gefüllte Flasche liegt auf dem Boden. Nach dem Untertauchen hälst du den Anker fest. Stecke nun den Gartenschlauch in die Flasche und blase Luft hinein. In dem Moment, in dem sie auftaucht, saugen wir die Luft wieder weg. Sinkt die Flasche wieder, dann erneut blasen. Wie oft kannst du auf diese Weise Jo-Jo spielen?	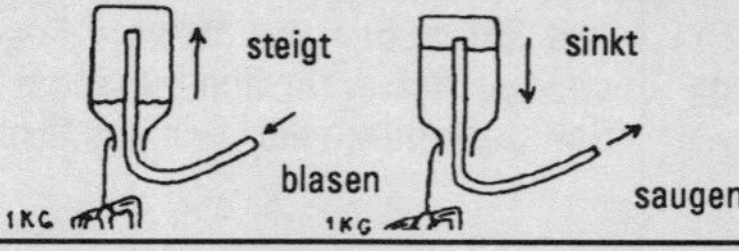
110	Die mit Luft gefüllte und mit 2 kg beschwerte Flasche liegt auf dem Boden. An einem "Anker" liegend stecken wir den Schlauch bis zum Flaschenboden in die Flasche und blasen sie mit einem kurzen Atemstoss leer. Nun ruhig liegen bleiben, bis du in Atemnot kommst. Atme dann durch die Nase aus und atme durch den Schlauch. Es ist wirklich möglich! Ob es dir gelingt?	
111	Bei der oben beschriebenen Übung können wir auch in die Flasche ein- und ausatmen. Die ausgeatmete Luft enthält genug Sauerstoff, um das einige Male durchzuhalten. Durch den stetig steigenden Kohlensäuregehalt kommt der Atemreiz allerdings stets schneller. Sehr spannend! Benutze einen "Anker" **und arbeite immer unter Aufsicht.**	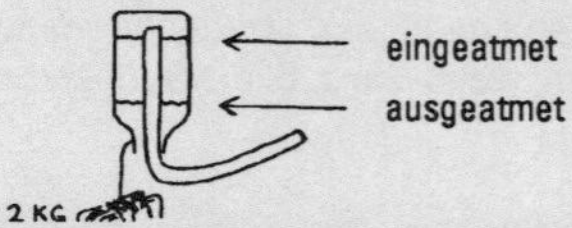
112	Sauge die treibende Flasche nach unten. Tauche ihr hinterher und blase sie durch den Schlauch wieder nach oben. Zurück an der Oberfläche bleibst du mit dem Mund unter Wasser, gebrauchst den Schnorchel, bläst diesen ebenfalls leer und wiederholst den Auftrag, sobald du deine Atmung unter Kontrolle hast. Eine gute Übung zur Beherrschung deiner Atmung.	Gebrauche für das "Hochblasen" so wenig Luft wie möglich: der Schnorchel muss nämlich auch noch leergeblasen werden.

Nr.	Idee / Beschreibung	Hinweise / Organisation
113	Von allem Spielmaterial, das vorhanden ist, deponieren wir ein Exemplar pro Schüler im Wasser, und zwar über eine so grosse Oberfläche wie möglich, verteilt. Suche nun von jeder Sorte ein Exemplar. Wer hat als Erster eine Serie komplett?	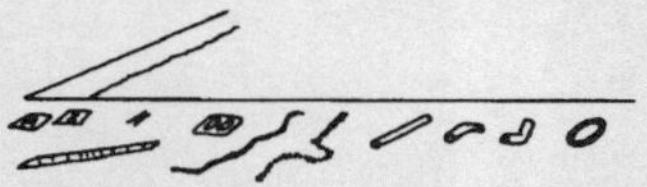
114	Alle Gegenstände liegen auf dem Boden. Nun muss der Boden ganz "sauber gemacht" werden. Wer hat die meisten Gegenstände, wenn nichts mehr auf dem Boden liegt? Wer hat die "schönste" oder die am meisten variierte Sammlung?	Alles ist schnell aufgeräumt, wenn nach dem Zählen Sorte zu Sorte gelegt werden muss!
115	Wer hat zuerst die folgenden drei Kombinationen am Rand liegen: Einen Ring an ein Kettchen geknotet, eine Wäscheklammer an ein Zahlentäfelchen geklemmt und einen Bleiblock an ein Seilchen gebunden?	
116	Sammle in einer festgesetzten Zeit soviel Exemplare wie möglich von einer zugewiesenen Sorte. Rechne evtl. Punkte an, wobei schwer zu tragende Gegenstände die höchste Punktzahl und leichter zu sammelnde Materialien eine geringere Punktzahl ergeben.	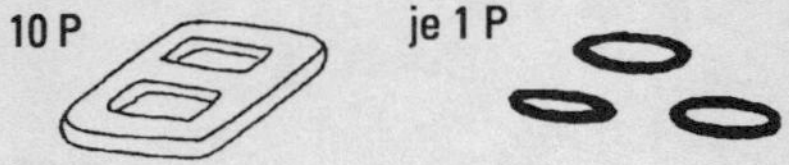
117	Schnorchle 8 Bahnen. Während jeder Bahn darf ein Gegenstand an die Oberfläche gebracht werden. Das muss jedes Mal etwas anderes sein und die Sammlung muss während der Ausführung des gesamten Auftrages vollständig mitgenommen werden.	
118	Suche ein Zahlentäfelchen zwischen 1 und 6 und komme damit an den Rand. Jetzt erst wird der Rest des Auftrages bekanntgegeben: Hole so viele Gegenstände an die Oberfläche, wie deine Zahl angibt. Erst starten die Nummern 6. Drei Sekunden später die Nummern 5 usw.	Startzeit an die Geübtheit innerhalb der Gruppe anpassen.
119	Hole in 3 Minuten so viele Gegenstände wie du kannst an die Oberfläche, aber...sie zählen nur, wenn sie auf irgendeine Weise miteinander verbunden sind!	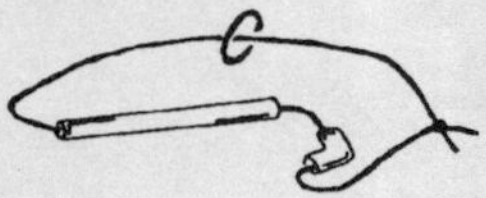

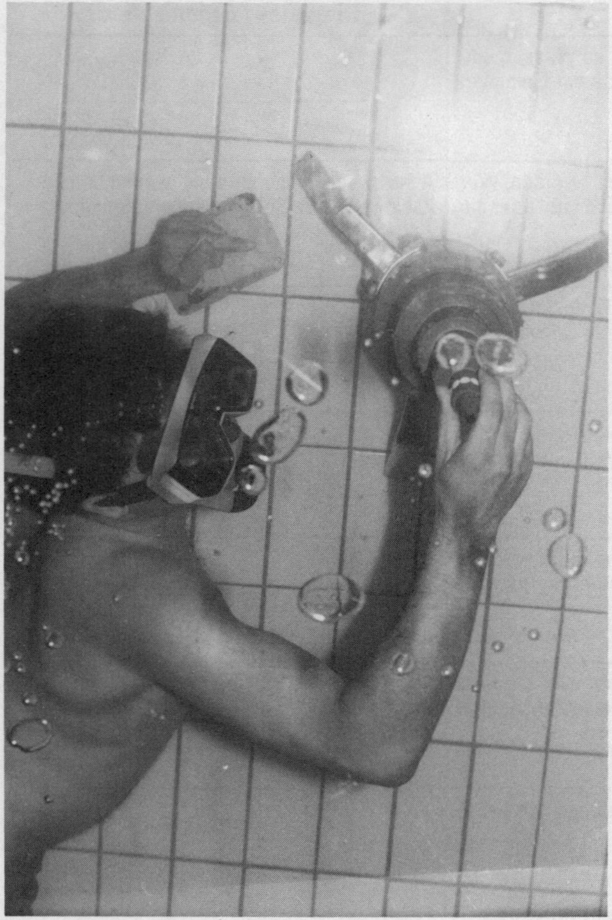

Kapitel 10

Anhang: Schnorcheln

10.8 Gruppenformen mit Spielmaterialien

10.8.1 Mit Montagestreifen und Montageplatten 249

10.8.2 Mit Buchstabentäfelchen 250

10.8.3 Mit dem Unterwasserball 251

10.8.4 Mit dem Röhrenmontageset 252

10.8.5 Mit Raketen 253

10.8.6 Mit hohlen Gegenständen 254

10.8.7 Mit Kombinationen der Materialien 255

Nr.	Idee / Beschreibung	Hinweise / Organisation
120	An der gegenüberliegenden Seite liegt ein Streifen mit 10 Löchern mit den Buchstaben: TAUCHSTATION und den Ziffern 1 bis 12 auf dem Boden. Abwechselnd schnorcheln die Gruppenmitglieder dorthin und montieren eine Schraube und eine Mutter bei untereinander vereinbarten Ziffern, welche zusammengezählt, eine vom Leiter vorgegebene Summe ergeben.	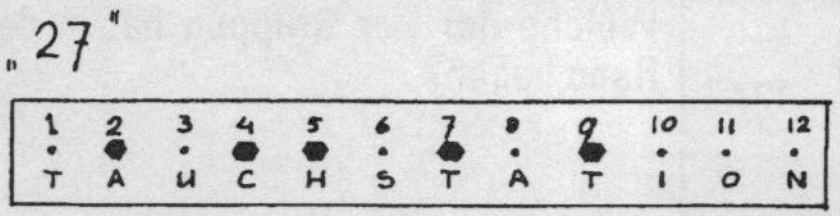
121	Beginne genau so wie oben. Nun montiert jeder seine Schraube und Mutter bei Buchstaben, mit denen ein untereinander abgesprochenes Wort mit 5 Buchstaben gebildet werden kann.	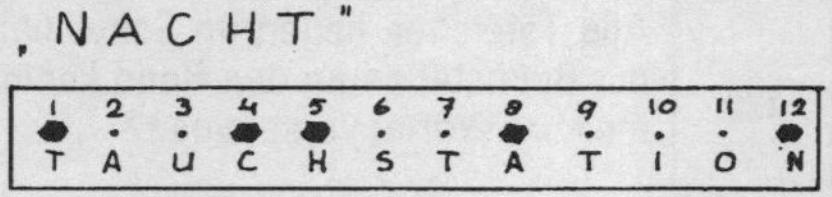
122	Der gleiche Auftrag wie oben. Doch nun wird jeder gebrauchte Buchstabe mit der Ziffer bewertet, die darübersteht. Welche Gruppe hat die höchste Punktzahl?	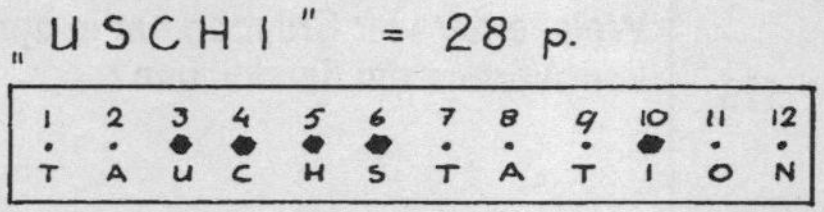
123	A wartet beim leeren Streifen an der gegenüberliegenden Seite. B schnorchelt mit einer Schraube und 2 Muttern zu ihm hin. Unterwegs dreht er eine Mutter 2 cm weit auf eine Schraube und gibt alles an A. Dieser montiert die Schraube auf den Streifen und schnorchelt dann zurück, um selbst eine Schraube und 2 Muttern zu holen. Weiter, bis 5 Schrauben und Muttern so montiert sind.	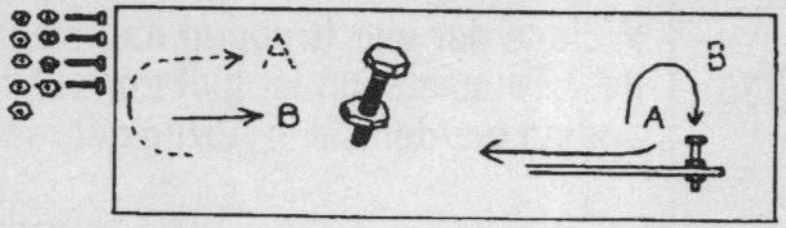
124	A. und B liegen beide an der Oberfläche über dem leeren Streifen mit 5 Schrauben und Muttern. Beim Streifen liegt ein "Anker" mit Schlinge. A montiert eine Schraube und eine Mutter beim ersten Buchstaben. Sobald er fertig ist, tut B dasselbe beim zweiten Buchstaben. Dann darf A wieder usw.	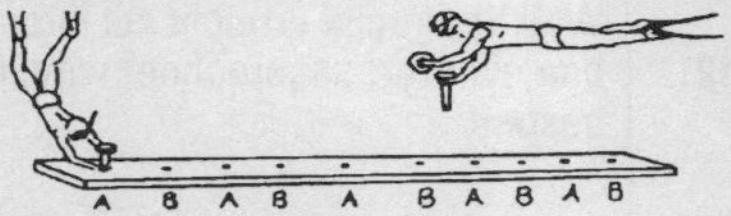
125	Für jede Vierergruppe liegt eine leere viereckige Montageplatte auf dem Boden. Die zugehörigen Schrauben und Muttern liegen in einem Eimer in der Nähe. Welche Gruppe hat zuerst die passende Schraube und Mutter im mittelsten Loch der vier Seiten montiert? Benutzt, um unten bleiben zu können, auch hier wieder einen "Anker".	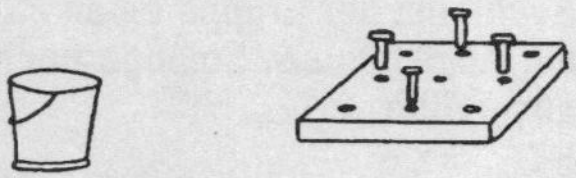
126	Beginne genau so wie beim vorigen Auftrag. Nun muss die Gruppe probieren, so schnell wie möglich alle Schrauben und Muttern an der richtigen Stelle zu montieren. Eine gute Planung und Aufgabenverteilung führt zu einem schnelleren Resultat.	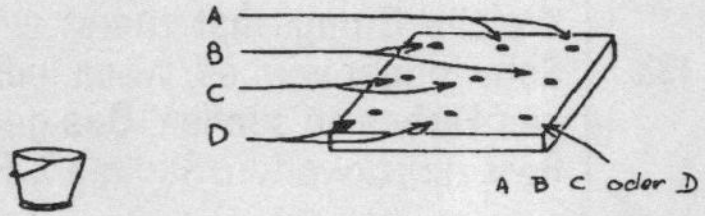

10.8.2 Mit Buchstabentäfelchen

Nr.	Idee / Beschreibung	Hinweise / Organisation
127	Welche der vier Gruppen hat in der ihr zugewiesenen Farbe zuerst das Wort TAUCHSTATION am Rand liegen?	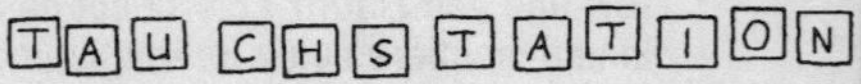
128	Alle Täfelchen liegen im Schwimmbecken verteilt. Jedes Gruppenmitglied darf nun ausschliesslich mit Buchstaben an den Rand kommen, womit er ein Wort bilden kann. Welche Gruppe hat dann die meisten Wörter versammelt?	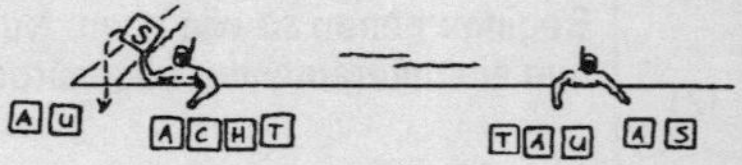
129	Welche der vier Gruppen hat in der zugewiesenen Farbe als erste eine zuvor abgesprochene Anzahl von Wörtern am Rand liegen?	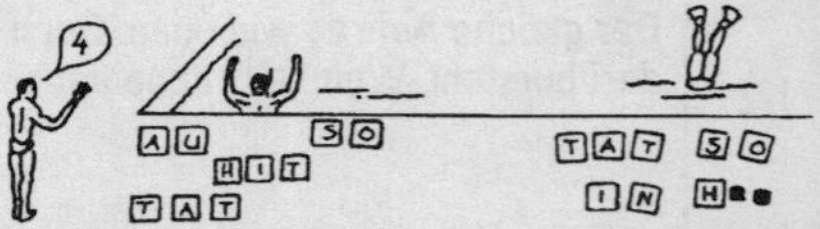
130	Welche der vier Gruppen hat, wenn sie alle eroberten Buchstaben benutzt, das längste Wort gebildet? Tauchstation ist nicht erlaubt. Nicht gebrauchte Buchstaben müssen zurückgeworfen werden, anders werden sie in Abzug gebracht.	
131	Welche Gruppe erreicht mit ihren gebildeten Wörtern die höchste Punktzahl, wenn für jeden Buchstaben ein Wert angerechnet wird, der ebenso hoch ist, wie die Zahl der Buchstaben, woraus das Wort besteht.	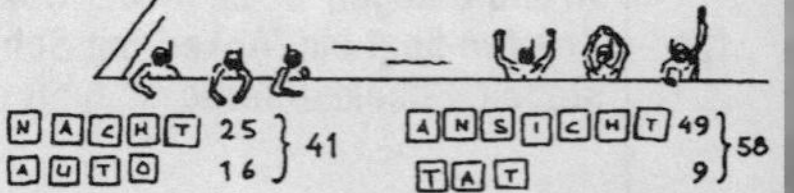
132	Suche mit der Gruppe einen Jungen- oder Mädchennamen, den Namen einer Tierart, ein Substantiv, ein Adjektiv usw. Solange noch nicht gebrauchte Buchstaben am Rand liegen, ist der Auftrag nicht ausgeführt.	
133	Welche Gruppe hat zuerst einen zugewiesenen Buchstaben in 4 verschiedenen Farben erbeutet. Schwieriger wird es, wenn lediglich danach gefragt wird, 4 gleiche Buchstaben in den 4 verschiedenen Farben zu suchen. Das geht am besten in verschiedenen Runden: Suchen 1. Runde, auswählen, Rest zurückwerfen. Suchen 2. Runde.	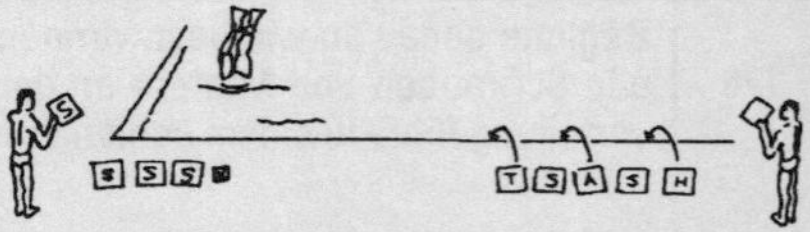

Nr.	Idee / Beschreibung	Hinweise / Organisation
134	Die Gruppen stehen mit den Beinen weitgespreizt in Reihen aufgestellt. A taucht mit dem Ball durch den durch Beine gebildeten Tunnel und bleibt vor E stehen. Der Ball wird nun rückwärts über die Köpfe hinweg an B gegeben, der dann ebenfalls damit durch den Tunnel taucht. Welche Reihe steht als erste wieder in ihrer ursprünglichen Formation?	
135	Die Gruppe bildet eine langgestreckte Reihe von Wand zu Wand, stehend oder Wasser tretend in der Längs- oder Querrichtung des Beckens. Welche Gruppe hat den Ball zuerst hin- und zurückgespielt? Wer den Ball nicht fängt, muss ihn zuerst an die Oberfläche bringen, seine Position wieder einnehmen und dann erst weiterspielen.	
136	Jedes Gruppenmitglied macht einen Tauchversuch, wobei es den Ball so weit wie möglich "wirft". An der Stelle, an der er nach oben kommt, übernimmt der Nächste. Welche Gruppe hat den grössten Abstand zurückgelegt, wenn jeder an der Reihe gewesen ist?	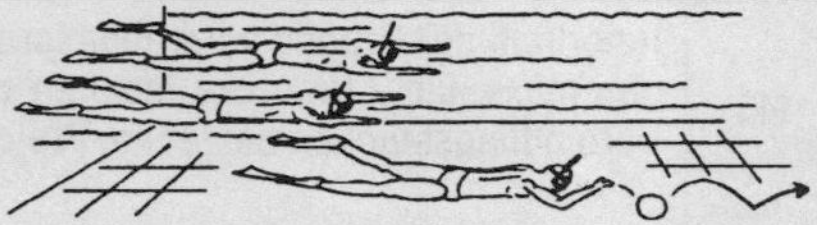
137	Jedes Gruppenmitglied stösst den Ball von der Wand aus so weit wie möglich weg und holt ihn danach sofort wieder zurück. Der erreichte Abstand wird auf einen halben Meter genau notiert. Dann ist der nächste an der Reihe. Welche Gruppe hat den grössten Totalabstand überbrückt?	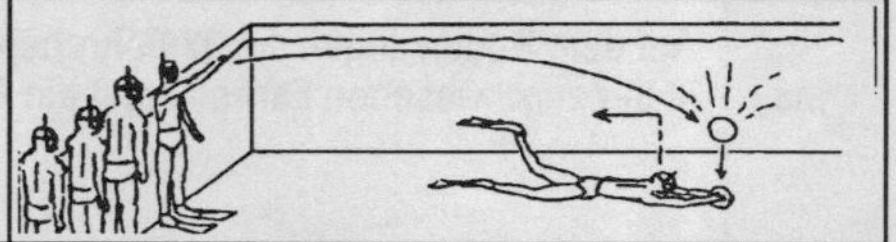
138	Zwei Parteien: Partei A stellt sich zwischen zwei Linien verteilt auf. Partei B versucht tauchend, schwimmend und werfend diesen Raum zu überqueren. Gelingt es, dann bekommt sie einen Punkt. Fängt A den Ball ab, dann darf A überqueren und versuchen, Punkte zu "verdienen".	Der Ball darf nicht aus den Händen des Gegners gezogen werden.
139	Zwei Parteien: Welche Partei wirft sich untereinander den Ball am meisten zu, ohne dass er durch die Gegenpartei abgefangen wird (eine Form des Schnappballes).	Ein nicht gefangener Ball, der wohl wieder von derselben Partei an die Oberfläche gebracht wird, unterbricht die Folge nicht.
140	Handball: Schwimmend, tauchend und werfend versucht die Gruppe, Tore zu machen, indem der Ball auf die Matte der Gegenpartei geworfen wird. Die Matte liegt am Rand. Den Ball wegzunehmen und Körperkontakt ist nicht erlaubt.	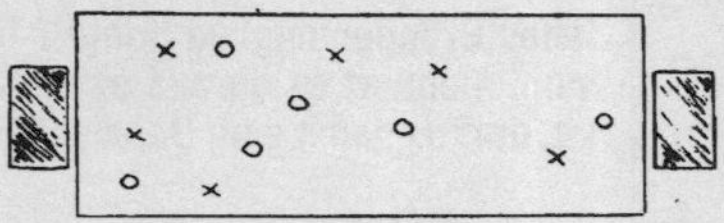

10.8.4 Mit dem Röhrenmontageset

Nr.	Idee / Beschreibung	Hinweise / Organisation
141	Auf dem Boden liegen die 32 Röhrchen und die Verbindungsstücke im 90°-Winkel. Welche Gruppe schafft es als erste, zwei Vierecke auf der Wasseroberfläche treiben zu lassen?	
142	Auf dem Boden liegen die 32 Röhrchen, die Verbindungsstücke im 90°-Winkel und die Verbindungsstücke im 45°-Winkel. Jedes Gruppenmitglied versucht nach einem Startzeichen, so schnell wie möglich ein Verbindungsstück von 90° und eines von 45° an ein Röhrchen zu montieren. Welche Gruppe ist zuerst fertig?	
143	Innerhalb der Gruppe wird abgesprochen, was jedes Gruppenmitglied an die Wasseroberfläche bringen muss, um 2 Vierecke machen zu können, die jedes aus 4 verschieden gefärbten Röhrchen und Verbindungsstücken bestehen. Welche Gruppe hat diese als erste an der Oberfläche treibend liegen?	Beispiel 4 Personen: A+B: rote und grüne Röhrchen und rote und grüne Verbindungsstücke C+D: gelbe und blaue
144	Auf dem Boden liegen die 32 Röhrchen und die Verbindungsstücke im 45°-Winkel. Welche Gruppe hat in der zugewiesenen Farbe zuerst ein Achteck, auf dem Wasser treibend, liegen?	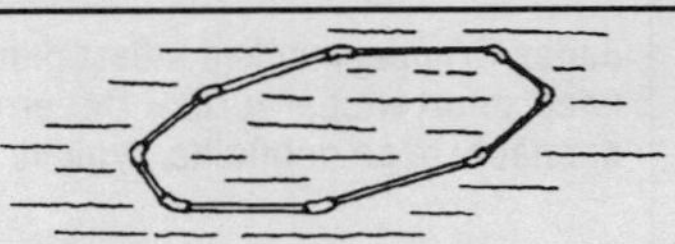
145	Alle Teile des Röhrenmontagesets liegen auf dem Boden. Welche Gruppe baut innerhalb einer abgesprochenen Zeit den am meisten spektakulären Gegenstand in der zugewiesenen Farbe?	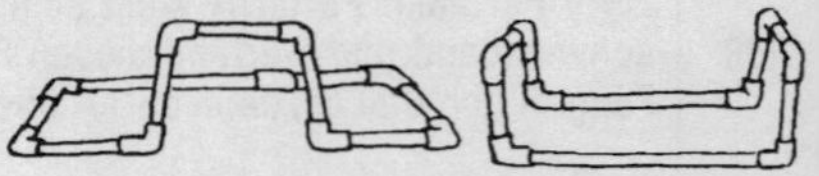
146	Acht Gruppenmitglieder stehen mit einem Röhrchen und einem Verbindungsstück im 45°-Winkel lose in der Hand an der Startwand. A schnorchelt eine Bahn, montiert das Verbindungsstück und hebt seine Hand. Daraufhin startet B und montiert sein Röhrchen und Verbindungsstück an das von A und hebt die Hand hoch. Welche Gruppe hat als erste ihr Achteck treibend auf dem Wasser liegen?	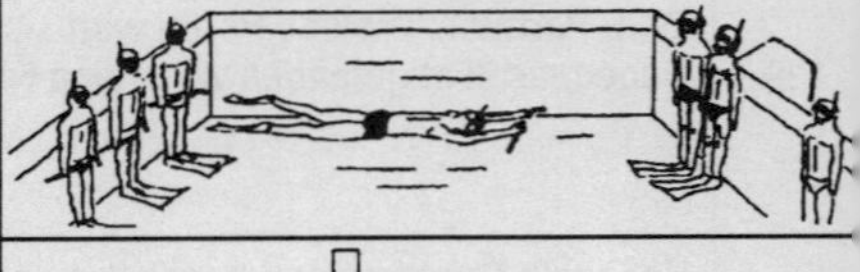
147	Jedes Gruppenmitglied bringt 2 Röhrchen und 2 Verbindungsstücke an die Oberfläche. An der Startwand montiert es daraus einen "Schnorchel". Sobald ein Gruppenmitglied seinen "Schnorchel" fertig hat, darf es damit eine Bahn schnorcheln. Welche Gruppe ist damit als erste fertig?	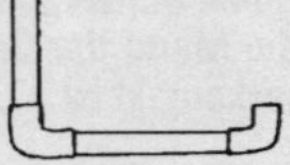

Nr.	Idee / Beschreibung	Hinweise / Organisation
148	Jedes Gruppenmitglied steht mit einem Stück der Rakete an der Startwand. Die Reststücke der Rakete liegen an der gegenüberliegenden Seite auf dem Boden. Einer nach dem anderen schnorchelt nun zur Rakete und montiert sein Stück. Nach der Montage des letzten Stückes blasen die Gruppenmitglieder ihre Rakete durch den Schnorchel an die Oberfläche.	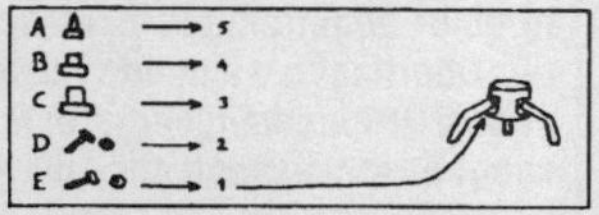
149	Jedes Gruppenmitglied hat eine "Raketenstufe" und 2 Schrauben und Muttern. Diese werden in beliebiger Reihenfolge montiert, wonach wieder der "Start" folgt. Die Benutzung eines "Ankers" mit Schlinge vereinfacht die Montage.	
150	Zuerst wird die Rakete am Boden vollständig auseinandergenommen, wonach alle Stücke an den Rand gelegt werden. Wer ist damit als erster fertig? Danach wird die Rakete am Boden wieder zusammengebaut und schliesslich "gestartet". Wer ist damit als erster fertig?	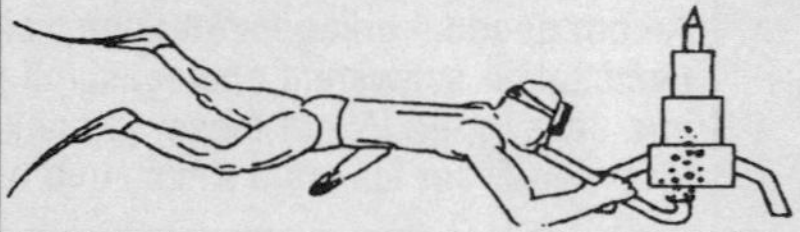
151	Die vollständig demontierte Rakete wird am Boden zusammengesetzt. Der "Start" geschieht nun aber mit Hilfe eines 6 m langen Gartenschlauches. Das eine Ende des Schlauches wird mit Hilfe des "Ankers" unter der Rakete plaziert. Ebenfalls an einem Anker auf dem Boden liegend, bläst nun jeder durch das andere Ende, bis die Rakete aufsteigt.	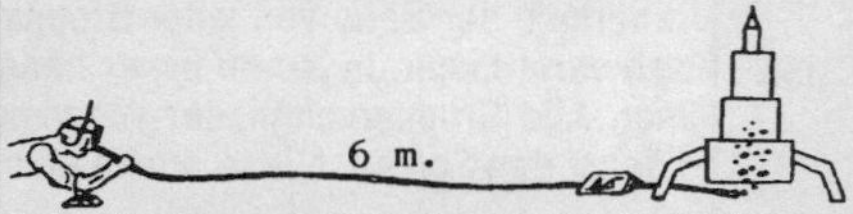
152	Alle obenstehenden Montageaufträge können schwieriger gestaltet werden, indem bestimmt wird, dass die Montage mit der Brille auf der Stirn geschehen muss.	Nur für geübte Schnorcheltaucher!
153	Man kann auch die Montageaufträge erschweren, indem bestimmt wird, dass nur hinter einer Linie oder Leine gearbeitet werden darf. Wer zwischen der Linie und der Montagestelle über Wasser kommt, disqualifiziert seine Gruppe. Weniger "streng" ist: 15 Sekunden verpflichtete Arbeitspause.	Anfänglich sehr kurzen Abstand wählen, z. B. 2 m, so dass alle den Auftrag ausführen können.
154	Sabotage: Alle Raketen stehen in einem Achteck aus Röhrchen intakt auf dem Boden. Alle Gruppen bekommen nun eine Minute Zeit , um die Rakete und die "Startplattform" eines Gegners zu demontieren. Wer hat den angerichteten Schaden zuerst repariert und die Rakete erfolgreich gestartet?	Stelle die Raketen in grosszügigem Abstand voneinander auf, z. B. in die Ecken. Gib nach einer Minute ein Tonzeichen.

10.8.6 Mit hohlen Gegenständen

Nr.	Idee / Beschreibung	Hinweise / Organisation
155	In einer abgetrennten Ecke liegt für jedes Gruppenmitglied eine mit einem Bleiblock beschwerte, an der Oberfläche treibende Plastikflasche. Jede Gruppe hat ein Stück Gartenschlauch von 60 cm Länge. Jedes Gruppenmitglied steckt nun abwechselnd den Schlauch in seine Flasche, bläst ihn leer und saugt anschliessend alle Luft aus der Flasche, so dass diese alle sinken.	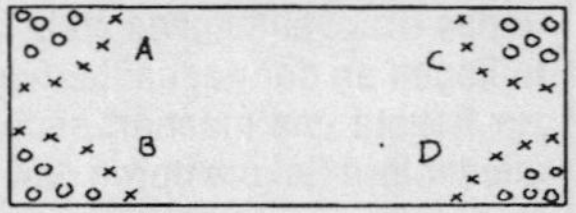
156	Pro Paar: 1 zugeschraubte Plastikflasche, 1 Leinchen, 1 Bleiblöckchen, 1 "Anker" und 1 Gartenschlauch. Zusammen bringen sie dies zur anderen Seite , befestigen den Bleiblock mit dem Leinchen an der Flasche, nehmen den Verschluss ab und lassen die Flasche durch Leersaugen (Schlauch) sinken. Am Boden wird der Verschluss wieder aufgeschraubt und alles zur Startwand zurückgebracht.	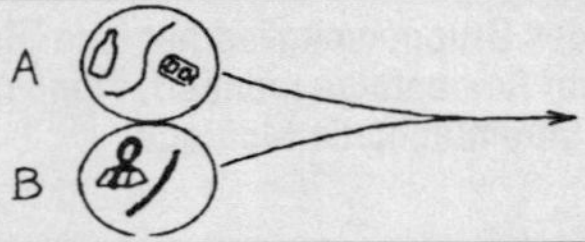
157	An der gegenüberliegenden Seite treibt für jede Gruppe ein mit 5 kg beschwerter Eimer. Jedes Gruppenmitglied schwimmt abwechselnd mit einem Stück Gartenschlauch dorthin und saugt einmal Luft aus dem Eimer. Wenn dieser gesunken ist, darf jeder abwechselnd einmal blasen. Welche Gruppe lässt den Eimer als erste sinken und wieder aufsteigen?	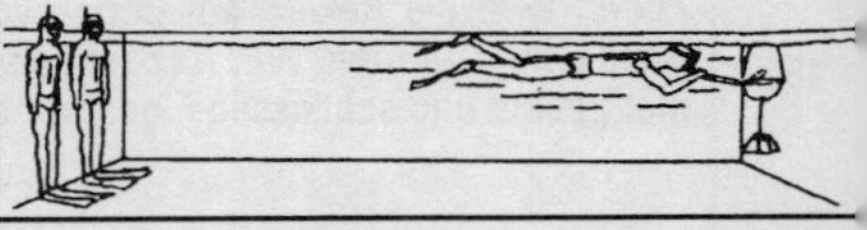
158	Innerhalb der Bahn von jeder Gruppe liegen auf dem Boden zwei, mit Luft gefüllte und mit 10 kg beschwerte Eimer. In jedem Eimer hängen zwei Gartenschläuche von 60 cm Länge an einem Schwimmer. Alle Gruppenmitglieder schwimmen nun zwei Bahnen unter Wasser. Bei jeder blasen sie zunächst den Schlauch leer, atmen einmal und beenden dann die Strecke.	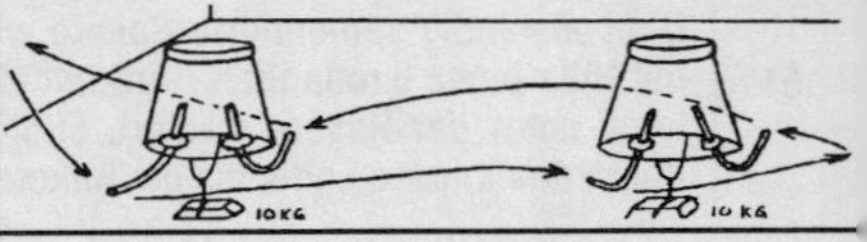
159	Für jede Gruppe treibt an der langen Seite ein mit 5 kg beschwertes Sauerkrautfass von 20 l. Jede Gruppe hat ein Stück Gartenschlauch von 60 cm Länge. So schnell wie möglich saugt jeder mit seinem Schnorchel Luft aus dem Fass. Ist der Wasserstand in dem Fass zu hoch geworden, um den Schnorchel gebrauchen zu können, benutzt jedes Mitglied abwechselnd den Gartenschlauch.	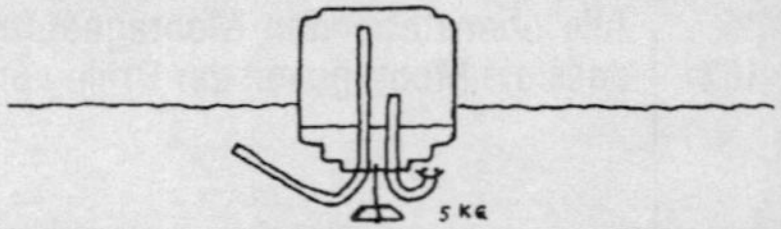
160	6 m vor jeder Gruppe liegt ein Fass von 20 l, beschwert mit 10 kg, auf dem Boden. Das eine Ende eines 6 m langen Gartenschlauches wird mit einem Gewicht unter der Fassöffnung blockiert. Die Gruppenmitglieder am anderen Ende des Schlauches blasen nun Luft durch den Schlauch. Während sie warten, bleiben sie mit dem Gesicht unter Wasser und atmen durch den Schnorchel.	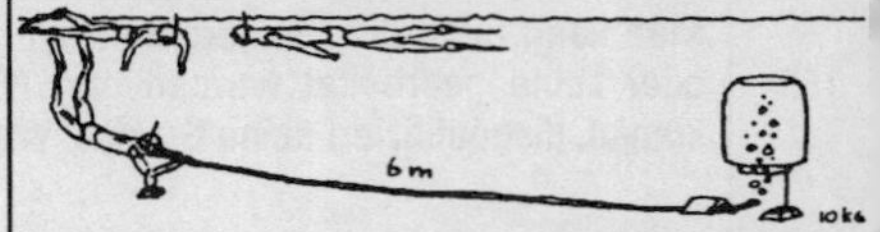
161	Das mit Luft gefüllte Fass von 20 l liegt mit 25 kg beschwert am Boden. A steckt ein Stück Gartenschlauch von 60 cm Länge in das Fass, wobei es sich an einem "Anker" festhält. Bei der ersten Atemnot bläst er den Schlauch leer, den Rest der Luft bläst er durch seine Brille weg. Anschliessend atmen aus dem Fass usw. Wie lange hält jedes Gruppenmitglied das durch?	

Nr.	Idee / Beschreibung	Hinweise / Organisation
162	Alle Teile des Röhrenmontagesets liegen in einem Kreis, der durch 6 Reifen gebildet wird. Die Gruppenmitglieder versuchen nun soviele Teile wie möglich für ihre Gruppe zu sammeln. Dabei dürfen sie nur durch einen der Reifen in und aus dem Kreis. Welche Gruppe hat die meisten Teile, wenn alles aus dem Kreis ist.	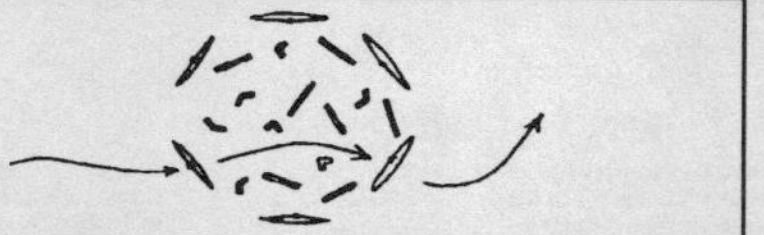
163	Dieselbe Situation wie oben. Nun muss die Gruppe jedoch versuchen, zwei Exemplare von derselben Sorte in derselben Farbe zu erobern. Überzählige Exemplare müssen zurückgebracht werden. Welche Gruppe schafft das als erste?	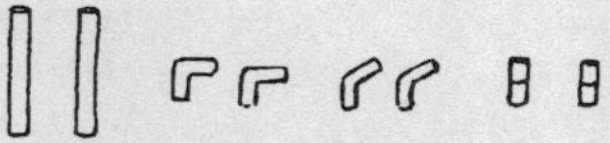
164	Zwei Gruppen und dieselbe Situation wie bei 162. Gruppe A schwimmt innerhalb des Kreises herum. Gruppe B schwimmt, mit dem Schnorchel in die Schwimmhose geklemmt, ausserhalb des Kreises. B versucht soviel Teile wie möglich wegzuholen. Wer den Schnorchel an A verliert, scheidet aus. Wie viele Teile sind erbeutet, wenn jeder seinen Schnorchel verloren hat?	Einen grosszügigen Kreis aus Reifen bilden!
165	An beiden Seiten eines Reifenganges steht die Hälfte jeder Gruppe an der Wand. A schwimmt nun mit dem Unterwasserball durch den Gang und übergibt ihn an B. Dieser wieder an C usw. Welche Gruppe ist zuerst fertig?	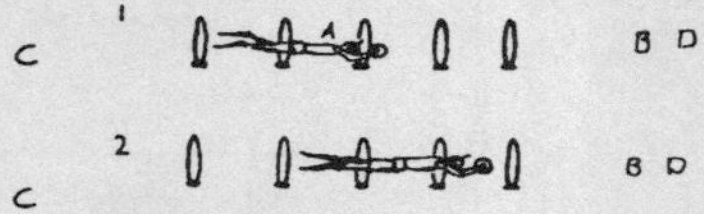
166	Für jede Gruppe liegen ein Fass von 20 l, 4 lange Röhrchen, 4 Verbindungsstücke von 90°, 4 Leinchen und 4 Bleiblöcke von 1 kg auf dem Boden. Welche Gruppe hat die gezeichnete Konstruktion zuerst montiert und an der Oberfläche treibend liegen?	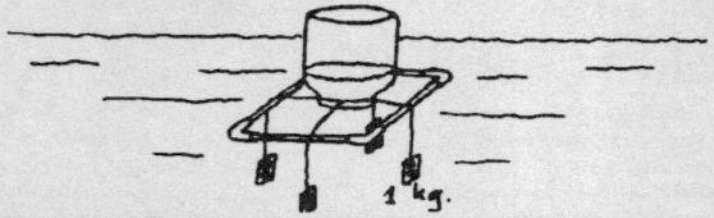
167	Für jede Gruppe liegen auf dem Boden eine vollständig auseinander gebaute Rakete plus Röhrenmontagematerial für ein Achteck beieinander. Welche Gruppe hat zuerst das Achteck zusammengebaut und daraus die intakte Rakete gestartet? Gebrauche einen "Anker".	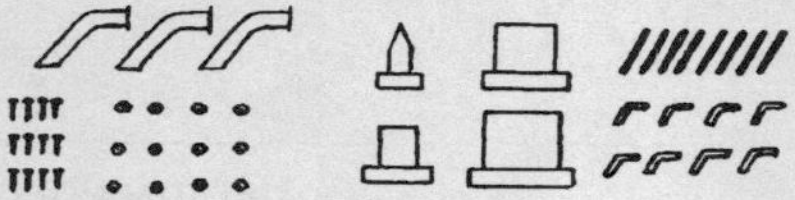
168	Für zwei Gruppen liegt in einer Bahn Material auf dem Boden, um 5 Aufträge ausführen zu können: Eimer sinken lassen, Achteck treibend an der Oberfläche, Wort aus 5 Buchstaben am Rand, vorgegebene Summe aus 5 Zahlen am Rand, Teile der Rakete montieren und starten.	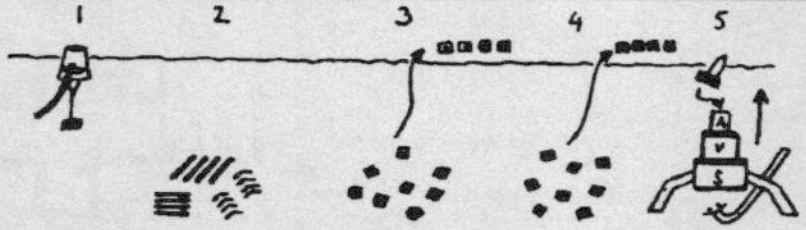

Die Schweizerischen Tests im Schwimmsport

Grundlagentests 1–7

Test 1 – Krebs

1. Taucherli: Untertauchen mit angehaltenem Atmen
2. Sprudelbad: Untertauchen mit ausatmen unter Wasser
3. Flugzeug: Schweben in Bauchlage
4. Schleppschiff: passives Gleiten durch Ziehen
5. Sprung vom Rand (fusswärts)

Test 2 – Seepferd

1. Fischauge: Augen öffnen unter Wasser
2. Luftpumpe: 4 x untertauchen und ausatmen
3. Seerose: Schweben in Rückenlage
4. Bauchpfeil: Gleiten in Bauchlage
5. Froschsprung: Fusssprung in tiefes Wasser

Test 3 – Frosch

1. Motorboot: Gleiten in Bauchlage mit ausatmen
2. Tunneltaucher: durch einen Reifen tauchen
3. Rückenpfeil: Gleiten in Rückenlage
4. Seehundschwimmen: 5–10 m Wechselbeinschlag
5. Purzelbaum: Rolle vorwärts vom Bassinrand

Test 4 – Pinguin

1. Handstand im brusttiefen Wasser mit Abrollen
2. Scheibenwischer: 5–8 m Antrieb mit Ein- und Auswärtsbewegungen der Unterarme
3. Schraube: Wechselbeinschlag mit Körperdrehung in der Längsachse
4. Pedalo: 10–15 m Wechselbeinschlag und Armantrieb mit Paddelbewegungen
5. Köpfler: Eintauchen kopfwärts

Test 5 – Tintenfisch

1. Unterseeboot: Gleiten mit ausatmen und absinken
2. Slalom: 5 m Tauchen mit Richtungswechsel
3. Baumstammrollen: Wechselbeinschlag mit Körperdrehung in der Längsachse, Arme in Hochhalte
4. Schraubenschwimmen: 15–20 m Wechselbeinschlag und Wechselzug der Arme mit einmaliger Drehung von der Bauch- in die Rückenlage
5. Sitzler: Abfaller aus Stand rücklings gebückt

Test 6 – Krokodil

1. Haifisch: 15–20 m Wechselbeinschlag in Bauchlage mit Körperrollbewegung und Hochziehen des Ellbogens
2. Delfin: drei Delfinkörperbewegungen
3. Rückenschwimmen: 20–30 m Wechselbeinschlag und freigewählter Armantrieb in Rückenlage
4. Fusssprung vorwärts

Test 7 – Eisbär

1. Tauchwende: 5 m zur Wand tauchen, wenden und nochmals 2 m tauchen
2. Entenfüsse: 10–15 m Gleichschlag der Beine
3. Kraul-Mix: 50 m Schwimmen, abwechselnd in Bauch- und Rückenlage
4. Fusssprung rückwärts

Herausgeber

IVSCH IAN

Interverband für Schwimmen
Interassociation pour la Natation
Interassociazione per il Nuoto

Schwimmen 1–4

Schwimmen 1 – Wal

1. 50 m Rückenkraul
2. 25 m Kraul einarmig
3. 25 m Rücken einarmig
4. 4 m Hechtschiessen in Brustlage unter Wasser
5. Start Kraul (Griffstart)
6. Wende Kraul

Schwimmen 2 – Hecht

1. 100 m beliebig ohne Unterbruch
2. 50 m Kraul, zwei rechts zwei links
3. 25 m paddeln kopf- und fusswärts mit Zuber
4. 4 m Hechtschiessen in Rückenlage unter Wasser
5. Start Brust (Griffstart)
6. Wende Brust

Schwimmen 3 – Hai

1. 100 m Kraul oder Rücken in max. 2:30 min
2. 50 m Kombination Brust, zwei Formen
3. 16 m Tauchen mit Tauchzug
4. 25 m Delfinbeinschlag in der Rückenlage, Arme oben
5. Start Rücken
6. Wende Rücken

Schwimmen 4 – Delfin

1. 200 m Brust oder Kraul in max. 4 min
2. 100 m Kombination Delfin
3. 50 m Kombination Kraul und Rücken
4. 25 m Delfin komplett
5. Rollwende Kraul
6. Rollwende Rücken

Kombitest 1–4

Kombitest 1

1. Schwimmen 100 m
2. Kraul/Rücken 25 m
3. Brust 25 m
4. Tauchen 7 m
5. Eintauchen vorwärts vom Rand
6. Fusssprung rückwärts
7. Paddeln 10 m kopfwärts
8. Ball aufnehmen und werfen

Aus den Übungen 5–8 können **zwei** ausgewählt werden.

Kombitest 2

1. Schwimmen 300 m
2. Kraul/Rücken 50 m
3. Rückengleichschlag-Beinschlag
4. Tauchen 12 m
5. «Kleiner» Kopfsprung vorwärts vom Rand
6. Abfaller rückwärts vom Rand
7. Auster
8. Dribbling 20 m

Aus den Übungen 5–8 können **zwei** ausgewählt werden.

Kombitest 3

1. Schwimmen 12 min
2. Kraul/Rücken 100 m auf Zeit
3. Delfin 25 m
4. Transportschwimmen 25 m
5. Salto vorwärts vom Rand
6. Delfinkopfsprung
7. Zuber
8. Dribbling 10 m mit Zielwurf

Aus den Übungen 5–8 können **zwei** ausgewählt werden.

Kombitest 4

1. Schwimmen 1000 m in 30 min
2. Kraul/Rücken mit Start
3. Delfin 25 m in max. 25 s
4. Rettungsschwimmen 50 m auf Zeit
5. Abfaller vorwärts aus dem Sitz, 3 m
6. Salto rückwärts, 1 m
7. Hechtsalto rückwärts
8. Dribbling, Seitenschwimmen, Zielwurf

Aus den Übungen 5–8 können **zwei** ausgewählt werden.

Spielen im Wasser

Seehund

Diese Auszeichnung ist als Aufmunterung für Wasserra
jeden Alters gedacht.

«Seehunde» spielen gemeinsam im Wasser!

Etappenschwimmen

Drei Leistungsklassen (R

	Distanz total:	Daue
Robbi-bronce:	12,5 km	6 h
Robbi-silber:	25,0 km	12 h
Robbi-gold:	50,0 km	25 h

Wie Du siehst, steht es Dir beim Schwimmen in Etappe
für die Robbis eine totale Distanz **oder** eine totale Zeit
zu schwimmen. Du kannst aber auch abwechseln.

Spielregeln:

- Du schwimmst innerhalb von 12 Monaten die gefor
  Distanz oder Zeitdauer in von Dir gewählten Etappe
- Das Datum der ersten Etappe trägst Du auf der pers
  Kontrollkarte (siehe Rückseite) ein.

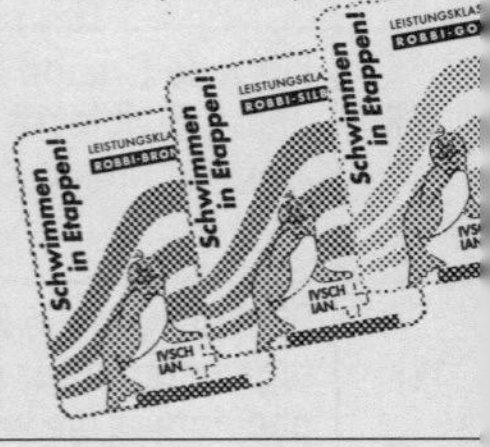

Herausgeber:

IVSCH IAN

Interverband für Schwimmen (IVSCH),
die Dachorganisation aller am Schwimmspor
Verbände und Institutionen der Schweiz.

Zielsetzung:
Mit den verschiedenen Testreihen will der Interverband für Schwimme
die Breitenentwicklung des Schwimmsports fördern.
Die Tests sollen Ansporn sein und können Kursleitern und Lehrern
bei der Lernzielbestimmung und der Stoffplanung helfen.

Bezug:
Interverband für Schwimmen (IVSCH), Postfach, 8904 Aesch
Telefon: 01 737 37 92; E-Mail: admin@ivsch.ch; weitere Infos: www.iv

Die schweizerischen Tests im Schwimmsport sind ein Gemeinschafts
Verbände: Interverband für Schwimmen (IVSCH), Schweiz. Lebensret
(SLRG), Schweiz. Schwimmverband (SSCHV) und Schweiz. Unterwas
(SUSV).

Die Schweizerischen Tests im Schwimmsport

ersspringen 1–4

Wasserspringen 1

g vorwärts gestreckt aus Stand mit Ausholbewegung
g rückwärts gestreckt mit Ausholbewegung
n kopfwärts vorwärts vom Gleitbrett **oder**
n kopfwärts vorwärts aus dem Fersensitz
n kopfwärts rückwärts vom Gleitbrett **oder**
ssen in Rückenlage
schiessen in Brustlage,
e zum Abtauchen an den Bassinboden
aus Stand rücklings

k sind vom Bassinrand auszuführen.

Wasserspringen 2

g vorwärts gehockt mit Ausholbewegung (R)
g rückwärts gehockt mit Ausholbewegung (R)
n kopfwärts vorwärts aus der Neigehaltung (R)
n kopfwärts rückwärts aus der «Standwaage» rücklings
erhilfe / 1 m) **oder** Eintauchen kopfwärts rückwärts aus
itz (mit Partnerhilfe / 1 m)
ärts zum Eintauchen fusswärts (R)
rwärts mit Absprung aus Stand vorlings (R)

inrand

Wasserspringen 3

g vorwärts gestreckt mit Ein-Schritt-Anlauf
g rückwärts gestreckt mit Ausholbewegung
n vorwärts aus dem Stand mit Anhocken eines Beines
löwensprung» aus dem Stand (ab Bassinrand)
n kopfwärts rückwärts aus dem Hocksitz rücklings
ärts auf dem Brett zum Eintauchen fusswärts **oder**
ärts auf dem Brett zum Hocksitz (oder Hockstand) und
n kopfwärts
wärts a.d. Brett zum Eintauchen fusswärts

(ausser «Seelöwensprung») sind vom 1-m-Brett auszuführen.

Wasserspringen 4

g vorwärts gehockt mit Anlauf
g vorwärts gehockt aus dem Stand
ckwärts gestreckt mit leichtem Abstoss zum Eintauchen
rückwärts
wärts auf dem Brett zum Eintauchen fusswärts gestreckt
ärts zum Kauerstand am Brettende, Eintauchen kopfwärts
igehaltung
n kopfwärts aus dem Handstand

sind vom 1-m-Brett auszuführen.

Synchronschwimmen 1–4

Synchronschwimmen 1

1. 25 m Kraul
2. 25 m Rückenkraul
3. 25 m Brust (symmetrischer Beinschlag)
4. 10 m Paddeln kopfwärts in Rückenlage, Hände bei den Hüften
5. 10 m Paddeln fusswärts in Rückenlage, Hände bei der Hüften
6. 2 m tief Tauchen aus freiem Wasser
7. 15 s gestreckte Rückenlage an Ort
8. Pflichtfigur Auster

Synchronschwimmen 2

1. 100 m Schwimmen (Brust- und Kraulbeinschlag, Rücken und Kraul je 25 m)
2. 25 m Paddeln kopfwärts in Rückenlage, Hände bei den Hüften
3. 25 m Paddeln fusswärts in Rückenlage, Hände bei der Hüften
4. 5 m Streckentauchen mit Freiwasserstart
5. 15 s Wasserstampfen (Arme seitwärts auf dem Wasser)
6. 15 s gestreckte Rückenlage an Ort
7. Pflichtfigur Zuber
8. Pflichtfigur Beugeknie, anziehen und strecken

Synchronschwimmen 3

1. 200 m Schwimmen (Brust- und Rückenbeinschlag, Brust, Kraul je 50 m)
2. 10 m Paddeln kopfwärts in Brustlage (Baumstamm)
3. 10 m Paddeln fusswärts in Rückenlage (Torpedo)
4. 15 s Wasserstampfen (Unterarme aufgestellt über Wasser)
5. 5 s Brustlage an Ort
6. Flamingohaltung
7. Pflichtfigur Rolle
8. Pflichtfigur Hechtsalto rückwärts

Synchronschwimmen 4

1. 300 m Schwimmen (Kraul- und Rückenbeinschlag, Kraul und Rücken je 100 m)
2. 50 m Brustschwimmen zu Walzermusik
3. 10 m Paddeln kopfwärts in Rückenlage (Delfin)
4. 25 m Paddeln fusswärts in Rückenlage (Torpedo)
5. 10 m Streckentauchen mit Freiwasserstart
6. Pflichtfigur Delfin
7. Pflichtfigur Wasserrad
8. Pflichtfigur Ballettbein einfach

Wasserball 1–4

Wasserball 1

1. Seitenschwimmen 25 m
2. Dribbeln 10 m
3. Wassertreten, 5 s
4. Ball aufnehmen (5x), stehend
5. Ball werfen (6 m), stehend
6. 3 Zielwürfe 2 m (2 Treffer)

Wasserball 2

1. Seitenschwimmen (links und rechts) 25 m
2. Dribbeln 15 m
3. Wassertreten, 10 s
4. Zu zweit 10 Pässe (4 m)
5. Ball werfen (6 m)
6. 3 Zielwürfe 4 m (2 Treffer)

Wasserball 3

1. Seitenschwimmen /Startschwimmen je 25 m
2. Starten, dribbeln, wenden, dribbeln (18 m)
3. Wassertreten 10 s
4. Zu zweit 8 Pässe (2 m)
5. Wassertreten, 3 x, Zielwurf 3 m (2 Treffer in 30 s)
6. Starten, dribbeln (12 m), Zielwurf 3 m

Wasserball 4

1. Wasserballkraul 100 m
2. Starten, dribbeln 20 m, 40 s
3. Wassertreten 15 s
4. Starten, wenden: 4 x 5 Pendelschwimmen in 30 s
5. Wassertreten 5 x, Zielwurf 4 m (2 Treffer)
6. 5 x starten, dribbeln (5 m), Zielwurf (3 m); 2 Treffer in 2 min

Rettungsschwimmen 1–4

Rettungsschwimmen 1

1. 300 m Schwimmen in max. 10 min
2. 25 m Transportschwimmen
3. 4-Teller-Tauchen
4. 2 x 25 m Hindernisschwimmen in max. 2 min
5. ABC-Tauchen 12 m
6. ABC-Tauchen Orientierung
7. Fusssprung zum Päckli
8. 25 m «abschleppen»

Aus den Übungen 5–8 können **zwei** ausgewählt werden.

Rettungsschwimmen 2

1. 300 m Schwimmen in max. 10 min
2. 2 x 25 m Kleider-/Transportschwimmen
3. 12 m Streckentauchen
4. 2 x 25 m Hindernisschwimmen in max. 2 min
5. ABC-Tauchen 6 Teller
6. ABC-Tauchen Orientierung
7. Kopfwärts eintauchen (Neigehalte)
8. 2 x 25 m Schwimmen / Retten

Aus den Übungen 5–8 können **zwei** ausgewählt werden.

Rettungsschwimmen 3

1. 400 m Schwimmen in max. 11:30 min
2. 25 m Retten in Kleidern max. 2 min
3. 5-Teller-Tauchen
4. 2 x 23 m Hindernisschwimmen in max. 1:45 min
5. ABC-Tauchen 15 m / 2,5 m
6. Fusssprung mit ABC-Ausrüstung
7. Fusssprung vorwärts gehockt
8. 10 m Schwimmen und Gewicht bergen

Aus den Übungen 5–8 können **zwei** ausgewählt werden.

Rettungsschwimmen 4

1. 400 m Schwimmen in max. 10:45 min
2. 50 und 25 m Kleiderschwimmen / Retten
3. 20 m Streckentauchen
4. 2 x 23 m Hindernisschwimmen in max. 1:45 min
5. ABC-Tauchen 8 Teller
6. ABC-Tauchen Orientierung
7. Eintauchen vorwärts 1 m und Gewicht bergen
8. 10 m Tauchen, Gewicht bergen

Aus den Übungen 5–8 können **zwei** ausgewählt werden.

Flossenschwimmen 1–4

Flossenschwimmen 1

1. 50 m Schwimmen ohne Ausrüstung
2. Anziehen von Maske und Schnorchel
3. 50 m Schwimmen mit ABC-Ausrüstung
4. 10 m Streckentauchen mit Maske und Flossen
5. Rolle vorwärts aus dem Schwimmen
6. Abfaller rückwärts mit Maske und Flossen

Flossenschwimmen 2

1. 100 m Schwimmen mit Flossen in Rückenlage
2. Korrektes Ausblasen des Schnorchels
3. Partnerübung 100 m Schwimmen mit ABC-Ausrüstung
4. Kopfwärts abtauchen und 10 m tauchen
5. Rolle mit halber Schraube
6. Spreizsprung vom Rand

Flossenschwimmen 3

1. 200 m Schwimmen mit Flossen
2. Maske unter Wasser entleeren
3. 100 m Schwimmen: Delfinbeinschlag
4. Fusswärts abtauchen und 10 m tauchen
5. Partnerübung: Reifentauchen
6. Rollwende

Flossenschwimmen 4

1. 400 m Schwimmen mit Flossen
2. Maske und Schnorchel unter Wasser anziehen, Maske entleeren, 10 m schwimmen
3. Partnerübung: 100 m Schwimmen mit Wechselatmung
4. Partnerübung: 100 m Pendeltauchen
5. Partnerübung: 15–25 m Blindtauchen
6. Schultersprung

Kapitel 12
Literaturverzeichnis

Bucher, W.: Schwimmen: Leistend spielen — spielend leisten. Hofmann-Verlag: Schorndorf 1982.

Bucher, W.: 1015 Spiel- und Kombinationsformen in vielen Sportarten. Hofmann-Verlag: Schorndorf 1989 (2).

Bucher, W. (Red.): Lehrmittel Schwimmen — Eidg. Sportkommission ESK Magglingen. Bern 1992.

Eidg. Turn- und Sportschule: Leiterhandbuch Schwimmen. Jugend und Sport. Magglingen 1983.

Franke, K.: Lachender Sport. Königsdorff-Verlag, Dreieich 1985.

Hotz, A.: Qualitatives Bewegungslernen. SVSS-Verlag: Zumikon 1986.

Interverband für Schwimmen IVSCH: Schweizerische Schwimmschule. Zürich 1972.

Interverband für Schwimmen IVSCH: Testunterlagen. Zürich 1983.